# 幼儿安全管理与教育

纪艳红　刘　超　主　编
常燕玲　杨　英　副主编

清华大学出版社
北　京

## 内 容 简 介

本书根据《中华人民共和国未成年人保护法》等法律法规，结合师资能力培养要求和诸多幼儿园真实情境介绍，系统介绍幼儿安全管理与教育工作的相关政策法规、幼儿园消防安全管理与教育、幼儿社会安全管理与教育、幼儿出行安全管理与教育、幼儿园公共卫生安全管理与教育、幼儿园日常生活安全管理与教育及自然灾害突发事件安全教育等知识，并注重幼儿园安全管理与教育的途径和方法。本书具有知识性、政策性、应用性、操作性，主要介绍幼儿在园期间的安全教育。

本书既可作为高等院校和各类师范专科、职业院校学前教育专业必修基础课程的首选教材，也可用于幼儿园教师在职岗位培训，还可为广大民办幼儿园管理者及家长提供学习指导。



**图书在版编目(CIP)数据**

幼儿安全管理与教育/纪艳红，刘超主编. —北京：清华大学出版社，2018(2022.2 重印)
(面向"十三五"学前教育专业规划教材)
ISBN 978-7-302-50842-7

Ⅰ. ①幼… Ⅱ. ①纪… ②刘… Ⅲ. ①幼儿园－安全管理－幼儿师范学校－教材 Ⅳ. ①G617

中国版本图书馆 CIP 数据核字(2018)第 178603 号

**责任编辑**：张 弛
**封面设计**：于晓丽
**责任校对**：刘 静
**责任印制**：沈 露

**出版发行**：清华大学出版社
**网 址**：http://www.tup.com.cn，http://www.wqbook.com
**地 址**：北京清华大学学研大厦 A 座 **邮 编**：100084
**社 总 机**：010-62770175 **邮 购**：010-62786544
**投稿与读者服务**：010-62776969，c-service@tup.tsinghua.edu.cn
**质量反馈**：010-62772015，zhiliang@tup.tsinghua.edu.cn
**课件下载**：http://www.tup.com.cn，010-83470410
**印 装 者**：北京国马印刷厂
**经 销**：全国新华书店
**开 本**：185mm×260mm **印 张**：13.75 **字 数**：321 千字
**版 次**：2018 年 9 月第 1 版 **印 次**：2022 年 2 月第 5 次印刷
**定 价**：42.00 元

产品编号：077961-02

# 编审委员会

# 前 言

国务院于2010年11月颁布实施《国务院关于当前发展学前教育的若干意见》，文件指出："学前教育是终身学习的开端，是国民教育体系的重要组成部分，是重要的社会公益事业……办好学前教育，关系亿万儿童的健康成长，关系千家万户的切身利益，关系国家和民族的未来。"

幼儿安全管理与教育是学前教育重要的组成部分，也是一门综合性非常强的学科，涉及食品、交通、保健、日常生活、消防、自然灾害突发事件安全等；幼儿园安全事故和意外伤害已成为影响幼儿健康成长的重大障碍，因而已成为幼儿园高度关注的问题；幼儿安全管理与教育工作是保证幼儿身心健康发展的首要任务，也是切实保护好祖国的花朵、办好人民满意学前教育的重要内容和有力保障。

幼儿安全管理与教育既是高等教育本科和高等职业教育院校学前教育专业中非常重要的核心基础课程，也是幼儿园管理人员和社会各类幼儿培训从业者所必须掌握的关键知识技能。本书秉承"安全第一、全面统筹、未雨绸缪、防患未然、标本兼治"的原则，由多年从事幼儿安全管理与教育教学的专家教授和幼儿园专职教师共同精心编撰。本书的出版对规范幼儿园安全管理与教育、更好地服务于我国学前教育具有非常重要的意义。

本书作为高等职业教育学前教育专业的特色教材，严格按照教育部关于"加强职业教育、突出应用能力培养"的教学改革要求，结合幼儿园安全管理的实际特点，既注重理论知识、教学方法的讲授，又不断汲取国内外先进教育理念，加强教学实践活动的创新性与规范化训练，并注重教材结构内容的创新。

全书共七章，以学习者应用能力培养为主线，根据《国务院关于当前发展学前教育的若干意见》的要求和教育部《3～6岁儿童学习与发展指南》的精神，结合国家颁布实施的《中华人民共和国未成年人保护法》《中华人民共和国食品安全法》《幼儿园管理条例》《幼儿园工作规程》《幼儿园教育指导纲要》《幼儿园教师专业标准》《托儿所幼儿园卫生保健工作规范》等管理规定，具体介绍：幼儿安全管理与教育的相关政策法规、幼儿园消防安全管理与教育、社会安全、出行安全、公共卫生安全、日常生活安全及自然灾害突发事件安全教育等知识，并注重幼儿园安全管理与教育的途径和方法。

本书融入了幼儿安全管理与教育最新的教学理念，力求严谨，注重与时俱进，具有知识性、政策性、应用性、操作性，注重遵照幼儿学前安全教育教学规律。本书既可以作为高等院校和各类职业院校学前教育专业必修课程的首选教材，也可用于幼儿园教师在职岗位培训，还可为广大民办幼儿园管理者及家长提供学习指导。

本书由李大军筹划并具体组织，纪艳红和刘超主编、纪艳红统改稿，常燕玲、杨英为副主编，由幼儿安全管理与教育专家白国芬教授审定，张利教授复审。作者写作分工：牟惟仲（序言），刘超（绪论），王欣（第一章、第六章），纪艳红、刘超（第二章），杨英（第三章），常燕玲(第四章),纪艳红(第五章、第七章),国际法学博士吴圣奎(提供法律法规解读),李晓新(文字修改、版式调整、制作教学课件)。

在本书的编著过程中,参阅了国内外关于幼儿安全管理与教育的最新书刊、网站资料以及国务院、教育部新近颁布实施的学前教育相关法规和管理规定,收集了很多幼儿园的教学实践案例,并得到学前教育界有关专家、教授的具体指导,在此一并致谢。为了配合教学,本书备有电子课件,读者可以从清华大学出版社网站(www.tup.com.cn)免费下载使用。因作者水平有限,书中难免存在不足,恳请广大读者批评指正。

**编　者**

**2018 年 6 月**

# 目　录

# 绪论

## 学习目的

明确幼儿园安全管理与教育的内涵、意义、价值、内容、途径等基本内容。

## 学习重点

幼儿园安全管理与教育的内涵。

## 引言

我国政府对幼儿园的安全工作历来都十分重视，并制定了相应的法律和法规，如《中华人民共和国未成年人保护法》《幼儿园工作规程》等。在《幼儿园教育指导纲要（试行）》《幼儿园管理条例》等学前教育纲领性文件中也对幼儿园安全管理等作了具体规定。

然而近年来，纵观全国幼儿园的安全事故，诸如恐暴事件、消防事件、食物中毒等，造成幼儿伤亡事故不断增多，给幼儿幼小的生命和健康带来严重的伤害。

在绪论部分，简要介绍幼儿园安全管理与教育的内涵、意义、途径等。

## 第一节 幼儿园安全管理与教育的内涵

在《幼儿园教育指导纲要（试行）》中明确指出：“幼儿园必须把保护幼儿的生命和促进幼儿的健康放在工作的首位。”这不仅是因为幼儿正处于身体发育和各项机能发展的迅速时期，同时，也是幼儿初步形成安全感的重要阶段。由于其身心尚未发育成熟，还需要教师与幼儿家长的精心呵护与照顾。也正因为如此，针对幼儿的安全教育与其他学段的安全教育有一个重要区别，就是不能把幼儿当作独立的主体去实施教育，使其掌握方法与具备能力，这就需要把教师、家长也作为安全教育与管理的对象，共同实现保护幼儿身心健康发展的目的。

## 一、幼儿园安全管理

### （一）幼儿园安全管理的定义

幼儿园安全管理包括：幼儿园建立幼儿安全和幼儿安全教育管理机构、筹措经费、规划设备、制定规章制度、检查并评价幼儿安全教育情况等，并通过各种管理措施和活动形式，预防幼儿意外伤害事件的发生。

### （二）幼儿园安全管理的原则

#### 1. 预防为主原则

在幼儿园安全管理工作中，“预防为主”是最根本的一项原则。为此，幼儿园要根据国家相应的法律、法规，并结合幼儿园实际情况制定保障幼儿园安全的相关预防性的制度与措施，排查与消除各种安全隐患，防止安全事故与意外伤害事件的发生，力争做到未雨绸缪，防患未然。

#### 2. 安全第一原则

幼儿园安全管理要坚持从幼儿园实际出发，不能主观臆断。既要尊重科学、也要尊重现实，始终把安全管理作为管理工作的重中之重，不能掉以轻心。

#### 3. 家园并重原则

幼儿的生活离不开家庭与幼儿园两方面的教育与引导，因此，幼儿园和家庭有两道安全防范机制，适当组织家长参与到幼儿安全教育之中，能帮助家长引领孩子们梳理正确的自我安全防范意识。

## 二、幼儿园安全教育

### （一）幼儿园安全教育的定义

幼儿园安全教育是指在幼儿保教保育的全人教育中，保障幼儿人身安全，促进幼儿心理健康发展，引导幼儿形成安全意识并学会基本安全防范与自我保护的方法。

### （二）幼儿园安全教育的原则

#### 1. 针对性原则

这里的针对性包括两方面：一是针对班级近期开展的教育主题等，有针对性地选择内容；二是针对内容，教师要根据幼儿的年龄特点，选择适宜的教育形式与方式。

#### 2. 系统性原则

幼儿园安全教育要避免知识的碎片化、简单化的教育方式。要将幼儿安全教育的知识与内容进行系统化的设计，保障幼儿在园三年能够系统学习和了解与幼儿相关的各方面安全教育的内容，增强幼儿的自我防护意识与能力。

**3. 多样性原则**

幼儿园安全教育要借助多种教学手段，如图文、影像、音像等，通过直观、形象、易理解、易操作等多种方式，让幼儿感知危险，防患未然。还可以采取区域活动、主题活动、集体教育活动、家园活动等多种方式开展，注重日常教育的作用。

总之，幼儿园安全管理与教育的内容广泛、涉及幼儿园工作的方方面面。因此，这项工作与幼儿园的每位工作人员都密不可分，横向涉及幼儿园的各个角落，纵向涉及幼儿一日生活的各个环节，应积极与园所的管理、卫生保健、保育、教育工作相结合，共同为幼儿身心健康发展保驾护航。

## 三、幼儿园安全管理与教育的意义

幼儿园安全工作是幼儿园一切工作顺利开展的前提，也是幼儿园可持续发展的基础，做好幼儿园安全管理与教育工作，具有十分重要的意义。

### （一）幼儿园安全管理与教育是依法治国的根本需求

在《未成年人保护法》《幼儿园工作规程》《幼儿园教育指导纲要（试行）》等法规与幼儿教育纲领性文件中，明确规定了保护幼儿安全的重要性，体现了党和政府对幼儿发展的高度重视，把维护幼儿的安全与合法权益，对幼儿开展安全教育和管理确定为幼儿园的重要工作。可见，"依法治校"是基层落实"依法治国"的重要方法与途径。

**小贴士**

**《中华人民共和国未成年人保护法》第三章"学校保护"**

第十七条　学校应当全面贯彻国家的教育方针，实施素质教育，提高教育质量，注重培养未成年学生独立思考能力、创新能力和实践能力，促进未成年学生全面发展。

第十八条　学校应当尊重未成年学生受教育的权利，关心、爱护学生，对品行有缺点、学习有困难的学生，应当耐心教育、帮助，不得歧视，不得违反法律和国家规定开除未成年学生。

第十九条　学校应当根据未成年学生身心发展的特点，对他们进行社会生活指导、心理健康辅导和青春期教育。

第二十条　学校应当与未成年学生的父母或者其他监护人互相配合，保证未成年学生的睡眠、娱乐和体育锻炼时间，不得加重其学习负担。

第二十一条　学校、幼儿园、托儿所的教职员工应当尊重未成年人的人格尊严，不得对未成年人实施体罚、变相体罚或者其他侮辱人格尊严的行为。

第二十二条　学校、幼儿园、托儿所应当建立安全制度，加强对未成年人的安全教育，采取措施保障未成年人的人身安全。

学校、幼儿园、托儿所不得在危及未成年人人身安全、健康的校舍和其他设施、场所中进行教育教学活动。学校、幼儿园安排未成年人参加集会、文化娱乐、社会实践等集体活动，应当有利于未成年人的健康成长，防止发生人身安全事故。

第二十三条　教育行政等部门和学校、幼儿园、托儿所应当根据需要制定应对各种灾害、传染性疾病、食物中毒、意外伤害等突发事件的预案，配备相应设施并进行必要的演练，增强未成年人的自我保护意识和能力。

第二十四条　学校对未成年学生在校内或者本校组织的校外活动中发生人身伤害事故的，应当及时救护，妥善处理，并及时向有关主管部门报告。

第二十五条　对于在学校接受教育的有严重不良行为的未成年学生，学校和父母或者其他监护人应当互相配合加以管教；无力管教或者管教无效的，可以按照有关规定将其送专门学校继续接受教育。

依法设置专门学校的地方人民政府应当保障专门学校的办学条件，教育行政部门应当加强对专门学校的管理和指导，有关部门应当给予协助和配合。

专门学校应当对在校就读的未成年学生进行思想教育、文化教育、纪律和法制教育、劳动技术教育和职业教育。

专门学校的教职员工应当关心、爱护、尊重学生，不得歧视、厌弃。

第二十六条　幼儿园应当做好保育、教育工作，促进幼儿在体质、智力、品德等方面和谐发展。

### （二）安全是幼儿园一切工作的前提

“安全工作无小事”，一旦安全出了问题，其他工作也将失去应有的价值。对于幼儿园的管理者来说，幼儿园安全管理是幼儿园全面管理工作的重中之重。因此，对幼儿园安全管理与教育工作意义重大。

### （三）幼儿园安全教育与管理是孩子健康发展的重要保障

3～6 岁幼儿由于年龄小，缺乏生活经验，动作不协调，容易发生各种意外伤害事故。因此，幼教领域高度重视安全工作，在《儿童权利公约》中明确指出：要将幼儿的生存权、受保护权作为基本权利，位居首位；在《幼儿园教育指导纲要（试行）》中也明确指出，幼儿园必须把保护幼儿的生命和促进幼儿的健康放在工作的首位。可见，幼儿园的安全教育与管理工作对幼儿发展的重要意义。

### （四）幼儿园安全工作关乎千家万户

幼儿的安全关乎与之相关联的每一个家庭。由于幼儿处于身心健康发展的快速时期，且安全意识与自我保护意识不足。因此，加强管理，保障幼儿身心健康，对其开展适宜的安全教育就显得格外重要。

## 第二节　幼儿园安全管理与教育途径和方法

幼儿园安全管理与教育工作的落实是一套自上而下的完整体系，包括园所的安全管理工作体系、安全教育师资培训、安全教育实践以及与安全教育相关的家园互动。从管理、教育两个方面为幼儿的健康发展提供保障与支持，为幼儿营造安全、健康的成长环境，培养幼儿基本的安全知识和自我保护意识与能力。

## 一、建立健全安全管理工作体系

健全的安全管理工作体系从内容上来说，要涵盖设备设施安全、安全保卫、卫生保健、教育教学、师德、财务等若干方面，为幼儿的身体、心理健康提供管理上的保障；从形式上来说，包括幼儿园安全管理工作制度、幼儿园安全管理相关工作预案以及幼儿园安全管理的工作机制建设。

### （一）幼儿园安全管理工作制度

幼儿园安全管理工作制度是幼儿园管理的基础，是幼儿园实施依法治校的重要依据，制度建设为幼儿园一切工作有条不紊地开展提供保障。在制度建设过程中，我们要以教育部及各级教育主管部门、卫生保健相关机构制定的相关管理制度为依据，结合幼儿园的实际情况制定适宜本园管理工作的制度，这样才能保障制度的科学、有效，使依法办园成为依法治国在基层学校最有效的落实。

### （二）幼儿园安全管理工作预案

预案是安全管理工作体系中重要的一环，对于加强和改进幼儿园安全检查工作，保障全校师幼健康，平安地学习、工作与生活，对于打造平安校园，防范师生安全事故发生，并能快速、及时、妥善处理突发安全事故，切实有效地降低安全事故的危害等具有十分重要的作用。

总体而言，幼儿园相关的安全预案包括两方面的内容——面对传染病突发、意外事故、舆情爆发等，怎样才能更有效地控制局面，把对幼儿身心安全影响降到最低；面对大型运动会、文艺演出、社会实践活动等，怎样才能有效预防意外事故的发生，保障活动安全有序地进行。只有对上述事项做到未雨绸缪，管理者才能在遇到突然事件时有条不紊地开展工作。

### （三）幼儿园安全管理工作机制

为保障制度的落实，幼儿园要建立安全管理的长效机制，以日常记录、日常检查、随机抽查、定期排查等方式保障各项安全管理制度的落实，就其中发现的问题以集体决策、责任落实的方式不断改进，以机制建设与落实促进幼儿园的安全管理科学、有效地落到实处。

## 二、幼儿园安全教育师资培训

教师是园所发展的关键因素，是实施安全教育的重要人力资源，因此，给教师开展必要的安全教育培训，让教师理解并掌握安全教育的意义、内容、方法等，是实施安全教育的重要前提。

### （一）幼儿园安全教育师资培训的内容

综合来说，对教师开展安全培训的内容大致包括以下六个方面：幼儿安全管理相应的政策法规；日常伤害事故的预防及应对措施（看护不力、建筑伤害、物品管理、玩具伤害、第三人伤害、园内活动伤害、园外活动伤害、性侵等）；公共卫生事件的预防及应对；公共安全事件的预防及应对（防恐、防爆知识以及演练）；自然灾害事故灾难的预防及应对（火灾、地震、防洪知识以及演练);危机处理方略小结(问题根源、快速应对、心理恢复工作)。

### (二)幼儿园安全教育师资培训的步骤与方式

从培训形式上看,对教师开展的培训基本分为两类:一类是有目的有计划预设的培训内容,是幼儿园管理者根据园所发展整体规划设计好的培训体系,即预设的内容;一类是根据幼儿园实际需要引发的案例型培训,集中解决某一类问题,即生成的内容。

就预设的培训而言,对教师开展安全培训需要经历五个步骤。第一,明确培训的目标;第二,选择适宜的机构或专家;第三,制定与协商培训方案;第四,实施培训;第五,开展教学实践与研究。如对教师开展关于公共卫生事件的预防及应对培训,幼儿园管理者首先明确培训的目标,以此为出发点,寻找适宜的培训机构,与该机构洽谈培训需要,并约定方案初稿提交时间,幼儿园与培训机构商讨培训方案,无异议后面向全体教师培训,教师围绕培训内容开展教学实际,开展的过程可以以实验班切入,边实践边研讨,不断完善活动设计,再全园推广,以培训为前提,以行动研究推动安全教育的深入。

就生成的内容而言,一般情况下可以先采用导师带徒的方式共同解决问题,再以案例剖析的方式进行集中培训。例如对于幼儿在户外运动中的意外伤害以及就此引发的家园沟通问题,可以团队集体共同解决,发挥经验教师的引领作用,在解决完本次事件后,详细总结事故产生的原因、过程、解决方法等,以案例的方式给全体教师进行培训,促进教师举一反三,掌握危机处理的技巧。

## 三、开展幼儿园安全教育工作实践

学前领域高度重视安全工作,在《幼儿园工作规程》《幼儿园教育指导纲要(试行)》及《3～6岁儿童学习与发展指南》(简称《指南》)中都有明确的规定。其中,《指南》在健康领域专门提出了"具备基本的安全知识和自我保护能力"的幼儿发展目标,提出了幼儿在不同年龄应具备的发展水平,并在"教育建议"部分详细列举了给幼儿开展安全教育的知识点与基本方法。以上述纲领性文件精神为基础,广大的基层教育实践者开展了形式多样、内容丰富的安全教育工作探索。

### (一)安全集体教育活动

集体教育活动是教师有目的、有计划地引导全体或多个幼儿围绕某一特定内容开展的教育活动。因为其目的性、计划性强,适合开展面向全体幼儿的安全教育,教师可以通过精心的设计,以游戏、故事、表演等方式对幼儿实施社会交往、自然灾害、食品安全、交通安全等诸方面的安全教育,促进幼儿健康发展。

### (二)安全教育社会实践

安全宣传日(月或周)、安全演习、专题运动会等专题的社会实践活动是幼儿园开展安全教育的重要途径,这样的社会实践活动因为涉及更多的班级,更多的幼儿甚至家长可以参与到活动中来,因此其内容更加丰富、多样、深入,且多为实践性活动,适宜幼儿学习以亲身体验为主的基本特点,使教育效果更加显著。

除此之外,教师还会在区域活动、环境创设、户外活动、进餐、加餐等一日活动的诸多环节中渗透安全教育,提高幼儿的安全意识与自我保护能力。

## 四、开展与安全相关的家园工作

家庭是幼儿园重要的合作伙伴，在实施安全教育的过程中也应该本着尊重、平等、合作的原则，争取家长的理解、支持和主动参与，并积极支持与帮助家长提高教育能力，因此根据实际需要，有目的地组织家园活动，对于面向幼儿开展安全教育、给幼儿的成长营造安全的环境有十分重要的意义。在实践中，经常开展的家园工作有签订安全协议、开展安全宣教、亲子教育活动等方式。

### （一）签订安全协议

寒假、暑假等节假日来临，以及亲子春游、秋游等大型社会实践活动前，幼儿园往往会和家长签订“安全协议书”，这不但是一种安全责任的签署，更是一种相对比较郑重的安全宣教方式，在协议书中会进行详尽的安全提醒，提高家长的安全意识及安全防护能力。

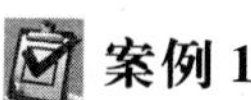

**案例 1**

**新生入园家长签订《安全协议书》**

尊敬的家长：您好！

欢迎您的孩子来到幼儿园，从此，我们之间将架起一道重要的桥梁。孩子们身心健康的发展是我们共同的心愿，我们将付出所有的爱心、耐心和细心，让快乐伴随孩子成长的每一天。“安全第一”是贯穿幼儿生活的基本原则之一。做好幼儿园安全工作，确保每一位入园儿童的安全，是幼儿园义不容辞的责任。希望在您积极的配合下，我们共同努力使孩子在幼儿园健康安全地成长，有以下各项事宜提醒您注意。

(1) 与班级教师保持密切联系，及时向教师反馈幼儿的思想、生活及身体情况，家长必须详细地把孩子的健康状况告知园方，以便能做好及时的处理工作。如有先天性的遗传疾病(心脏病、癫痫等)、食物过敏、药物过敏等。家长如有隐瞒，出现问题后果自负。如发现孩子健康状况不符合入园要求的，请您暂时办理退园手续，待病情痊愈后出具指定医院的健康证明重新申请入园。

(2) 早晨送孩子入园时，应自觉带孩子接受保健老师的晨检。配合幼儿园对孩子进行安全教育、管理和保护。为了保证孩子在园期间的安全，请您在孩子入园时不要给孩子携带零食(糖果、果冻等)、危险物品(如刀、剪、小珠子、有毒及具有危险性的玩具和用具等)，更不要给孩子佩戴任何饰物(项链、手链、耳环、玉器等)，以防其遗失或因饰物造成伤害。如因家长给孩子携带以上不安全物品导致孩子受伤，园方不承担责任，后果由家长自负。

(3) 家长应了解幼儿园的作息时间，必须将孩子亲自送到幼儿园教师手中，离园时从教师手中接走孩子，不能让孩子自己入园离园。接送孩子，应由孩子法定监护人亲自接送，如有困难委托他人接送时，他人应具备完全行为能力(年满 18 岁的正常人)。若临时委托时，接送前打电话将委托人姓名、年龄、特征及与孩子之间的关系告诉给本班教师，方可履行接送手续，否则后果自负。

(4) 如果您的宝宝身体不适，需要保健医喂药，您必须严格填写家长自带药条，如有不清楚，我园不予给孩子喂食。接收的药物我们会按时给孩子喂药。

(5) 如果您的孩子因某种原因不能来园，请您及时向老师请假，以便我们做好孩子的出勤工作。

(6) 当您为孩子选择衣物、鞋子的时候，要让您的孩子穿着简单方便(最好不要穿高跟、绑带、硬胶底的鞋和窄小的衣物)，防止孩子在户外活动时受伤。为防止孩子衣物不拿错、不放错、不丢失，请您在孩子衣物上绣上名字，最好能教孩子自己辨认衣物的特征。

(7) 家长接送孩子时不要聚在一起聊天而忽视看管孩子，避免发生意外事故。家长不能携带有污染性、有毒性的危险品入园，不能在园内吸烟及打闹。为防止一切意外事故的发生，防止传染病的传播与蔓延，放学后禁止在园内逗留，如劝告制止不从者，发生事故，幼儿园概不负责。

(8) 为了加强家园联系，家长须告知详细住址及电话号码，保证遇有特殊情况能随时联系。如有变更请及时告知园方(保健医或班内老师)。如因法定监护人联系方式变更未及时告知园方，出现一切问题后果自负。

(9) 我们的联系方法有多种，请家长选择最适合自己的形式与教师进行沟通。在教育过程中，有建议和意见请随时向园长反映交流，以便我们更好地开展工作。

此协议双方签字(盖章)后生效，有效期至孩子毕业离园为止。

幼儿姓名：　　　　　　　　班级：

甲方：(盖章)　　　　　　　　乙方：(家长签字)

甲方联系电话：6491××××(门卫)　　　　乙方联系电话：

年　月　日　　　　　　　　年　月　日

(北京市朝阳区亚运村中心幼儿园)

**案例 2**

## 暑假前致家长的一封信

尊敬的家长：

您好！暑期来临，为确保幼儿的安全，请家长朋友们在暑假期间做好孩子的安全教育工作，给孩子讲解关于安全的相关知识和技能，加强孩子的安全意识和自我保护意识，提高孩子的避险防灾和自救能力，严防意外事故的发生。

家长务必增强安全意识和监护意识，切实承担起监护责任，教育孩子。

(1) 不要相信陌生电话的中奖信息。

(2) 天气炎热，家长要对孩子进行预防溺水安全教育，做到“六不”：不私自下水游泳；不擅自与他人结伴游泳；不在无家长或教师带领的情况下游泳；不到无安全设施、无救援人员的水域游泳；不到不熟悉的水域游泳；不熟悉水性的幼儿不擅自下水施救。尤其要教育孩子遇到同伴溺水时避免手拉手盲目施救，要智慧救援，立即寻求成人帮助。

(3) 在家时注意火、电、燃气、水的安全使用。同时建议每个家庭进行防火消防疏散演练，以提高个人或家庭对突发事件的应变能力。切实增强幼儿的消防安全意识，提高自防自救能力，养成良好的消防安全行为。

(4) 外出时注意交通安全。遵守交通法规，不乘坐非法运营车辆。

(5) 不到人多拥挤的地方,防止踩踏事故的发生。

(6) 关注幼儿的心理异常行为,做好幼儿的心理健康教育,密切与幼儿园联系,防止幼儿在园欺凌与被欺凌,防范暴力案件和不幸事件。

各位家长,生命重于一切,希望我们家园齐心协力做好孩子的安全教育,每个人都要绷紧安全这根弦,掌握一定的自防自救知识,从而创造一个平安、祥和、文明、和谐的家庭环境和社会环境。非常感谢您对我们工作的支持,祝各位家长工作顺利,身体健康!

(北京市朝阳区福怡苑幼儿园)

### (二) 开展安全宣教活动

以"月报""宣传栏""宣传手册"等方式向家长开展安全宣教工作,是幼儿园围绕安全教育开展家园工作的重要方式,其中,"月报"常常由卫生保健部门定期向家长发放,内容涉及饮食安全、传染病预防、安全小常识等方面;"宣传栏"常常设置在幼儿园大门两侧,供家长接送幼儿时浏览,介绍一些与季节、地理位置等密切相关的安全常识,提醒家长注意幼儿生活中的安全隐患;"宣传手册"常常与"安全宣传月"等大型实践活动联合使用,其内容更加全面、丰富、具体,系统性强。

### (三) 亲子教育活动

安全相关的亲子教育活动是幼儿园面向家长开展的安全教育的另一种主要方式,教师通过精心设计的教育活动,让家长与幼儿切身感受到某一方面的安全隐患及预防措施,切实提高家长的安全意识与安全防护能力。

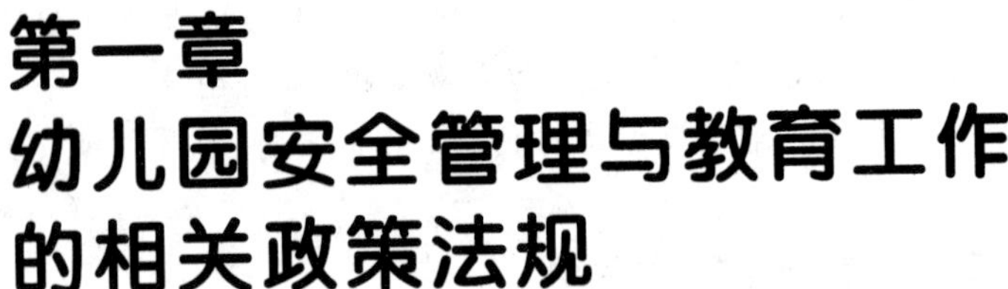

# 第一章 幼儿园安全管理与教育工作的相关政策法规

## 学习目的

了解指导幼儿园安全管理与教育工作开展的相关政策法规。

## 学习重点

对《北京市中小学生人身伤害事故预防与处理条例》的学习与理解。

## 引言

安全是幼儿园各项工作的基础，被高度重视，为保障幼儿园的安全管理科学有效，各级教育主观部门制定了一系列的政策法规，内容涉及建筑规范、安全保卫、卫生保健、师德规范等方面，这些政策法规是检查、指导幼儿园工作的依据，也是幼儿园制定各项规章制度的基础。

本章详细介绍与幼儿园安全相关的政策法规，以便于各位幼儿同人借鉴参考。

## 第一节 幼儿园安全管理与教育工作的相关政策法规条文

### 一、建筑标准类

**托儿所、幼儿园建筑设计规范**[①]

第一章 总 则

第 1.0.1 条 为保证托儿所、幼儿园建筑设计质量，使托儿

① 此标准制定于 2016 年 11 月 15 日，由住房和城乡建设部颁布。

所，幼儿园建筑符合安全、卫生和使用功能等方面的基本要求，特制订本规范。

第 1.0.2 条 本规范适用于城镇及工矿区新建、扩建和改建的托儿所、幼儿园建筑设计。乡村的托儿所、幼儿园建筑设计可参照执行。

第 1.0.3 条 托儿所、幼儿园是对幼儿进行保育和教育的机构。接纳不足三周岁幼儿的为托儿所，接纳三至六周岁幼儿的为幼儿园。

一、幼儿园的规模(包括托、幼合建的)分为：大型(10 个班至 12 个班)；中型(6 个班至 9 个班)；小型(5 个班以下)。

二、单独的托儿所的规模以不超过 5 个班为宜。

三、托儿所、幼儿园每班人如下。

1. 托儿所：乳儿班及托儿小、中班 15～20 人，托儿大班 21～25 人。

2. 幼儿园：小班 20～25 人，中班 26～30 人，大班 31～35 人。

第 1.0.4 条 托儿所、幼儿园的建筑设计除执行本规范外，尚应执行《民用建筑设计通则》(GB 50352—2005)以及国家和专业部门颁布的有关设计标准、规范和规定。

## 第二章 基地和总平面

### 第一节 基地选择

第 2.1.1 条 四个班以上的托儿所、幼儿园应有独立的建筑基地，并应根据城镇及工矿区的建设规划合理安排布点。托儿所、幼儿园的规模在三个班以下时，也可设于居住建筑物的底层，但应有独立的出入口和相应的室外游戏场地及安全防护设施。

第 2.1.2 条 托儿所、幼儿园的基地选择应满足下列要求：

一、应远离各种污染源，并满足有关卫生防护标准的要求。

二、方便家长接送，避免交通干扰。

三、日照充足，场地干燥，排水通畅，环境优美或接近城市绿化地带。

四、能为建筑功能分区、出入口、室外游戏场地的布置提供必要条件。

### 第二节 总平面设计

第 2.2.1 条 托儿所、幼儿园应根据设计任务书的要求对建筑物、室外游戏场地、绿化用地及杂物院等进行总体布置，做到功能分区合理，方便管理，朝向适宜，游戏场地日照充足，创造符合幼儿生理、心理特点的环境空间。

第 2.2.2 条 总用地面积应按照国家现行有关规定执行。

第 2.2.3 条 托儿所、幼儿园室外游戏场地应满足下列要求：

一、必须设置各班专用的室外游戏场地。每班的游戏场地面积不应小于 $60m^2$。各游戏场地之间宜采取分隔措施。

二、应有全园共用的室外游戏场地，其面积不宜小于下式计算值：室外共用游戏场地面积($m^2$)$=180+20(N-1)$(注：①180、20、1 为常数、$N$ 为班数(乳儿班不计)。②室外共用游戏场地应考虑设置游戏器具、30m 跑道、沙坑、洗手池和贮水深度不超过 0.3m 的戏水池等。)

第 2.2.4 条 托儿所、幼儿园宜有集中绿化用地面积，并严禁种植有毒、带刺的植物。

第 2.2.5 条 托儿所、幼儿园宜在供应区内设置杂物院，并单独设置对外出入口。基

地边界、游戏场地、绿化等用的围护、遮拦设施,应安全、美观、通透。

## 第三章 建筑设计

### 第一节 一般规定

第3.1.1条 托儿所、幼儿园的建筑热工设计应与地区气候相适应,并应符合《民用建筑热工设计规程》中的分区要求及有关规定。

第3.1.2条 托儿所、幼儿园的生活用房必须按第3.2.1条、第3.3.1条的规定设置。服务、供应用房可按不同的规模进行设置。

一、生活用房包括活动室、寝室、乳儿室、配乳室、喂奶室、卫生间(包括厕所、盥洗、洗浴)、衣帽贮藏室、音体活动室等。全日制托儿所、幼儿园的活动室与寝室宜合并设置。

二、服务用房包括医务保健室、隔离室、晨检室、保育员值宿室、教职工办公室、会议室、值班室(包括收发室)及教职工厕所、浴室等。全日制托儿所、幼儿园不设保育员值宿室。

三、供应用房包括幼儿厨房、消毒室、烧水间、洗衣房及库房等。

第3.1.3条 平面布置应功能分区明确,避免相互干扰,方便使用管理,有利于交通疏散。

第3.1.4条 严禁将幼儿生活用房设在地下室或半地下室。

第3.1.5条 生活用房的室内净高不应低于表3.1.5的规定。

第3.1.6条 托儿所、幼儿园的建筑造型及室内设计应符合幼儿的特点。

第3.1.7条 托儿所、幼儿园的生活用房应布置在当地最好日照方位,并满足冬至日底层满窗日照不少于3h(小时)的要求,温暖地区、炎热地区的生活用房应避免朝西,否则应设遮阳设施。

**表3.1.5 生活用房室内最低净高** 单位:m

| 房间名称 | 净高 |
|---|---|
| 活动室、寝室、乳儿室 | 2.80 |
| 音体活动室 | 3.60 |

注:特殊形状的顶棚、最低处距地面净高不应低于2.20m。

第3.1.8条 建筑侧窗采光的窗地面积之比,不应小于表3.1.8的规定。

**表3.1.8 窗地面积比**

| 房间名称 | 窗地面积比 |
|---|---|
| 音体活动室、活动室、乳儿室 | 1/5 |
| 寝室、喂奶室、医务保健室、隔离室 | 1/6 |
| 其他房间 | 1/8 |

注:单侧采光时,房间进深与窗上边距地面高度的比值不宜大于2.5m。

第3.1.9条 音体活动室、活动室、寝室、隔离室等房间的室内允许噪声级不应大于50dB,间隔墙及楼板的空气声计权隔声量(RW)不应小于40dB,楼板的计权标准化撞击声压级(LnT,W)不应大于75dB。

## 第二节　幼儿园生活用房

第 3.2.1 条　幼儿园生活用房面积不应小于表 3.2.1 的规定。

**表 3.2.1　生活用房的最小使用面积**　　单位：$m^2$

| 房间名称＼规模 | 大型 | 中型 | 小型 | 备　注 |
|---|---|---|---|---|
| 活动室 | 50 | 50 | 50 | 指每班面积 |
| 寝室 | 50 | 50 | 50 | 指每班面积 |
| 卫生间 | 15 | 15 | 15 | 指每班面积 |
| 衣帽贮藏室 | 9 | 9 | 9 | 指每班面积 |
| 单体活动室 | 150 | 120 | 90 | 指全园共用面积 |

注：1. 全日制幼儿园活动室与寝室合并设置时，其面积按两者面积之和的 80%计算。

2. 全日制幼儿园(或寄宿制幼儿园集中设置洗浴设施时)每班的卫生间面积可减少 $2m^2$。寄宿制托儿所、幼儿园集中设置洗浴室时，面积相应按规定的大小确定。

3. 实验性或示范性幼儿园，可适当增设某些专业用房和设备，其使用面积按设计任务书的要求设置。

第 3.2.2 条　寄宿制幼儿园的活动室、寝室、卫生间、衣帽贮藏室应设计成每班独立使用的生活单元。

第 3.2.3 条　单侧采光的活动室，其进深不宜超过 6.60m。楼层活动室宜设置室外活动的露台或阳台，但不应遮挡底层生活用房的日照。

第 3.2.4 条　幼儿卫生间应满足下列规定：

一、卫生间应临近活动室和寝室，厕所和盥洗应分间或分隔，并应有直接的自然通风。

二、盥洗池的高度为 0.50～0.55m，宽度为 0.40～0.45m，水龙头的间距为 0.35～0.4m。

三、无论采用沟槽式或坐蹲式大便器均应有 1.2m 高的架空隔板，并加设幼儿扶手。每个厕位的平面尺寸为 0.80m×0.70m，沟槽式的槽宽为 0.16～0.18m，坐式便器高度为 0.25～0.30m。

四、炎热地区各班的卫生间应设冲凉浴室。热水洗浴设施宜集中设置，凡分设于班内的应为独立的浴室。

第 3.2.5 条　每班卫生间的卫生设备数量不应少于表 3.2.5 的规定。

**表 3.2.5　每班卫生间最少设备数量**

| 污水池<br>(个) | 大便器或沟槽<br>(个或位) | 小便槽<br>(位) | 盥洗台<br>(水龙头、个) | 淋浴<br>(位) |
|---|---|---|---|---|
| 1 | 4 | 4 | 6～8 | 2 |

第 3.2.6 条　供保教人员使用的厕所宜就近集中，或在班内分隔设置。

第 3.2.7 条　音体活动室的位置宜临近生活用房，不应和服务、供应用房混设在一起。单独设置时，宜用连廊与主体建筑连通。

## 第三节 托儿所生活用房

第3.3.1条 托儿所分为乳儿班和托儿班。乳儿班的房间设置和最小使用面积应符合表3.3.1的规定,托儿班的生活用房面积及有关规定与幼儿园相同。

表3.3.1 乳儿班每班房间最小使用面积 单位:$m^2$

| 房间名称 | 使用面积 |
|---|---|
| 乳儿室 | 50 |
| 喂奶室 | 15 |
| 配乳室 | 8 |
| 卫生间 | 10 |
| 贮藏室 | 6 |

第3.3.2条 乳儿班和托儿班的生活用房均应设计成每班独立使用的生活单元。托儿所和幼儿园合建时,托儿生活部分应单独分区,并设单独的出入口。

第3.3.3条 喂奶室、配乳室应符合下列规定:

一、喂奶室、配乳室应临近乳儿室,喂奶室还应靠近对外出入口。

二、喂奶室、配乳室应设洗涤盆。配乳室应有加热设施。使用有污染性的燃料时,应有独立的通风、排烟系统。

第3.3.4条 乳儿班卫生间应设洗涤池二个,污水池一个及保育人员的厕位一个(兼作倒粪池)。

## 第四节 服务用房

第3.4.1条 服务用房的使用面积不应小于表3.4.1的规定。

表3.4.1 服务用房的最小使用面积 单位:$m^2$

| 规模<br>房间名称 | 大型 | 中型 | 小型 |
|---|---|---|---|
| 医务保健室 | 12 | 12 | 10 |
| 隔离室 | 2×8 | 8 | 8 |
| 晨检室 | 15 | 12 | 10 |

第3.4.2条 医务保健室和隔离室宜相邻设置,与幼儿生活用房应有适当距离。如为楼房时,应设在底层。医务保健室和隔离室应设上、下水设施;隔离室应设独立的厕所。

第3.4.3条 晨检室宜设在建筑物的主出入口处。

第3.4.4条 幼儿与职工洗浴设施不宜共用。

## 第五节 供应用房

第3.5.1条 供应用房的使用面积不应小于表3.5.1的规定。

**表 3.5.1 供应用房最小使用面积** 单位：$m^2$

<table>
<tr><th colspan="2">规模<br>房间名称</th><th>大型</th><th>中型</th><th>小型</th></tr>
<tr><td rowspan="5">厨房</td><td>主副食加工间</td><td>45</td><td>36</td><td>30</td></tr>
<tr><td>主食库</td><td>15</td><td>10</td><td rowspan="2">15</td></tr>
<tr><td>副食库</td><td>15</td><td>10</td></tr>
<tr><td>冷藏库</td><td>8</td><td>6</td><td>4</td></tr>
<tr><td>配餐间</td><td>18</td><td>16</td><td>10</td></tr>
<tr><td colspan="2">消毒间</td><td>12</td><td>10</td><td>8</td></tr>
<tr><td colspan="2">洗衣房</td><td>15</td><td>12</td><td>8</td></tr>
</table>

第 3.5.2 条　厨房设计应符合下列规定。

一、托儿所、幼儿园的厨房与职工厨房合建时，其面积可略小于两部分面积之和。

二、厨房内设有主副食加工机械时，可适当增加主副食加工间的使用面积。

三、因各地燃料不同，烧火间是否设置及使用面积大小，均应根据当地情况确定。

四、托儿所、幼儿园为楼房时，宜设置小型垂直提升食梯。

## 第六节　防火与疏散

第 3.6.1 条　托儿所、幼儿园建筑的防火设计除应执行国家建筑设计防火规范外，尚应符合本节的规定。

第 3.6.2 条　托儿所、幼儿园的生活用房在一、二级耐火等级的建筑中，不应设在四层及四层以上；三级耐火等级的建筑不应设在三层及三层以上；四级耐火等级的建筑不应超过一层。平屋顶可作为安全避难和室外游戏场地，但应有防护设施。

第 3.6.3 条　主体建筑走廊净宽度不应小于表 3.6.3 的规定。

**表 3.6.3 走廊最小净宽度** 单位：m

| 房间布置<br>房间名称 | 双面布房 | 单面布房或外廊 |
|---|---|---|
| 生活用房 | 1.8 | 1.5 |
| 服务供应用房 | 1.5 | 1.3 |

第 3.6.4 条　在幼儿安全疏散和经常出入的通道上，不应设有台阶。必要时可设防滑坡道，其坡度不应大于 1∶12。

第 3.6.5 条　楼梯、扶手、栏杆和踏步应符合下列规定：

一、楼梯除设成人扶手外，并应在靠墙一侧设幼儿扶手，其高度不应大于 0.60m。

二、楼梯栏杆垂直线饰间的净距不应大于 0.11m。当楼梯井净宽度大于 0.20m 时，必须采取安全措施。

三、楼梯踏步的高度不应大于 0.15m，宽度不应小于 0.26m。

四、在严寒、寒冷地区设置的室外安全疏散楼梯，应有防滑措施。

第 3.6.6 条　活动室、寝室、音体活动室应设双扇平开门，其宽度不应小于 1.20m。

疏散通道中不应使用转门、弹簧门和推拉门。

### 第七节 建筑构造

第3.7.1条 乳儿室、活动室、寝室及音体活动室宜为暖性、弹性地面。幼儿经常出入的通道应为防滑地面。卫生间应为易清洗、不渗水并防滑的地面。

第3.7.2条 严寒、寒冷地区主体建筑的主要出入口应设挡风门斗，其双层门中心距离不应小于1.6m。幼儿经常出入的门应符合下列规定：

一、在距地0.60～1.20m高度内，不应装易碎玻璃。

二、在距地0.70m处，宜加设幼儿专用拉手。

三、门的双面均宜平滑、无棱角。

四、不应设置门槛和弹簧门。

五、外门宜设纱门。

第3.7.3条 外窗应符合下列要求：

一、活动室、音体活动室的窗台距地面高度不宜大于0.60m。距地面1.30m内不应设平开窗。楼层无室外阳台时，应设护栏。

二、所有外窗均应加设纱窗。活动室、寝室、音体活动室及隔离室的窗应有遮光设施。

第3.7.4条 阳台、屋顶平台的护栏净高不应小于1.20m，内侧不应设有支撑。护栏宜采用垂直线饰，其净空距离不应大于0.11m。

第3.7.5条 幼儿经常接触的1.30m以下的室外墙面不应粗糙，室内墙面宜采用光滑易清洁的材料，墙角、窗台、暖气罩、窗口竖边等棱角部位必须做成小圆角。

第3.7.6条 活动室和音体活动室的室内墙面，应具有展示教材、作品和环境布置的条件。

## 第四章 建筑设备

### 第一节 给水与排水

第4.1.1条 托儿所、幼儿园应设室内给水排水系统。卫生设备的选型及系统的设计，均应符合幼儿的需要。

第4.1.2条 有热源条件时可设置或预留热水供应系统。

### 第二节 采暖与通风

第4.2.1条 采暖区托儿所、幼儿园应用低温热水集中采暖。热媒温度不宜超过70℃。幼儿用房的散热器必须采取防护措施。不具备集中采暖条件的二层以下房屋用壁炉、火墙采暖时，必须有高出屋面的通风、排烟等措施。

第4.2.2条 托儿所、幼儿园与其他建筑共用集中采暖时，宜有过渡季节采暖设施。

第4.2.3条 托儿所、幼儿园生活用房应有良好的自然通风。厨房、卫生间等均应设置独立的通风系统。

第4.2.4条 主要房间室内采暖计算温度及每小时换气次数不应低于表4.2.4的

规定。

**表 4.2.4　主要房间室内采暖计算温度及每小时换气次数**

| 房间名称 | 室内计算温度/(℃) | 每小时换气次数 |
|---|---|---|
| 音体活动室、活动室、寝室、乳儿室、办公室、喂奶室、医务保健室、隔离室 | 20 | 1.5 |
| 卫生间 | 22 | 3 |
| 浴室、更衣室 | 25 | 1.5 |
| 厨房 | 16 | 3 |
| 洗衣房 | 18 | 5 |
| 走廊 | 16 | |

## 第三节　电　　气

第 4.3.1 条　幼儿用房选用的灯具应避免炫光。寄宿制托儿所、幼儿园的寝室宜设置夜间巡视照明设施。

第 4.3.2 条　活动室、乳儿室、音体活动室、医务保健室、隔离室及办公用房宜采用日光色光源的灯具照明，其余场所可采用白炽灯照明。当用荧光灯照明时，应尽量减少频闪效应的影响。医务保健室和幼儿生活用房可设置紫外线灯具。

第 4.3.3 条　照度标准不应低于表 4.3.3 的规定。

**表 4.3.3　主要房间平均照度标准(Lx)**

| 房间名称 | 照度值 | 工作面 |
|---|---|---|
| 活动室、乳儿室、音体活动室 | 150 | 距地 0.50m |
| 医务保健室、隔离室、办公室 | 100 | 距地 0.80m |
| 寝室、喂奶室、配奶室、厨房 | 75 | 距地 0.80m |
| 卫生间、洗衣房 | 30 | 地面 |
| 门厅、烧火间、库房 | 20 | 地面 |

第 4.3.4 条　活动室、音体活动室可根据需要，预留电视天线插座，并设置带接地孔的、安全密闭的、安装高度不低于 1.70m 的电源插座。

第 4.3.5 条　在供应用房的电气设计中应为各种机电和电热设备提供或预留电源。

第 4.3.6 条　托儿所、幼儿园应设置电话、电铃。

## 附录一　名词解释

1. 全日制托儿所、幼儿园：幼儿白天在园、所生活的幼儿园、托儿所。
2. 寄宿制托儿所、幼儿园：幼儿昼夜均在园、所生活的幼儿园、托儿所。
3. 活动室：供幼儿室内游戏、进餐、上课等日常活动的用房。
4. 寝室：供幼儿睡眠的用房。
5. 乳儿室：托儿所中供乳儿班乳儿玩耍、睡眠等日常生活的用房。
6. 喂奶室：家长或保育员为乳儿哺乳的用房。

7. 配奶室：配制乳儿食用乳汁的用房。

8. 音体活动室：进行室内音乐、体育游戏、节目、娱乐等活动的用房。

9. 隔离室：对病儿进行观察、治疗的用房。

10. 晨检室：早晨幼儿入园、入所时进行健康检查的用房。

### 附录二　本规范用词说明

一、执行本规范条文时，要求严格程度的用词说明如下，以便在执行过程中区别对待。

1. 表示很严格，非这样做不可的用词：正面词一般采用“必须”；反面词一般采用“严禁”。

2. 表示严格，在正常情况下均应这样做的用词：正面词一般采用“应”；反面词一般采用“不应”或“不得”。

3. 表示允许稍有选择、在条件许可时首先应这样做的用词：正面词一般采用“宜”；反面词一般采用“不宜”。

4. 表示一般情况下均应这样做，但硬性规定这样做有困难时，采用“应尽量”。

5. 表示允许有选择，在一定条件下可以这样做的，采用“可”。

二、条文中指明必须按其他有关标准、规范执行的写法为：“应按……执行”或“应符合……要求或规定”。非必须按所指定的标准和规范执行的写法为“可参照……执行”。

## 二、人身安全类

### 北京市中小学生人身伤害事故预防与处理条例①

#### 第一章　总　　则

第一条　为了预防和处理中小学生人身伤害事故，保护中小学生和学校的合法权益，根据国家有关法律法规，结合本市实际情况，制定本条例。

第二条　在本市行政区域内的中小学校(以下简称学校)教育教学活动期间，在校学生人身伤害事故(以下简称事故)的预防与处理，适用本条例。

第三条　保障学生人身安全，预防事故的发生是各级人民政府及其有关部门、学校举办者、学校、学生及其父母或者其他监护人和社会的共同责任。

第四条　事故的处理应当遵循及时、合法、公正的原则。

第五条　市和区、县教育行政部门负责组织学校开展安全工作，监督学校落实事故预防措施，指导和协调事故的处理。

#### 第二章　事故的预防

第六条　教育行政部门应当制定学校安全工作和事故预防的管理规范，并组织实施和检查。

---

①　2003年9月5日北京市人民代表大会常务委员会公告第10号2004年1月1日实施。

第七条　卫生行政部门应当对学校的教育教学设施、教学用具、食品和饮用水的卫生状况依法进行监督和检查，指导学校改进卫生工作。公安机关应当维护学校治安秩序，打击危害校园安全的违法犯罪活动，指导和监督学校做好校内防火和安全保卫工作。规划、建设、质量监督等有关行政部门应当在各自职责范围内做好相关的学校安全工作。

第八条　学校举办者为学校配备的教育教学和生活设施应当符合安全标准。

第九条　在教育教学活动期间，学校依法对学生负有教育、管理和保护的职责。学校应当对学生进行安全和自护自救知识的教育，增强学生的安全意识，提高防范能力。学校应当建立健全事故预防制度，落实事故预防措施，做好日常安全管理工作，消除安全隐患。

第十条　学校应当履行下列职责：

（一）保证使用中的教育教学和生活设施符合安全标准；对存在安全隐患的设施和设备，应当采取防护、警示措施并及时维修或更换；对存在重大安全隐患的，应当立即停止使用。

（二）配备消防设备，保持安全通道的畅通。

（三）对校园内存在的易燃易爆及有毒物品依法管理。

（四）在选择与学生的学习和生活有关的产品与服务时，应当选择质量与安全性能符合有关标准和要求的产品与服务。

（五）按照国家课程标准和本市教学要求开展体育、实验和其他教育教学活动。

（六）组织学生参加与其生理、心理特点相适应的劳动、实习、考察、社会实践和其他集体活动，并在可预见的范围内采取必要的安全措施。

（七）对已知患有不适宜从事教育教学及辅助工作的疾病的教职工，不得安排其担任相应的工作。

（八）对已知有特异体质或者疾病不适宜参加某种教育教学活动的学生，给予必要的照顾。

（九）对在校期间突发疾病的学生及时救助。

（十）发现或者知道学生有未到校、擅自离校等与学生人身安全直接相关的情形时，及时告知其父母或者其他监护人，并采取相应措施。

（十一）建立健全住宿学生管理制度和安全保护措施，设专人负责管理住宿学生的生活和安全保护工作。

第十一条　学校教职工应当遵守工作纪律，不得擅离工作岗位，不得有侮辱、殴打或者体罚、变相体罚及其他伤害学生的行为，不得在工作中违反操作规程及其他有关规定。学校教职工在组织学生参加教育教学活动时，应当根据学生的年龄和认知能力对学生进行安全教育；发现学生行为具有危险性的，应当及时告诫或者制止。

第十二条 学生父母或者其他监护人应当依法履行监护责任，加强对学生的安全教育；配合学校做好学生的教育、管理和保护工作。对有特异体质或者疾病的学生，其父母或者其他监护人应当安排学生进行健康状况检查，并向学校提供书面证明。

第十三条　与学生学习和生活有关的产品与服务的提供者，应当保证其所提供的产品与服务符合国家和本市的相关质量和安全标准。

第十四条　学生应当遵守学校纪律和规章制度，服从学校的教育和管理，不得从事危

及自身或者其他学生人身安全的活动。

## 第三章　事故的处理

第十五条　事故发生后，学校应当及时救助受伤害学生，并告知学生父母或者其他监护人。

第十六条　事故发生后，学校应当在24小时内将有关情况报告学校所在地的区、县教育行政部门；属于重大事故的，应当在2小时内报告区、县教育行政部门及有关部门，区、县教育行政部门接到报告后，应当在2小时内报告同级人民政府和市教育行政部门，并及时派人指导、协助事故处理。

第十七条　事故发生后，学校应当及时调查事故原因；必要时，应当保护事故现场及相关证据，并请求公安、卫生等部门进行调查和处理。教育行政部门及有关部门、受伤害学生的父母或者其他监护人调查取证、了解事故情况时，学校应当协助、配合，提供真实情况和证据。

第十八条　对事故的处理，当事人可以通过协商方式解决，也可以按照自愿的原则，书面请求学校所在地的区、县教育行政部门协调。经协调，当事人对事故处理达成一致意见的，应当签订事故处理协议。区、县教育行政部门自接到请求之日起超过60日，经协调仍不能达成一致意见的，可以终止协调。当事人不愿协商、协调，或者经协商、协调不能达成一致意见的，可以依法向人民法院提起诉讼。

第十九条　受伤害学生的父母或者其他监护人、参加事故处理的其他人在事故处理过程中，不得扰乱学校正常的教育教学秩序。

第二十条　事故处理结束后，学校应当将事故处理结果书面报告学校所在地的区、县教育行政部门；对重大事故的处理结果，区、县教育行政部门应当上报同级人民政府和市教育行政部门。

## 第四章　事故责任的承担与赔偿

第二十一条　事故责任应当由有过错的一方承担；过错方为两方以上的，应当按照过错大小，分别承担相应的责任。法律另有规定的，从其规定。

第二十二条　因下列情形之一造成事故的，学校应当承担相应的责任：

（一）学校未履行本条例第十条规定的职责的；

（二）教职工未履行本条例第十一条规定的职责或者履行职责有过失的；

（三）法律、法规规定学校应当承担责任的其他情形。

第二十三条　事故发生后，学校对受伤害学生未采取救助措施，导致损害后果加重的，学校应当承担相应的责任。

第二十四条　有下列情形之一，学校有过错的，应当承担相应的责任；学校无过错的，不承担责任。法律法规另有规定的除外。

（一）学生自行上学、放学、返校、离校途中发生事故的；

（二）学生在学校教育教学活动或者集体活动期间擅自外出发生事故的；

（三）学生违反学校规定在非教育教学活动期间自行到校活动，或者放学后自行滞留学校期间发生事故的；

（四）在教育教学活动期间，学校和学生以外的第三人造成事故的；

（五）学生对自己实施人身伤害的；

（六）在对抗性或者具有风险性的体育活动中发生事故的。

第二十五条 有下列情形之一的，学校不承担责任：

（一）因不可抗力造成事故，并在合理期间内取得相关证明的；

（二）学校不知道或者难于知道学生有特异体质或者疾病，在教育教学活动中发生事故的；

（三）学校有证据证明，学校及其教职工已经履行本条例第十、第十一条规定的相应职责，但仍然没有避免事故发生的。

第二十六条 因学生、学生父母或者其他监护人的过错造成事故的，学生、学生父母或者其他监护人应当承担相应的责任。

第二十七条 因与学生学习和生活有关的产品与服务提供者的过错造成事故的，产品与服务的提供者应当依法承担相应的责任。学校已先行赔付的，学校可以向产品与服务的提供者追偿。

第二十八条 事故责任人应当依法承担损害赔偿责任。赔偿范围和标准按照国家和本市有关规定执行。受伤害学生及其亲属的户口、住房、就业、入学等与救助受伤害学生、赔偿相应经济损失无关的事项，不属于学校承担责任的范围。

第二十九条 因教职工未履行本条例第十一条规定的职责或者履行职责有过失造成事故的，学校在承担损害赔偿责任后，可以向有关责任的教职工追偿。

第三十条 学校可以本着自愿原则，根据其条件和实际情况，对非因学校责任受到伤害的学生提供帮助。

第三十一条 市和区、县教育行政部门应当组织学校向保险机构办理责任保险。保险费用由学校举办者承担。提倡学生父母或者其他监护人为学生办理意外伤害保险。

## 第五章 法律责任

第三十二条 学校及其教职工有下列情形之一的，有教育行政部门依法对直接负责的主管人员和直接责任人给予行政处分；构成犯罪的，依法追究刑事责任：

（一）未履行本条例规定的职责，造成重大事故的；

（二）瞒报、缓报或者谎报事故，造成严重后果的；

（三）妨碍事故调查或者提供虚假情况的。

第三十三条 学校违反本条例，安全管理制度和预防措施不落实、存在重大安全隐患的，教育、卫生行政部门或者公安机关应当责令限期改正，并依法给予行政处罚。

第三十四条 对违反本条例在事故处理过程中，扰乱学校正常教育教学秩序，构成违反治安管理行为的，由公安机关依法处理；给学校造成损失的，应当依法赔偿损失。

第三十五条 对因违反学校纪律或规章制度，造成事故的学生，学校应当依据学籍管理的规定给予相应的处分。

第三十六条 教育、卫生行政部门和公安机关等有关部门及其工作人员未履行本条例规定的法定职责，玩忽职守的，由有关部门对直接负责的主管人员和直接责任人依法给予行政处分；情节严重，构成犯罪的，依法追究刑事责任。

### 第六章　附　　则

第三十七条　本条例下列用语的含义为：

（一）中小学校是指本市行政区域内经批准设立的全日制小学、初级中学、高级中学、各类中等职业学校。

（二）中小学生是指在本条第（一）项所列学校中就读的受教育者。

（三）教职工是指本条第（一）项所列学校的校长、教师及其他工作人员。

（四）教育教学活动期间是指在校内活动期间和寄宿制学生住宿期间，以及学校组织安排的校外活动期间。

（五）人身伤害是指死亡、肢体残疾、组织器官功能障碍及其他影响人身健康的损伤。

第三十八条　技工学校学生的事故预防与处理由本市劳动和社会保障部门依照本条例，负责组织、监督、指导和协调。

第三十九条　学前教育机构中的学龄前儿童，少年宫、少年儿童活动中心、少年科技中心、少年业余体校等校外教育机构中的中小学生的事故预防和处理参照本条例执行。

第四十条　本条例自2004年1月1日起实施。

## 三、安全保卫类

### 中小学、幼儿园安全技术防范系统要求①

1. 范围

本标准规定了中小学校和幼儿园安全技术防范系统基本要求、重点部位和区域及其防护要求、系统技术要求、保障措施等。

本标准适用于各类中小学、幼儿园（以下统称学校），其他未成年人集中教育培训机构或场所参照执行。

2. 规范性引用文件

下列文件对于本文件的应用是必不可少的。凡是注日期的引用文件，仅注日期的版本适用于本文件。凡是不注日期的引用文件，其最新版本（包括所有的修改单）适用于本文件。

《彩色电视图像质量主观评价方法》(GB/T 7401—1987)

《安全防范系统供电技术要求》(GB/T 15408—2011)

《安全防范工程技术规范》(GB 50348—2004)

《入侵报警系统工程设计规范》(GB 50394—2007)

《视频安防监控系统工程设计规范》(GB 50395—2015)

《出入口控制系统工程设计规范》(GB 50396—2007)

《电子巡查系统技术要求》(GA/T 644—2006)

---

① 中华人民共和国国家质量监督检验检疫总局与中国国家标准化管理委员会于2012年12月31日联合发布，2013年6月1日实施。

《联网型可视对讲系统技术要求》(GA/T678—2007)

3. 术语和定义

GB 50348—2018、GB 50394—2007、GB 50395—2007、GB 50396—2007 界定的术语和定义适用于本文件。

4. 基本要求

4.1 学校安全技术防范系统建设,应符合国家现行相关法律、法规的规定。

4.2 安全技术防范系统建设应统筹规划,坚持人防、物防、技防相结合的原则,以保障学生和教职员工的人身安全为重点。

4.3 学校安全技术防范系统中使用的产品应符合国家现行相关标准的要求,经检验或认证合格,并防止对人员造成伤害。

4.4 学校安全技术防范系统应留有联网接口。

5. 防护要求

5.1 重点部位和区域

下列部位和区域确定为学校安全技术防范系统的重点部位和区域:

A) 学校大门外一定区域;

GB/T 29315—2012

B) 学校周界;

C) 门卫室(传达室);

D) 教学区域主要通道和出入口;

E) 室外人员集中活动区域;

F) 教学区域主要通道和出入口;

G) 学生宿舍楼(区)主要出入口和值班室;

H) 食堂操作间和储藏室及其出入口、就餐区域;

I) 易燃易爆等危险品储存室、实验室;

J) 贵重物品存放处;

K) 水电气热等设备间;

L) 安防监控室。

**注:学校大门外一定区域是指学生上下学时段,校门外人员集中的区域。**

5.2 防护要求

5.2.1 学校大门外一定区域应设置视频监控装置,监视及回放图像应能清晰显示监视区域内学生出入校园、人员活动和治安秩序情况。

5.2.2 学校周界应设置实体屏障,宜设置周界入侵报警装置。

5.2.3 学校大门口应设置视频监控装置,监视及回放图像应能清楚辨别进出人员的体貌特征和进出车辆的车型及车牌号。

5.2.4 学校大门口宜配置隔离装置,用于在学生上学、放学的人流高峰时段,大门内外一定区域内通过隔离装置设备临时隔离区,作为学生接送区。

5.2.5 学校大门口宜设置对学生、教职员工、访客等人员进行身份识别的出入口控制通道装置。

5.2.6　幼儿园大门口宜安装访客可视对讲装置。

5.2.7　学校门卫室(传达室)应设置紧急报警装置。

5.2.8　室外人员集中活动区域(操场等)宜设置视频监控装置,监视及回放图像应能清晰显示监视区域内人员活动情况。

5.2.9　教学区域内中出入的主要通道和出入口宜设置视频监控装置。

5.2.10　学生宿舍楼(区)的出入口应设置视频监控装置,监控及回放图像应清楚辨别出入人员的体貌特征,可设置出入口控制装置。

5.2.11　学生宿舍楼(区)的值班室应设置紧急报警装置。

5.2.12　食堂操作间和储藏室的出入口应设置视频监控装置、操作间、储藏室和就餐区域宜设置视频监控装置,监视及回放图像应能辨别人员活动情况。

5.2.13　易燃易爆等危险品储存室、实验室应有实体防护措施,应设置入侵报警装置,宜设置视频监控装置。

5.2.14　贵重物品存放处(财务室等)应有实体防护措施,应设置入侵报警装置及视频监控装置。

5.2.15　水电气热等设备间(配电室、锅炉室、水泵房等)应有实体防护措施,宜设置视频入侵报警装置。

5.2.16　安防监控室有实体防护措施,应设置紧急报警装置,并配置通信工具;应设置广播装置接入校园广播系统,用于突发事件时的人员疏散及应急指控;宜设置视频监控装置。

5.2.17　重点部位和区域宜设置电子巡查装置。

5.2.18　其他部位和区域根据实际需要设置相应防范措施。

5.3　设施配置要求

学校重点部位和区域安全技术防范设施配置要求见附录A。

6. 系统技术要求

6.1　计时校时要求

学校安全技术防范系统中具有计时功能的设备与北京时间的偏差应保持不大于20s。

6.2　入侵报警系统

6.2.1　入侵报警系统应满足GB 50394—2007的相关要求。

6.2.2　入侵探测器、紧急报警装置发出的报警信号应传送至安防监控室,紧急报警装置应与属地接警中心联网。

6.2.3　入侵报警系统布防、撤防、报警、故障等信息的保存时间应不少于30d。

6.2.4　入侵报警系统宜与视频监控系统联动。

6.3　视频监控系统

6.3.1　视频监控系统应满足GB 50395—2015的相关要求。

6.3.2　视频图像应传送至安防监控室,应与上级监控中心联网。

6.3.3　视频监视图像分辨率应不低于380TVL,回放图像分辨率应不低于240TVL数字视频格式分辨率就不低于352×288像素。

6.3.4　视频图像质量按照GB/T 7401—1987按主观评价,采用五级损作制评价,评价结果应不低于4级。回放图像应保证人员和物体的标志性特征可辨识。

6.3.5 视频图像应实时记录，保存时间应不少于30d。

6.4 出入口控制系统

6.4.1 出入口控制系统应符合GB 50396—2007的相关要求。

6.4.2 出入口控制事件记录保存时间应不少于180d。

6.4.3 出入口控制系统应与视频监控系统联动，在事件查询的同时，能回放与该出入口相关联的视频图像。

6.4.4 出入口控制系统应该满足人员逃生时的相关要求，当需要紧急疏散时，各闭锁通道应开启，保障人员迅速安全通过。

6.5 访客可视对讲系统

访客可视对讲系统应满足GA/T 678—2007的相关要求。

6.6 电子巡查系统

电子巡查系统应符合GA/T 644—2006的相关要求。

6.7 供电、防雷和接地

6.7.1 安全技术防范系统的供电应符合GB/T 15408—2011的相关要求。

6.7.2 安全技术防范系统主要电源应从学校主配电室通过独立回路直接接入。

6.7.3 入侵报警系统和视频监控系统宜采用集中供电方式，并根据实际情况配置备用电源。主备电源应能不间断切换。

6.7.4 备用电源应在断电后保证入侵报警系统正常工作不少于8h，保证视频监控系统的摄像机、录像设备和主要控制显示设备正常工作不少于1h，保证出入口控制系统在主要出入口电控装置正常开启不少于24h。

6.7.5 安全技术防范系统的防雷接地符合GB 50348—2004的相关要求。

6.8 安防监控者

学校宜设置独立的安防监控室，对安全技术防范系统进行统一管理。

7. 保障措施

7.1 学校安全技术防范系统建设完工后应进行验收，并建立运行维护保障的长效机制，应设专人负责系统日常管理工作并制定应急处置预案。

7.2 安防监控室应保证有人员值班，值班人员应培训上岗，掌握系统运行维护的基本技能。

7.3 学校安全技术防范系统出现故障时，应在24h内恢复功能，在系统恢复前应采取有效的应急防范措施。

## 四、师德规范类

### 中小学教师职业道德规范[①]

一、爱国守法。热爱祖国，热爱人民，拥护中国共产党领导，拥护社会主义。全面贯彻国家教育方针，自觉遵守教育法律法规，依法履行教师职责权利。不得有违背党和国家方针政策的言行。

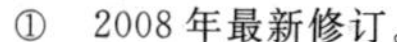

① 2008年最新修订。

二、爱岗敬业。忠诚于人民教育事业，志存高远，勤恳敬业，甘为人梯，乐于奉献。对工作高度负责，认真备课上课，认真批改作业，认真辅导学生。不得敷衍塞责。

三、关爱学生。关心爱护全体学生，尊重学生人格，平等公正对待学生。对学生严慈相济，做学生良师益友。保护学生安全，关心学生健康，维护学生权益。不讽刺、挖苦、歧视学生，不体罚或变相体罚学生。

四、教书育人。遵循教育规律，实施素质教育。循循善诱，诲人不倦，因材施教。培养学生良好品行，激发学生创新精神，促进学生全面发展。不以分数作为评价学生的唯一标准。

五、为人师表。坚守高尚情操，知荣明耻，严于律己，以身作则。衣着得体，语言规范，举止文明。关心集体，团结协作，尊重同事，尊重家长。作风正派，廉洁奉公。自觉抵制有偿家教，不利用职务之便谋取私利。

六、终身学习。崇尚科学精神，树立终身学习理念，拓宽知识视野，更新知识结构。潜心钻研业务，勇于探索创新，不断提高专业素养和教育教学水平。

## 第二节　部分条文解读

第一节详细列出了与幼儿园安全管理与教育工作相关的政策法规的条文内容，无论是建筑标准、卫生保健规范还是教师师德，这些法规的制定都是围绕保护幼儿在园期间的身心安全制定，在法规解读部分，因为篇幅的限制，不能对上述规定一一解读，仅选择与幼儿园安全有最直接关系的《北京市中小学生人身伤害事故预防与处理条例》，对该条例的部分条文进行解读。

**第二条　在本市行政区域内的中小学校（以下简称学校）教育教学活动期间，在校学生人身伤害事故（以下简称事故）的预防与处理，适用本条例。**

相关条文：本条例第三十七、三十八、三十九条。

条文解读：本条规定的是本条例的适用范围。

适用区域："在本市行政区域内的中小学校"指的是在北京市东城、西城、海淀等16个区内批准设立的全日制小学、初级中学、高级中学、各类中等职业学校以及技工学校。学前教育机构中的学龄前儿童，少年宫、少年儿童活动中心、少年科技中心、少年业余体校等校外教育机构中的中小学生的事故预防和处理参照执行。

适用时间："教育教学活动期间"指的是在校内活动期间和寄宿制学生住宿期间以及学校组织安排的校外活动期间，排除了学生脱离学校控制期间发生事故的情形。

适用对象："在校学生"指的是在上述区域的学校中就读的受教育者。

适用情形："人身伤害事故"指的是死亡、肢体残疾、组织器官功能障碍及其他影响人身健康的损伤，不包括精神损伤。

本条例主要适用于对上述事故的预防以及发生事故后的处理。

**第九条　在教育教学活动期间，学校依法对学生负有教育、管理和保护的职责。学校应当对学生进行安全和自护自救知识的教育，增强学生的安全意识，提高防范能力。学校**

**应当建立健全事故预防制度，落实事故预防措施，做好日常安全管理工作，消除安全隐患。**

条文解读：本条确定了学校的教育、管理及保护学生的义务，而非监护责任。一方面，学校要对学生进行安全和自护自救的教育，另一方面，学校建立并落实事故预防机制和措施，从而尽到管理和保护学生的义务。若学校未尽到教育、管理及保护的义务，而使未成年人遭受人身损害的，或者未成年人致他人人身损害的，应当承担与其过错相应的赔偿责任。

**第十条　学校应当履行下列职责：**

**(1) 保证使用中的教育教学和生活设施符合安全标准；对存在安全隐患的设施和设备，应当采取防护、警示措施并及时维修或更换；对存在重大安全隐患的，应当立即停止使用。**

**(2) 配备消防设备，保持安全通道的畅通。**

**(3) 对校园内存在的易燃易爆及有毒物品依法管理。**

**(4) 在选择与学生的学习和生活有关的产品与服务时，应当选择质量与安全性能符合有关标准和要求的产品与服务。**

**(5) 按照国家课程标准和本市教学要求开展体育、实验和其他教育教学活动。**

**(6) 组织学生参加与其生理、心理特点相适应的劳动、实习、考察、社会实践和其他集体活动，并在可预见的范围内采取必要的安全措施。**

**(7) 对已知患有不适宜从事教育教学及辅助工作的疾病的教职工，不得安排其担任相应的工作。**

**(8) 对已知有特异体质或者疾病不适宜参加某种教育教学活动的学生，给予必要的照顾。**

**(9) 对在校期间突发疾病的学生及时救助。**

**(10) 发现或者知道学生有未到校、擅自离校等与学生人身安全直接相关的情形时，及时告知其父母或者其他监护人，并采取相应措施。**

**(11) 建立健全住宿学生管理制度和安全保护措施，设专人负责管理住宿学生的生活和安全保护工作。**

条文解读：主要规定的是学校在教育教学活动期间负有的职责，除了教学方面的责任外，还确定了学校在保证设施设备安全的责任、开展符合青少年发展的课内外活动的职责及学校、教师对学生的人文关怀等方面的责任。主要如下：

第一，学校应当保证教育教学和生活过程中，学生所接触和使用的产品和设施符合安全标准，不存在安全及质量隐患，保证消防设备的正常使用，不存在安全及质量隐患。“隐患”包括设施设备不符合质量要求，存在瑕疵，设计不合理，可能导致危险等。若存在上述问题，应立即改正；

第二，学校应当对学生进行安全、自我保护和自救等教育，增强学生安全意识，开展体育、实验和其他教育教学活动，组织学生参加与其生理、心理特点相适应的一系列活动。这些互动有利于青少年健康发展，也是符合青少年生活、学习需求的；

第三，学校应当建立和完善事故预防制度，包括住宿学生的管理制度等，做好安全管理工作，这是学校履行管理、保护义务的行为；

第四，学校应对学生的日常安全采取措施，如不安排患有不适宜从事教学工作的教职工，对具有特殊体质或患有疾病的学生加以照顾，对突发疾病或者可能会造成人身安全的情形，及时采取措施等。

**第十一条　学校教职工应当遵守工作纪律，不得擅离工作岗位，不得有侮辱、殴打或者体罚、变相体罚及其他伤害学生的行为，不得在工作中违反操作规程及其他有关规定。学校教职工在组织学生参加教育教学活动时，应当根据学生的年龄和认知能力对学生进行安全教育；发现学生行为具有危险性的，应当及时告诫或者制止。**

条文解读：该条文规范了学校教职工的职责。教职工不得有侮辱、殴打或体罚、变相体罚等伤害学生的行为。“侮辱”包括用言语，肢体或者其他行为公然贬低学生人格，破坏学生名誉。“体罚”包括罚站、罚跑、罚做劳务等，“变相体罚”包括罚抄、罚钱等。

在学校的课堂教学中，体育课、实验课和劳动课都是容易发生危险的，因此教师在现场予以指导、监督和保护，对最大限度地保障学生的人身安全是非常重要的，这要求教师不能违反工作要求擅离岗位、玩忽职守。否则，学生发生伤害，教师会因为未充分尽到教育、管理、保护职能而具有不可推卸的责任。

**第十二条　学生父母或者其他监护人应当依法履行监护责任，加强对学生的安全教育；配合学校做好学生的教育、管理和保护工作。对有特异体质或者疾病的学生，其父母或者其他监护人应当安排学生进行健康状况检查，并向学校提供书面证明。**

条文解读：该条文明确了学生在校期间，家长亦为监护人，学校并非学生在校的监护人。本校应做如下理解：①对有特异体质或者疾病的学生，其家长未及时向学校提供书面证明，而学校亦未发现异常，该名学生传染或致他人人身损害的，学校能够证明已经履行管理、保护责任外，该学校家长应承担监护职责；②若家长未及时向学校提供书面证明，学校发现该学生有异常情况的，学校在做好及时的救助后，应立即通知其家长；③若家长向学校提供了书面证明，该学生传染或致第三人人身损害的，那么学校通常要承担相应的责任，家长亦要承担监护责任。

**第十五条　事故发生后，学校应当及时救助受伤害学生，并告知学生父母或者其他监护人。**

**第十六条　事故发生后，学校应当在24小时内将有关情况报告学校所在地的区、县教育行政部门；属于重大事故的，应当在2小时内报告区、县教育行政部门及有关部门，区、县教育行政部门接到报告后，应当在2小时内报告同级人民政府和市教育行政部门，并及时派人指导、协助事故处理。**

**第十七条　事故发生后，学校应当及时调查事故原因；必要时，应当保护事故现场及相关证据，并请求公安、卫生等部门进行调查和处理。教育行政部门及有关部门、受伤害学生的父母或者其他监护人调查取证、了解事故情况时，学校应当协助、配合，提供真实情况和证据。**

条文解读：以上几条规定了发生事故后，学校应当采取的相关措施。首先，学校应当救助受伤学生，并及时告知父母，以证明学校尽到了保护、救助和通知的义务；其次，学校要通知上级部门，特别是重大事故的情况下，要在2小时内报告，以同学校一起处理事故及安抚学生、家长；事故发生并妥善安置学生后，学校应当及时调查事故发生原因，必要时

可请求公安、卫生等部门调查和处理，并协助配合有关部门和受伤害学生的父母等人的调查取证和了解情况，这条属于学校应协调上级部门及必要的国家机关对事故进行调查，以保护未成年人及其家属的利益。

**第十八条　对事故的处理，当事人可以通过协商方式解决，也可以按照自愿的原则，书面请求学校所在地的区、县教育行政部门协调。经协调，当事人对事故处理达成一致意见的，应当签订事故处理协议。区、县教育行政部门自接到请求之日起超过60日，经协调仍不能达成一致意见的，可以终止协调。当事人不愿协商、协调，或者经协商、协调不能达成一致意见的，可以依法向人民法院提起诉讼。**

**第十九条　受伤害学生的父母或者其他监护人、参加事故处理的其他人在事故处理过程中，不得扰乱学校正常的教育教学秩序。**

条文解读：上述条文规范的是事故发生后的解决途径，即协商、协调和诉讼。当事人可通过协商或协调的方式达成一致意见，若无法协商的，学校应当在24小时内将情况报告主管的教育行政部门，即教育局，属于重大事故，应当在2小时内报告。这条属于当事人不愿协商或协商不成的，也可向学校所在区、县教育行政部门请求协调。调解60日仍不能达成一致意见的，可以终止协调。若无法达成一致意见，可以向有管辖权的人民法院起诉。但是事故处理过程中，不得扰乱学校正常的教育教学秩序，违者可能会承担行政或者刑事责任。

**第二十一条　事故责任应当由有过错的一方承担；过错方为两方以上的，应当按照过错大小，分别承担相应的责任。法律另有规定的，从其规定。**

条文解读：该条文是对事故责任承担的原则性规定，即过错归责原则。原则上，事故的责任按照过错的大小由有过错的人分别承担，没有过错的，无须承担责任。但是法律另有规定除外。

特别值得注意的是，不论学校是否对事故的发生存在过错，家长通常会先要求学校承担赔偿责任，所以一方面学校要力争尽到教育、保护、管理的义务，另一方面学校要懂得积极地保留有用的证据以表明确实尽到了保护、管理义务而无须承担过错责任；若学校不能证明，从未成年保护角度及学校应然的优势地位，往往会承担一定的责任。

**第二十二条　因下列情形之一造成事故的，学校应当承担相应的责任：**

**（一）学校未履行本条例第十条规定的职责的；**

**（二）教职工未履行本条例第十一条规定的职责或者履行职责有过失的；**

**（三）法律、法规规定学校应当承担责任的其他情形。**

**第二十九条　因教职工未履行本条例第十一条规定的职责或者履行职责有过失造成事故的，学校在承担损害赔偿责任后，可以向有关责任的教职工追偿。**

**相关条文：本条例第十条、第十一条。**

条文解读：上述条文规定了学校应当承担责任的情形，即职务责任。学校未履行本条例第十条的职责，教职工未履行本条例第十一条的职责或者履行职责有过失，导致事故发生的，学校应当承担责任。“过失”是应注意或者能注意而没注意的情形。

学校对教职工的失职行为承担责任是一种替代责任，是法律的例外规定，实行的是无过错责任，即使学校没有过错，也应当承担责任。但学校在承担了损害赔偿责任后，由于其没有责任,因此可向有责任的教职工追偿。

**第二十三条　事故发生后,学校对受伤害学生未采取救助措施,导致损害后果加重的,学校应当承担相应的责任。**

**第二十四条　有下列情形之一,学校有过错的,应当承担相应的责任;学校无过错的,不承担责任。法律法规另有规定的除外。**

**(一)学生自行上学、放学、返校、离校途中发生事故的;**

**(二)学生在学校教育教学活动或者集体活动期间擅自外出发生事故的;**

**(三)学生违反学校规定在非教育教学活动期间自行到校活动,或者放学后自行滞留学校期间发生事故的;**

**(四)在教育教学活动期间,学校和学生以外的第三人造成事故的;**

**(五)学生对自己实施人身伤害的;**

**(六)在对抗性或者具有风险性的体育活动中发生事故的。**

条文解读:上述条文规定了学校在有过错或对损害的扩大有过错时,应对事故承担责任的情形。在上述情形中,学校不是直接侵权人,但均是因学校疏于管理和保护而导致了损害发生或损害的进一步扩大。当然如果学校能证明其确已履行管理、看管的义务,那么对学生的损害无须承担责任,而是由直接侵权人承担。

第二十二条,学校要承担因其未及时救助而导致损害加重的责任;第二十三条,学校更多地扮演管理者的角色,如果已经尽到管理义务,那么学校对事故的发生是无过错的,则无须承担责任;反之,需要承担过错责任。

**第二十五条　有下列情形之一的,学校不承担责任:**

**(一)因不可抗力造成事故,并在合理期间内取得相关证明的;**

**(二)学校不知道或者难于知道学生有特异体质或者疾病,在教育教学活动中发生事故的;**

**(三)学校有证据证明,学校及其教职工已经履行本条例第十、第十一条规定的相应职责,但仍然没有避免事故发生的。**

条文解读:上述条文规定了学校不承担责任的范围。本条属于客观、不可控、已履行职责的情况下,发生校园事故的情形,此时学校无过错,所以可以免责。

**第二十六条　因学生、学生父母或者其他监护人的过错造成事故的,学生、学生父母或者其他监护人应当承担相应的责任。**

相关条文:第十二条。

条文解读:该条规定的是学生、学生父母和其他监护人所应当承担的责任,学校免责的规定。只要学校已经履职、履行管理、教育及保护的义务并能够证明自己确实尽到的责任,仍然发生损害的,则无须承担责任,而是由直接的责任人学生或其监护人承担责任。

**第二十七条　因与学生学习和生活有关的产品与服务提供者的过错造成事故的,产品与服务的提供者应当依法承担相应的责任。学校已先行赔付的,学校可以向产品与服务的提供者追偿。**

条文解读:该条文规定的是第三人所应当承担的责任。如果是因第三人的过错导致事故的发生,则第三人应当承担责任。但是为了保障学生的利益,学校可先行支付赔偿,后可向产品与服务的提供者追偿。

**第二十八条　事故责任人应当依法承担损害赔偿责任。赔偿范围和标准按照国家和本市有关规定执行。受伤害学生及其亲属的户口、住房、就业、入学等与救助受伤害学生、赔偿相应经济损失无关的事项,不属于学校承担责任的范围。**

条文解读:该条文规定了事故发生后的赔偿范围。赔偿范围和标准见《侵权责任法》第十六条,《最高人民法院关于审理人身损害赔偿案件适用法律若干问题的解释》第七条、第十七条、第十九条至第二十四条,《最高人民法院关于确定民事侵权精神损害赔偿责任若干问题的解释》第八条第二款等。这条规定了责任人仅需赔偿与其过错有因果关系的损害部分,无关系的户口、住房、就业等问题,无须赔偿。

**第三十一条　市和区、县教育行政部门应当组织学校向保险机构办理责任保险。保险费用由学校举办者承担。提倡学生父母或者其他监护人为学生办理意外伤害保险。**

条文解读:该条文规定的是学校应办理责任保险。办理责任保险后,在承办范围内,学校所应当承担的赔偿由保险公司承担。

(北京市亿达律师事务所　吴圣奎)

## 思考题

(1) 与幼儿园安全相关的政策法规都有哪些?

(2) 幼儿园安全管理应该包含哪些方面?将如何实施?

(3)《北京市中小学生人身伤害事故预防与处理条例》对事故的责任是如何界定的,这对幼儿园工作实践有什么指导意义?

# 第二章 幼儿园消防安全管理与教育

### 学习目的

教师掌握预防消防事故发生的基本防范与应对措施。

### 学习重点

学会围绕消防安全开展教育实践活动。

### 引言

幼儿园是人口密集场所，加强消防安全的教育与管理，对于保护幼儿生命安全，提高幼儿自我保护能力有十分重要的意义。消防安全的管理与教育重点在“练”，不能“光说不练”，在“练”中增强意识、提高能力。

本章包含三部分内容——消防安全的基本内容，介绍消防安全的基本常识和幼儿园管理思路；幼儿消防安全教育的基本途径和方法；家庭教育中的幼儿消防安全常识。

## 第一节　消防安全管理与教育的内容

**案例 1**

**幼儿园消防事故**

2001 年 6 月 5 日，某幼儿园因点蚊香引起火灾，过火面积 43.2m²，直接财产损失 13 463 元。造成 13 名儿童(7 名男孩，6 名女孩)死亡、1 名儿童受轻伤。经调查，火灾原因是 16 号床边过道上点燃的蚊香引燃搭落在床架上的棉被所致。[①]

① 案例来源于“慧聪消防网”。

**案例分析**：消防问题往往产生于一些人们忽视的生活细节，这是因为教师与管理人员缺乏最基本的消防常识所致。在本节中，给大家详细介绍幼儿园消防安全管理与教育涉及的消防安全基本常识，这是开展幼儿园消防管理与教育的基础。

## 一、消防安全知识

无论是管理者开展消防安全日常管理还是教师开展消防安全教育，最基础的消防知识是其基础。

### （一）消防安全常识

（1）不用手或铁丝、钉子、别针等金属制品去接触、探试电源插座内部。

（2）不用湿手触摸电器，不用湿布擦拭电器。

（3）电器使用完毕后应拔掉电源插头，插拔电源插头时不要用力拉拽电线，以防止电线的绝缘层受损造成触电；电线的绝缘皮剥落，要及时更换新线或者用绝缘胶布包好。

（4）不随意拆卸、安装电源线路、插座、插头等。

（5）熔丝熔断，是用电过量预告，不可越换越粗，以免引起火灾。

（6）要定期检查幼儿园线路安全、电热水器、厨房用电用气等安全使用情况，避免线路老化、陈旧引发事故。

（7）电气机房、厨房及配电所开关附近应备干粉灭火器以防备着火。

### （二）正确的报警方法

（1）要牢记报警电话“119”，畅通消防进出通道，有指定人员接应消防车。

（2）报警后要沉着冷静，向接警中心讲清失火单位的名称、地址、起火原因、火势，同时认真回答对方提出的问题，并保持通信畅通。

（3）如果着火地区发生了新的变化，要及时报告消防队，便于消防人员调整战术。

### （三）火灾种类

火灾的种类依我国国家标准《手提式灭火器通用技术条件》（GB 4351—1997）的规定可分为以下四类。

（1）普通火灾（A类）：凡由木材、纸张、棉、布、塑胶等固体物质所引起的火灾。

（2）油类火灾（B类）：凡由引火性液体及固体油脂物体所引起的火灾，如汽油、石油、煤油等。

（3）气体火灾（C类）：凡是由气体燃烧、爆炸引起的火灾都称为气体火灾，如天然气、煤气等。

（4）金属火灾（D类）：凡是由钾、钠、镁、锂及禁水物质引起的火灾。

除以上四类外，还有电器火灾，即由电器走火、漏电、打火引起的火灾。

### （四）灭火器的种类与使用方法

#### 1. 泡沫灭火器

泡沫灭火器适用A、B类火灾，分为化学泡沫和机械泡沫两种，其中化学泡沫使用时颠倒使用现已淘汰，而机械泡沫使用方法同干粉灭火剂。泡沫灭火器的缺点是灭火中造成污染，且不可使用于C类火灾，每四个月检查一次，药剂一年更换。

**2. 二氧化碳灭火器**

二氧化碳灭火器适用于B、C类火灾，使用方法为：①拔出保险插销；②握住喇叭喷嘴和阀门压把；③压下压把即受内部高压喷出。每三个月检查，重量减少需重新灌充。二氧化碳灭火器的缺点是在使用中使用人员极易冻伤。

**3. 干粉灭火器**

干粉灭火器分为ABC和BC干粉两种，其中适用ABC类火灾的，使用方法为：①拔掉保险销；②喷嘴管朝向火焰，压下阀门压把即可喷出。三个月检查压力表(1.2MPa)药剂有效时限为三年。

### （五）基本的逃生方法

(1) 原则：安全撤离，救助结合。

(2) 利用疏散通道逃生。每个建筑按规定设有室内楼梯、室外楼梯，有的还设有自动扶梯、消防电梯等，发生火灾后，尤其是在火灾的初起阶段，这些都是逃生的有效途径，在下楼时，应抓住扶手，以免被人群撞倒、踩伤。

(3) 自制器材逃生。建筑物发生火灾后，可利用逃生的物品来源比较多，要学会随机应变。例如：将毛巾、口罩捂住口、鼻，可当成防烟工具；利用绳索、布匹、床单、地毯、窗帘的连接来开辟逃生通道；利用各种劳动保护用品，如安全帽、摩托车头盔、工作服等作为遮挡物，以避免烧伤和被落物砸伤。

(4) 利用建筑物现有设施逃生。发生火灾时，如果上述两种方都无法逃生，可利用落水管、房屋内外的突出部分、门窗、建筑物上避雷线(网)逃生或转移到安全区域。利用这种方法时，既要大胆又要细心，否则容易出现伤亡。

(5) 寻找避难处所逃生。在无路可逃的情况下，应积极寻找避难处所。如到阳台、楼层平顶等待救援，选择火势、烟雾难以蔓延的房间，如卫生间等，关好门窗、堵塞间隙，房间如有水源，应立即将门、窗和各种可燃物浇湿，以阻止或减缓火势和烟雾的蔓延速度。无论白天或夜晚，被困者都应大声呼救或挥舞白色毛巾等，不断发出各种呼救信号，以引起救援人员的注意，帮助自己脱离困境。

## 二、消防安全管理要求

幼儿园的消防安全，需要幼儿园的总体管理，也需要教师开展适宜的安全教育，防患未然。

### （一）建筑防火要求

根据2016年11月25日，国家住建部颁布的《托儿所、幼儿园建筑设计规范》(JGJ 39—2016)，在第三章第六节中明确就幼儿园防火与疏散进行了说明，幼儿园建筑应该符合的标准，以减少消防事故发生。

**小贴士**

第3.6.1条　托儿所、幼儿园建筑的防火设计除应执行国家建筑设计防火规范外，尚应符合本节的规定。

第 3.6.2 条　托儿所、幼儿园的生活用房在一、二级耐火等级的建筑中，不应设在四层及四层以上；三级耐火等级的建筑不应设在三层及三层以上；四级耐火等级的建筑不应超过一层。平屋顶可作为安全避难和室外游戏场地，但应有防护设施。

第 3.6.3 条　主体建筑走廊净宽度不应小于表 3.6.3 的规定。

**表 3.6.3　走廊最小净宽度**　　单位：m

| 房间名称 \ 房间布置 | 双面布房 | 单面布房或外廊 |
|---|---|---|
| 生活用房 | 1.8 | 1.5 |
| 服务供应用房 | 1.5 | 1.3 |

第 3.6.4 条　在幼儿安全疏散和经常出入的通道上，不应设有台阶。必要时可设防滑坡道，其坡度不应大于 1∶12。

第 3.6.5 条　楼梯、扶手、栏杆和踏步应符合下列规定：

一、楼梯除设成人扶手外，并应在靠墙一侧设幼儿扶手，其高度不应大于 0.60m。

二、楼梯栏杆垂直线饰间的净距不应大于 0.11m。当楼梯井净宽度大于 0.20m 时，必须采取安全措施。

三、楼梯踏步的高度不应大于 0.15m，宽度不应小于 0.26m。

四、在严寒、寒冷地区设置的室外安全疏散楼梯，应有防滑措施。

第 3.6.6 条　活动室、寝室、音体活动室应设双扇平开门，其宽度不应小于 1.20m。疏散通道中不应使用转门、弹簧门和推拉门。

### （二）健全消防安全管理与检查制度

消防安全是幼儿园管理最基本的部分之一，为保障幼儿园安全运行，各幼儿园都建立健全了消防安全的管理制度，并严格落实，定期检查并加强日常抽查；建立了消防安全预案，确保消防事故发生后有条不紊地开展疏散、救护工作，把事故的损失降到最低。

**案例 2**

**幼儿园消防安全制度**

为保障幼儿园消防安全，特制定此制度。

(1) 每学期对全园教职工进行消防知识培训，进行一次全园消防演练。人人掌握灭火器的正确使用方法。

(2) 利用各种形式对幼儿开展消防知识宣传，教育幼儿不玩火，不动电线、电源，出现火情立即告知老师。

(3) 所有保教人员和幼儿都能掌握正确的消防逃生方法。

(4) 保教人员熟悉掌握各班的逃生线路。

(5) 园保卫人员定期检查消防设施、设备，及时更换消防器材，保证应急疏散通道通畅，无杂物摆放。

(6) 各班睡眠室、活动室之间的门口，通道要保持畅通，孩子在室内时，不准上锁，发生火灾事故时，教师、保育员要沉着镇静，迅速从安全通道疏散幼儿，不能丢下孩子不管。

(7) 对行政后勤人员进行消防救助分工，确保意外情况发生时，各班幼儿得到及时帮助，尽快逃离火灾现场。

(8) 火情发生后工作人员应确保幼儿安全撤离。

(9) 下班前确认各类电器电源关闭，拔掉插头，关好门窗。

(10) 静园后、双休日、节假日，门卫负责检查园内所有安全相关情况，及时发现汇报并处置安全隐患。

（北京市朝阳区清友实验幼儿园）

## 案例 3

### 消防工作应急预案

一、制定预案的法律依据

根据《中华人民共和国消防法》《中华人民共和国安全生产法》《公安部 61 号令(2002)》等法律法规，制定本预案。

二、适用范围及突发事件的界定

本预案适用于幼儿园内的各种火灾突发事件。

火灾突发事件是指：在幼儿园内部正常工作状态下突然发生的火灾、爆炸、由于人员骤然聚集引发的可能致人伤亡的事件。

三、工作预案内容

1. 幼儿园情况简介

幼儿园名称：兵器工业机关服务中心幼儿园

法人代表：(园长)

建园时间：1959 年

单位面积：3729 平方米

建筑结构：砖混

易燃易爆物品存放部位：食堂有天然气管道

教职工数：60 人

幼儿人数：360 人

消防设施：幼儿园东墙外马路对面及西门外向北 50 米有地井式消防栓。全园配备灭火器 52 个(分布在各班级、各部门)。

安全出口分布：

南教学楼——4 个(南门、北门、一层教学班内各 1 个阳台门)

北教学楼——4 个(南门、北门、食堂通道门、三楼东平台门)

办公楼——3 个(南门、北门、西门)

食堂——3 个(食堂通道门 3 个)

礼堂——3 个(南门、西门、东门)

服务中心保卫处电话：××××××××

幼儿园传达室电话：××××××××

领导小组成员

组长：×××(园长)

副组长：×××(副园长)

2. 指挥部

现场总指挥：×××(园长)

(注：园长不在时由副组长或当日值班的行政人员担任。)

指挥部职责：全面负责指挥协调火灾处置工作。

指挥部下设3个组。

(1) 疏散组，由后勤(资料室、总务室)人员组成。

基本职责：在现场指挥组指挥下，坚守岗位，依据预案措施及疏散路线、顺序，有秩序地疏散师幼，疏散完毕后有秩序撤离。

(2) 伤员救护组，由保健医负责。

基本职责：负责将伤员运到指定安全区域，并进行简单救治后，送往就近医院救治。

(3) 外围控制组，由传达室人员及保安员组成。

基本职责：负责维护幼儿园大门、出入口秩序，疏导师幼有序撤离，引导专业部门人员进入现场进行处置。

3. 处置原则

(1) 快速反应原则。处置火灾突发事件要坚持信息上报快、部署控制快、预案落实快。

(2) 现场指挥原则。火灾发生后，指挥人员要亲临现场，全面掌握情况，准确分析局势，果断判断，及时做出正确指挥。

(3) 设置警戒原则。火灾一旦发生，要迅速疏散现场周边人员及贵重物品，设置警戒，保护现场，禁止无关人员进入。

(4) 降低损失原则。处置控制方法要妥当，要以维护政治稳定、社会安定，确保幼儿、教职员工人身、财产安全为工作重点，力求做到尽量减少社会影响，减少人员伤亡，降低危害。

(5) 协调配合原则。幼儿园各部门及教职工要明确职责任务，按照预案分工，互相协调、通力配合，对火灾进行妥善处置。

(6) 追究责任原则。依据消防工作应急预案中指挥部及各组职能分工，划清权限职责。对未能落实有关要求造成安全事故的，视情节轻重，对相关责任人进行责任追究；造成幼儿园经济损失或人员伤亡的，依法追究其法律责任。

4. 火灾处置应急程序

(1) 发现火情立即拨打火警电话“119”报警，同时向园办公室报告，传达室人员迅速到路口迎接消防车。

(2) 园领导接警后立即到达火灾现场指挥人员疏散，视火情组织园内义务消防队开展灭火自救。

南教学楼二层、三层班级疏散到园内操场，一层两个班级疏散至教室外平台。依据火点，考虑逃生路线。

北教学楼一层、二层班级疏散到园内操场，三层两个班级疏散至东侧室外平台。依据火点，考虑逃生路线。

食堂人员迅速切断电源、天然气，从南、北侧通道疏散至室外。

保健医做好现场伤员救护，必要时及时转送医院进行救治。

保安人员、行政后勤人员协助保教人员快速疏散幼儿，同时做好灭火自救。

及时报告服务中心保卫处，视火情通知驻院武警部队现场增援。

在无生命危险的前提下，组织人员抢救贵重物资器材，指定专人看管，防丢失、防被盗。

疏散后及时清点人数，保护现场。

对火灾中的伤亡人员及时通知家属和监护人并做好安抚工作。

协助相关部门查明火灾原因。

（兵器工业机关服务中心幼儿园）

# 第二节　幼儿园消防安全教育

幼儿的学习是直观形象的，幼儿教育应该以游戏、情景模拟的方式开展，促进幼儿在教育实践活动中直接感知、亲身体验，在此过程中提高安全意识与自护能力。在具体的教育实践中，可以通过集体教育活动、环境创设与区域活动以及全园性的消防演习来对幼儿开展消防安全教育。

## 一、以集体教育活动形式开展消防安全教育

集体教育面向全体，在集中的时间全体幼儿共同体验和学习，适合基本的知识、动作或时令性强的教育活动，下面提供六个教学设计，通过这六个教学设计体会面向幼儿开展消防安全教育的总体原则和基本方法。幼儿园消防演练如图 2-1 所示。

(a)　(b)　(c)　(d)

图 2-1　幼儿园消防演练

## 教学设计

### 我是小小消防员(小班)

**活动目标：**

(1) 锻炼幼儿手膝着地爬及跑等动作能力。

(2) 幼儿知道遇到火险时如何进行简单的自我救护。

**活动准备：**场景布置：地垫、盛满水的塑料盆、毛巾等。

幼儿已看过火警演习的录像，知道一些简单的自救常识。红绿灯一个。

**活动过程：**

(1) 准备活动：红绿灯。

教师：今天天气真好，我们这些小司机一起开车出去玩吧，我们先来锻炼一下身体好吗?

听音乐，带领幼儿做上肢、下蹲、腹背、转体、跳跃等动作。

(2) 开展游戏《红绿灯》，表扬遵守交通规则的优秀驾驶员。

游戏内容：我是小小消防员。

玩法：把幼儿分成2组，当幼儿听到鼓声时，每组第一名幼儿迅速跑到毛巾处，拿起一条毛巾，跑到盛满水的容器面前，把毛巾沾湿后捂住嘴巴和鼻子，趴在地垫上，匍匐前进，到达终点后敲一下鼓，下一名幼儿再开始游戏。

游戏规则：每个组员都要在听到鼓声后才能出发，必须用毛巾捂住嘴和鼻在地垫上爬行。

(3) 延伸活动：可在游戏后开展真正的防火演习活动。

(刘川川)

### 我们不玩火(中班)

**活动目标：**

(1) 了解火的用途，知道用火不当会给人们带来灾难。

(2) 使幼儿认识“严禁烟火”“安全出口”“火警119”等标志，知道它们的含义，学会简单的自我保护方法。

(3) 教育幼儿懂得最基本的安全防火知识，做到在日常生活中不玩火。

**活动准备：**

(1) “严禁烟火”“安全出口”标志各一张。

(2) 有关火燃烧的图片(烧饭菜、水，炼制钢铁，照明、取暖、发电)。

**活动过程：**

(1) 谈谈火的用处。

① 教师出示图片，观察片刻后提问：“你们知道什么在燃烧?”“小朋友想一想，火可以帮助我们人类做哪些好事?”(火在燃烧，火可以烧饭菜、水，还可以照明、取暖、发电等。)

② 教师总结并补充火的用途，让幼儿知道人类的生存和发展离不开火。

(2) 谈谈火的害处。

刚才，大家说了许多火对人类的好处。你们知道吗? 如果用火不当，火也是很危险

的，它一旦发起脾气来，就会形成火灾，谁也管不住。

谁知道火灾怎么发生的呢？（让幼儿知道用火不当会造成火灾，会给国家和人民的生命财产造成危害。）

引导幼儿说出预防火灾的方法。

① 火柴、打火机等能产生火的东西都不能玩；小孩玩火是非常危险的，不仅自己不玩火，看到小伙伴玩火也要及时阻止。

② 蚊香等带火的东西不能靠近容易着火的物品。在生活中还有哪些东西怕火、容易燃烧？（木材、煤炭、棉花、纸、煤油等。）

③ 不能随便燃放烟花爆竹。

④ 小朋友不能玩未熄灭的烟头，看见没熄灭的烟头应及时踩灭。

(3) 出示并认识“严禁烟火”“安全出口”标志，教幼儿知道其特殊含义并懂得预防火灾。

(4) 讨论：万一出现了火情，该怎么办？

让幼儿初步掌握几种自救逃生的方法与技能。

着小火了怎么办？着大火怎么办？（不能坐电梯，不能往上逃）困在房间里？公共场所着火怎么办？

小结：刚才小朋友想出的办法都不错，如果出现了小火，我们可以用水泼灭火、用湿布扑灭火、用沙子灭火、用灭火器灭火……但小朋友要记住，如果出现大火的时候，我们一定要先拨打“119”电话。

(5) 小朋友说得都很好，但是光我们知道还不行，还要让大家都知道。下次如果和好朋友或者弟弟妹妹一起玩的时候，告诉他们，让他们也知道一些预防火灾的知识，好吗？

**活动反思：**

这天我们组织幼儿进行了防火安全教育的教学活动，孩子们听得十分认真，都积极踊跃地举手回答教师的问题，整个活动增强了幼儿对防火安全的意识，提高了幼儿的自我保护意识。防火安全教育教学活动，如图 2-2 所示。

图 2-2　防火安全教育教学活动

活动中让幼儿了解到火对人们的用途，以及不正当的用火会造成的危害，孩子们在活动中大胆地讨论；并了解一些逃生的标志，知道遇到危险拨打急救电话等。

通过这次活动，让幼儿学会珍惜生命，不随便玩火，学习一些逃生自救的方式方法，在日常生活中，我们要不断的教育幼儿学会自我保护，远离危险。

（杨丽杰）

## 会咬人的电(中班)

**活动由来**：孩子们升入中班后对身边的一切都变得好奇、感兴趣，有的宝贝对班中的插座也很感兴趣，经常问我："老师，这个插销是插哪里的?""老师，这个插销有电吗?"一边说一边还用眼睛盯着插头的小插孔。如果直接告诉孩子们这些东西是有电的，不能乱碰，孩子年龄小又很难理解，为了孩子们的安全和让他们建立安全意识，通过以下小活动就可以帮孩子们认识到触摸插座的危险。

**活动目标**：

(1) 认识"有电危险"的标志。

(2) 通过故事知道电插座里藏着会咬人的电，不能用手触摸。

(3) 初步培养幼儿安全用电和安全意识。

**活动准备**：

(1)"有电危险"的标志图片一张、电插线板一块。

(2) 指偶：灰太狼、小老鼠。

(3) 幼儿操作用图片人手一套；笑脸、哭脸图片各一张。

活动重点：认识安全标志，知道保护自己。

活动难点：培养幼儿安全用电，有安全意识。

**活动过程**：

(1) 欣赏故事，并根据故事进行简单提问。

### 会咬人的电①

一只小老鼠趁喜羊羊出门去，溜进家里偷东西，发现了一个宝贝。这个宝贝是白色的，身上长着许多小嘴巴，后面还拖着一根长长的细尾巴，小老鼠只要把电视机插头往小嘴巴里一插，电视机就会说话了，把台灯插头往小嘴巴里一插，台灯就亮了，把电风扇插头往小嘴巴里一插，电风扇就转了。小老鼠想：这可是个好宝贝，我要把它偷走。可是，宝贝比小老鼠还大，怎么搬走呢？小老鼠说："我去请朋友来帮忙。"它刚出门就碰到了灰太狼，小老鼠赶紧说："灰太狼，喜羊羊家有个宝贝，你敢不敢去偷?"灰太狼马上说："我什么都不怕，快带我去吧!"

来到喜羊羊家，灰太狼看着那个宝贝摇摇头说："那是宝贝吗？又不能吃，也不好玩，我不偷了。"小老鼠很着急地说："那个宝贝很神奇，它能让电视机说话，能让台灯亮起来，能让电风扇转起来。"灰太狼一听眼睛马上睁大了，一把抓住了那个宝贝，它的手指头伸进了宝贝的小嘴巴里，"啊!"灰太狼大叫一声，感到全身发麻，身上的毛都竖了起来。小老鼠吓得大叫："灰太狼，危险！快扔掉!"可是灰太狼怎么甩也甩不掉，尾巴也着火了，冒起了黑烟。"好疼啊!"灰太狼大叫一声就昏过去了，小老鼠吓得赶紧逃走了。

喜羊羊回到家看到了昏倒在地的灰太狼，说："灰太狼一定是到我家来偷东西的，我得赶紧报警。"包包大人把灰太狼抓走并关了起来，等灰太狼醒了，包包大人问："灰太狼，你是怎么昏倒的?"灰太狼低着头说："喜羊羊家有一个宝贝，我一摸就昏倒了。"包包大人听了哈哈大笑说："那是电插线板，电插线板里藏着会咬人的电，你的手一定伸到电插线

① 故事选自"妈咪爱婴网"并稍作修改。

板的小嘴巴里去了，你被电到了，能醒来就算不错了。”灰太狼吓得直吐舌头，以后再也不敢碰电插线板了。

① 故事里有谁？

② 他们偷的宝贝是什么？（教师根据幼儿提问并出示电插线板。）

③ 电源插线板里藏着什么？电源插线板可以碰吗？

④ 我们教室里哪里有电源插线板？你家哪里有电源插线板？

（2）认识“有电危险”的标志：

师：喜羊羊还给我们带来了许多图片，我一起来看一看（出示图片引导幼儿认一认，说一说在哪里见过这样的标志）。

（3）谁对谁不对？

① 师：这是喜羊羊给我们每个小朋友的两张图片，它要考考我们，这两张图片上的小朋友谁对谁不对？（幼儿自由交流并请个别幼儿说一说。）

② 出示哭脸和笑脸，请幼儿根据自己的判断将对的送到笑脸处，错的送到哭脸处。

（4）总结谈话：教育幼儿不碰电插线板，不把手指和小金属片捅插电插线板和插座的小嘴巴，电器的插头要请爸爸妈妈插，学会安全用电。

**活动反思：**

随着生活水平的不断提高，家庭中各种各样的家用电器越来越多，为了便于各种家用电器的使用，每个房间都会安装插座或插排，也正是因为插座或插排多了，所以也引起孩子们的好奇，为什么看电视要先将插头插进插座？为什么……一连串的小问号在孩子们的脑海中产生了，尽管许多家庭都采取了一些防范措施，但是孩子们的安全意识还不是太强，为了帮助孩子认识电线和电插座存在的危险，也为了更好地丰富孩子们的安全知识，学会正确使用各种电器，特设计了本次活动，主要是让孩子通过看一看、听一听的过程，了解安全用电常识，学会保护自己。

安全知识课堂，如图 2-3 所示。

(a)

(b)

(c)

图 2-3 安全知识课堂

（余碧洋）

## 消防兵训练营（大班）

**活动目标：**

（1）学会快速地跑、爬、钻，提高身体的平衡性及协调性。

（2）有团结合作精神以及勇于挑战的个性品质。

(3) 体验运动乐趣,乐于参加户外运动。

**活动准备:**

(1) 物质准备　梯子、垫子、轮胎等,录音机及相关音乐。

(2) 精神准备　看过消防员救火的录像,知道救护的基本常识。

**活动过程:**

(1) 热身运动。

音乐伴奏,幼儿跟随教师进行热身运动。

提问:小朋友们,今天我们要去消防员训练营了,首先让我们锻炼一下身体吧。

(2) 基本部分。

游戏一:自由闯难关。

幼儿自由尝试各种器械。

游戏二:迅速抢险。

提问:想一想,消防员叔叔救人时最重要的是什么?(要跑得快、要灭火、要勇敢。)

鼓励幼儿用自己的方法快速通过平放在地上的梯子。

教师示范手臂摆动、脚尖踮起迅速通过梯子。

(3) 合作救人。

将轮胎摆放成一竖排作为摇摆桥,幼儿合作抬担架过桥。

鼓励幼儿间合作,既要保证担架的平稳还要速度快些。

(4) 火场救人。

将幼儿分为两组,进行比赛。

模拟演练消防员火场救人的场景。

(5) 放松活动。

倾听音乐,与教师一起放松身体。

(刘川川)

## 安全过新年(大班)

**活动目标:**

(1) 让幼儿了解寒假中应注意的安全,增强幼儿的自我保护意识。

(2) 通过讨论,知道愉快、合理地过寒假。

**活动准备:**安全图片、《假期安全知识调查表》。

**活动过程:**

1) 谈话活动

(1) 请幼儿讲述在幼儿园中如何保护自己。

① 幼儿自由讨论,根据平时已有的经验进行回答。

② 教师小结:

- 在教室里不能跑,因为有桌子和椅子,到处有尖尖角;
- 在洗手时要排队,防止地面有水滑倒;

- 小朋友上下楼梯要靠右走，不能推挤；
- 户外活动时，滑滑梯不能倒着滑，要扶好扶手；
- 使用小剪刀不能对着小朋友等。

（2）丰富知识经验，激发幼儿过寒假的兴趣。

① 因为过年，小朋友要放寒假，在家里休息一个月，小朋友们高兴吗？

② 怎样开开心心地过新年呢？（引导幼儿只有注意安全才能开心过年。）

2）看图片与幼儿讨论怎样安全过寒假

（1）教师引导幼儿："寒假里你们想做些什么事情呢？"

（2）观看图片，说一说怎样做是正确的。

（看图片：放鞭炮、陌生人敲门、在公路上玩耍、溺水等一些安全图片。）

① 讨论在家的安全，激发幼儿对家中危险的重视，初步对家中的危险进行了解：自己在家有陌生人来敲门怎么办？在家里能不能自己插电源？能不能玩火、放鞭炮？能不能在窗台上玩耍？

② 讨论外出时的安全，除了家中的危险，我们身边和生活中还存在着许多危险，你知道的危险有哪些？（不能独自去公路上和水边玩耍，在路上遇到陌生人给的东西不能要，在商场里和大人走散应该怎样做？）

3）请幼儿观察图片，找对错

请小朋友看一下，图片中的小朋友做得对不对？

4）教师总结寒假里要注意的安全事项

（1）过春节时，好吃的东西很多，不能一下子吃得太多，否则会引起肚子痛，影响身体健康，也不能吃生冷不干净的东西。

（2）不能独自玩火、放鞭炮、玩电、玩尖锐的物体。

（3）寒假里要注意保暖，预防感冒，不要到户外长时间地玩，要保护自己不被冻伤。

（4）独自在家时如果陌生人敲门不要给他开门，不能攀爬阳台、门窗或其他高处。

（5）如果和大人逛商场走散了，要找超市的阿姨。

（6）不能独自去水上滑冰，不能在马路上玩耍。

（7）记住三个电话号码：110、120、119。

（8）在家玩电脑、看电视的时间不要太长，不使眼睛过度疲劳。

5）延伸活动

发给每个幼儿《寒假安全知识调查表》，要求家长在假期中合理安排幼儿的一日活动，丰富孩子的生活内容，并做好监督护理工作，填好调查表，让孩子度过一个充实、快乐而有意义的寒假。

（王荧冕）

## 煤气开关不乱动（大班）

**活动目标：**

（1）初步了解煤气的作用和基本特性，知道煤气对身体有害。

（2）知道不随便触碰煤气开关，树立自我保护意识。

**活动准备：** 煤气灶、煤气瓶图片。

**活动过程：**

1）观看图片，共同讨论

（1）提问。

老师带来了一张图片，你认识它吗？这是什么？你在哪里看见过？有什么用呢？

（2）小结。

煤气瓶是装煤气用的，煤气通过管道，输送到煤气灶里，打开开关点着火后，爸爸妈妈就可以用来烧饭菜了。

2）了解煤气的基本特征

（1）提问。

煤气为什么能把饭菜烧熟？你能看见煤气、闻到煤气吗？

（2）小结。

煤气是一种有毒的气体，它遇到火就会燃烧。它原本是无色无味的，工人叔叔为了防止人们在使用时发生危险，在生产煤气时加进了一种臭味剂。当煤气漏出时，人们一闻到臭味就会发现。

3）学会自我保护的方法

（1）师：当煤气泄漏的时候我们应该怎么做呢？

（2）幼儿根据自己的已有经验进行讲述，教师最后进行小结：

① 煤气灶上的开关是控制煤气进出的一个阀门，不能随便乱动，如果把煤气放入空气中，当人吸进了身体，就会引起煤气中毒，严重的会给人带来生命危险。小朋友千万不要玩它。

② 当发现室内有煤气臭味时，应赶快打开窗户，让空气流通，这样就不会让人造成缺氧中毒。打开窗户后，还要及时告诉大人检查煤气漏气的地方，进行修理。

③ 不能在煤气瓶旁玩火，煤气瓶受热后压力增大，超过一定限度就容易引起爆炸，发生火灾。

④ 煤气灶上烧的汤和水滚开后，要及时将火关小或关掉，以免锅内的东西溢出来将灶上的火压灭，而煤气还会继续往外冒，这样很容易引起煤气中毒。

（3）师：煤气中毒是很危险的事情，我们一定要注意学会保护自己，保护家人！遇到问题的时候一定不要慌张，想一想要怎么样去解决！

4）结束活动

师：今天我们学习了《煤气开关不乱动》，你知道煤气泄漏后的解决方法了吗？回去之后还可以和爸爸妈妈一起分享呢！

（王荧冕）

## 二、在环境创设与区域活动中开展消防安全宣传教育

结合幼儿园的建筑环境，一般幼儿园会做好安全提示，这些提示多以生动形象、图文并茂的形式出现，提示幼儿和教师哪些地方有危险。另外，教师还可以根据班级开展的集体教育活动、主题活动、安全宣传月等，有目的地在班级布置环境，宣传安全用电等消防小

常识。关于消防安全的知识和小漫画，我们可以通过中国消防网(http://119.china.com.cn/)网站下载加工。

## 三、消防演习实践活动

消防演习是每个幼儿园每学期都必须开展的安全教育社会实践活动，这是提高教职工与全体幼儿安全意识的必要方式，也是防患未然的必要手段，为提高消防演习的效率，确实做到快速、安全地疏散人群，很多幼儿园在不断演习的基础上反复推敲优化方案，提高消防演习的实效。

### 案例 4

#### 火灾疏散演练方案

1. 演练目的

为了进一步强化师生消防安全教育，提高防范自救能力，针对幼儿园教学楼突发火警火灾的情况下，让全幼儿园师生熟悉消防逃生路线，以达到在发生火警火灾时，能有序、迅速地引导幼儿安全疏散，确保幼儿园所有师生的生命安全。通过消防安全演练，紧急疏散演习，让幼儿学到安全防护知识，达到有事不慌、积极应对、自我保护的目的；学会正确使用灭火器以及掌握逃生的方法，提高抗击突发事件的应变能力。

(1) 全体教师认识并熟悉安全疏散地图。为了提升全体教师及幼儿园全体工作人员对幼儿园安全疏散图的认识，在火灾紧急疏散演练前对幼儿园全体工作人员进行地图知识讲座，通过在楼层内进行地图立体化实践教学来提升幼儿园全体工作人员对园内安全疏散图的正确认识。

(2) 全体教师应具备在任何紧急情况下辨识出幼儿园建筑方向的能力。为了提升幼儿园全体工作人员在任何情况下及时正确地判断出幼儿园建筑的整个方向和自己在楼内的准确位置及方向。在火灾紧急疏散演练前对幼儿园全体员工进行方向练习，方法是在楼内进行结合消防知识的定向识图游戏，通过游戏来提升方向感觉。

(3) 全体幼儿基本认识安全疏散图并熟悉每个安全出口。在火灾紧急疏散演练前各班带班老师对全体幼儿进行安全疏散地图的符号认识教学，让幼儿基本认识地图重要符号(例如：安全逃生通道、逃生路线等)；标注每个安全出口在整栋建筑楼的准确相对方向。

(4) 全体幼儿熟记各个安全逃生通道及路线。为了演练时全体幼儿和全体教师都能快速准确地按计划撤离，所以全体幼儿和老师都要熟记楼内每个逃生通道和逃生路线，以应对在楼内任何位置发生火源都能够及时准确地逃生。途径：在楼内进行结合消防知识的专项定向识图游戏，在游戏中提高幼儿和老师对逃生路线的熟悉度。

2. 演练时间和地点

时间：2016 年 11 月 30 日上午(理论培训)

2016 年 11 月 30 日下午(实践演练)

地点：劲松第一幼儿园劲松园区

3. 组织机构及职责

1）应急组织机构图(如图 2-4 所示)

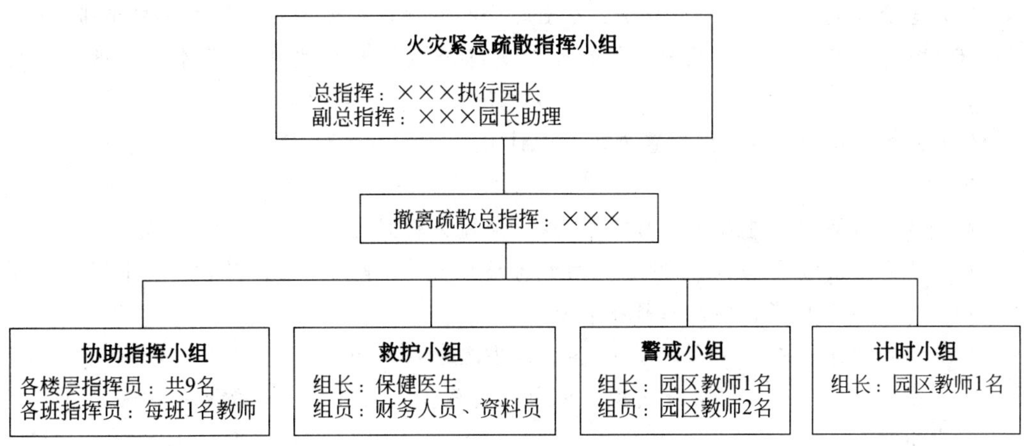


图 2-4 应急组织机构图

2）应急指挥小组职责

(1) 应急指挥小组成员接到火情报告后快速赶到现场，了解和掌握火灾情况，启动应急预案。

(2) 园长担任总指挥，负责组织指挥全园的应急处理，全权负责事故的紧急处理工作。

(3) 园长助理担任副总指挥，负责协助总指挥组织指挥全园的应急处理。

(4) 安全主管担任疏散总指挥，负责指挥各楼层疏散指挥员和各班教师按规定线路有序疏散幼儿和对受伤幼儿实施救护。

3）撤离疏散组分工及职责

(1) 撤离疏散总指挥(1 人)。职责：具体负责疏散安全管理调度和人员统计汇报工作。

(2) 各层疏散指挥(4～5 人)，每层各个楼梯口及楼梯拐角处需安排一名疏散指挥员(共 3 名)。职责：维护疏散秩序，指明疏散方向和路径。在拐角、岔道处做有效引导，避免幼儿误入危险区域；要阻止幼儿逆向跑、窜、推撞、挤压情况发生；有人倒下，要立即扶起，防止踩踏事故发生。

(3) 各班疏散指挥(各班两名配班教师)。

① 演习前熟悉并确定逃生路线；

② 撤离中带领幼儿有序撤退；

③ 到达安全区域后如发现人数短缺，立即报告园区疏散总指挥，并派人回班搜救遗漏幼儿。

生活教师：

① 演习前清点幼儿人数；

② 撤离中负责幼儿的队形及安全；

③ 到达安全区域后清点幼儿人数。

(4) 撤离后幼儿管理。各班教师和现场警戒小组成员负责幼儿到达安全区域后的有效管理,防止幼儿再次进入警戒地带。

(5) 现场警戒小组(3 人)。职责:防止幼儿和其他闲杂人员再次进入警戒地带。

(6) 救护小组(3 人)。职责:具体负责演练疏散过程中发生的意外事故的应急救护等。

(7) 计时小组(1 人)。负责整个活动的计时。

4. 演习准备阶段

第一步:所有幼儿进入自己所在教室,安静地在教室上课。

第二步:生活教师、配班教师和生活教师逐班检查、清点人数。疏散总指挥报告人数和准备情况。疏散总指挥向总指挥报告总人数。

第三步:清理警戒区内闲杂人员,各工作小组进入现场。

第四步:工作小组和楼层疏散指挥员向疏散总指挥汇报参演人数及准备情况。

注意事项:

(1) 清点人数时对幼儿态度要温和,要有效稳定他们的情绪,并注意观察通道的通畅情况。

(2) 各工作小组认真检查准备情况,确保万无一失。

5. 预计各层逃生顺序和安全区域排队顺序

1) 各层逃生顺序

一层:小一班、小二班、中二班同时疏散。

二层:中一班、大班同时疏散。

2) 安全区域排队顺序

南出口和西北出口疏散的人员到南边安全区域,东出口和东北出口疏散的人员到东边安全区域;各班级到达安全区域后大致按照安全区域示意图上从小到大的顺序进行排队。

注意事项:每层同时疏散,注意顺序和队形。

6. 正式演习阶段(演习流程)

第一步:总指挥,宣布劲松第一幼儿园 2016 学年幼儿消防演习与紧急疏散演练现在开始。同时计时小组开始计时。

第二步:疏散总指挥确认发生火灾事故并报告园长。

第三步:园长接到火情报告后,立即派疏散总指挥向楼内发出紧急疏散命令,并根据火灾程度、人员伤亡和财产破坏程度等情况,快速报警,火警为“119”、急救为“120”或“999”。

第四步:疏散总指挥利用广播:“请注意,这是火警广播。小朋友们听到警报后不要慌乱,听从指挥,有序退场,由各班教师带领幼儿沿疏散标志从安全出口撤离。”

第五步:在各层疏散指挥员的指挥下和各班教师的带领下,按预定路线有序疏散,疏散时请尽量靠楼梯左边行走。

第六步:到达安全区域后各班教师清点疏散人数,发现少人,迅速与疏散总指挥部联系。

第七步：如发现有人员受伤，立即与现场救护小组联系，并展开紧急救护。

第八步：全体人员到达安全区域后疏散总指挥向总指挥汇报疏散情况。

A. 疏散总指挥报告：报告总指挥，全体师生已安全脱险，无伤害人员。

B. 计时小组：计时结束，及时工作人员向现场指挥报告：用时3分26秒，全体人员疏散完毕。

7. 终止状态

总指挥："事故已经排除，险情已经结束，下面我宣布劲松第一幼儿园幼儿教学楼紧急疏散演练圆满结束。"

注意事项：

(1) 提醒疏散的小朋友不要惊慌与骚乱，确保他们安全撤出。

(2) 各工作小组本着对幼儿高度负责的态度，严肃认真地对待现场上出现的每一个突发情况。

8. 演习评点阶段

(1) 现场指挥：请本次演习总指挥评点本次演习。

注意事项：保持现场的安静。

(2) 现场指挥：请所有参演人员及各工作小组有序退场；请所有相关工作小组的人员清理现场。

附件1

北京劲松第一幼儿园劲松园区逃生线路示意图及工作人员位置安排示意图(一层)，如图2-5所示。

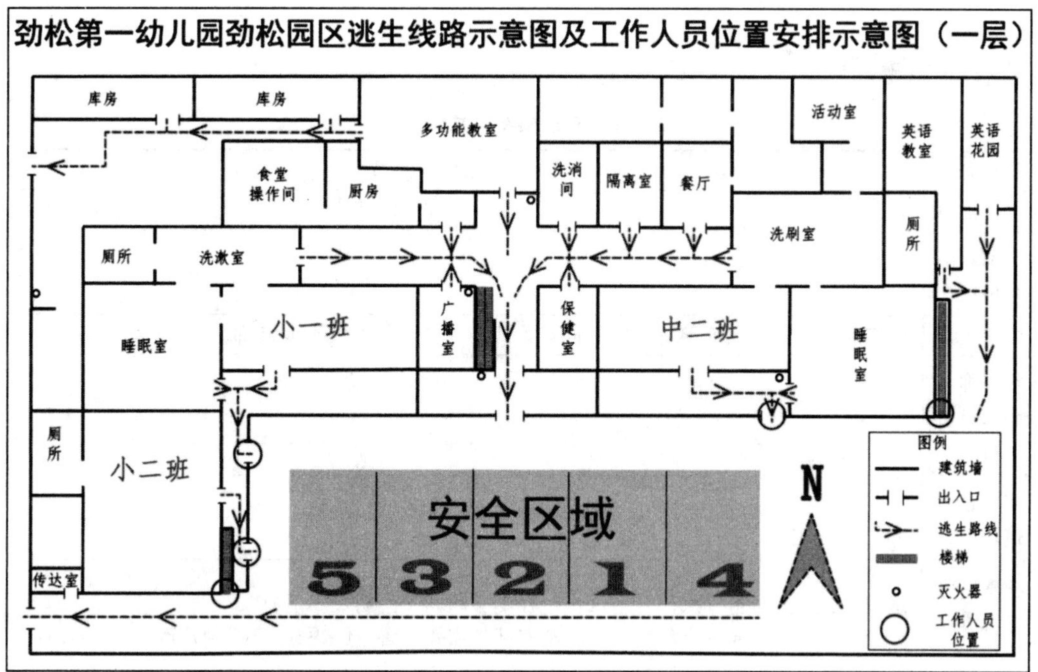


图2-5 逃生线路示意图及工作人员位置安排示意图

劲松第一幼儿园劲松园区逃生线路示意图及工作人员位置安排示意图(二层),如图 2-6 所示。

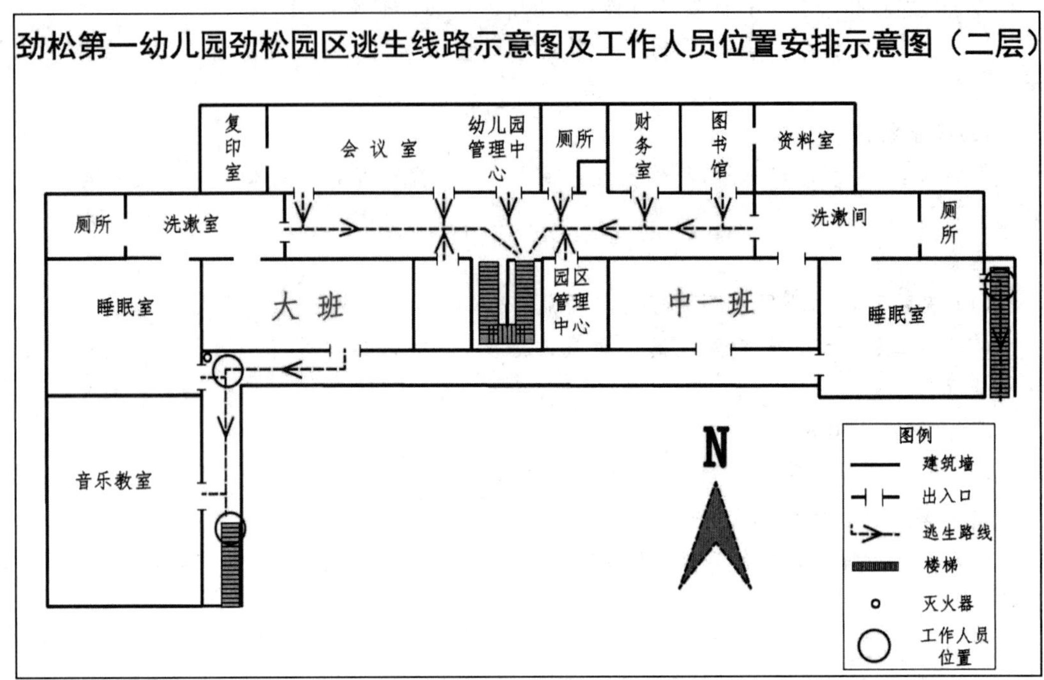


图 2-6 逃生线路示意图及工作人员位置安排示意图(二层)

附件 2

应急预案演练记录表(见表 2-1)。

**表 2-1 应急预案演练记录表**

<table>
<tr><td>预案名称</td><td colspan="2"></td><td>演练地点</td><td colspan="2"></td></tr>
<tr><td>组织部门</td><td></td><td>总指挥</td><td></td><td>演练时间</td><td></td></tr>
<tr><td>参加部门和单位</td><td colspan="5"></td></tr>
<tr><td>演练类别</td><td colspan="4">□实际演练　□桌面演练　□提问讨论式演练</td><td>实际演练部分:</td></tr>
<tr><td>物资准备和人员培训情况</td><td colspan="5"></td></tr>
<tr><td>演练过程描述</td><td colspan="5"></td></tr>
<tr><td>预案适宜性充分性评审</td><td colspan="5">适宜性:□全部能够执行　□执行过程不够顺利　□明显不适宜<br>充分性:□完全满足应急要求　□基本满足需要完善　□不充分,必须修改</td></tr>
</table>

续表

| | | |
|---|---|---|
| 演练效果评审 | 人员到位情况 | □迅速准确 □基本按时到位 □个别人员不到位 □重点部位人员不到位□职责明确,操作熟练 □职责明确,操作不够熟练 □职责不明,操作不熟练 |
| | 物资到位情况 | 现场物资:□现场物资充分,全部有效 □现场准备不充分 □现场物资严重缺乏<br>个人防护:□全部人员防护到位□个别人员防护不到位 □大部分人员防护不到位 |
| | 协调组织情况 | 整体组织:□准确、高效 □协调基本顺利,能满足要求 □效率低,有待改进<br>抢险组分工:□合理、高效 □基本合理,能完成任务 □效率低,没有完成任务 |
| | 实战效果评价 | □达到预期目标 □基本达到目的,部分环节有待改进 □没有达到目标,须重新演练 |
| | 外部支援部门和协作有效性 | 报告上级: □报告及时 □联系不上<br>消防部门: □按要求协作 □行动迟缓<br>医疗救援部门: □按要求协作 □行动迟缓<br>周边政府撤离配合: □按要求配合 □不配合 |
| 存在问题和改进措施 | | |

（北京市朝阳区劲松第一幼儿园）

# 第三节 面向家长的消防安全宣传

## 案例 5

### 井盖附近燃放烟花爆竹丧生

2017 年 1 月 22 日 19 时许,河北省衡水市某小区内,一名 7 岁男孩在化粪池井盖周围燃放烟花,他将烟花扔进化粪池井盖内,(事先他并不知那是化粪池沼气井盖)导致化粪池内气体被引爆,之后男孩被送往医院紧急治疗,但依旧抢救无效不幸去世。

让人惋惜的是,这不是偶发事件,2016 年还有两起类似事件。

2016 年 12 月,深圳市鞭炮塞进井盖引起沼气爆炸。

2016 年 12 月,黑龙江省一个 12 岁小孩往井盖里扔鞭炮身亡。

**案例分析**:城市下水道的大量有机物代谢,会产生甲烷(沼气)、硫化氢、氨气等可燃性气体,这些气体在遇到明火和空气时,极易发生燃烧和爆炸。沼气(甲烷),顾名思义就是沼泽里的气体。人们经常看到,在沼泽地、污水沟或粪池里有气泡冒出来,如果划着火柴,可把它点燃,这就是自然界天然发生的沼气。沼气,是各种有机物质,在隔绝空气(还原条件），并在适宜的温度、pH 值下，经过微生物的发酵作用产生的一种可燃烧气体。沼气属于二次能源，并且是可再生能源。在农村，长期废弃的井体不仅仅有下水道，还有粪池、沼气池等，一旦遇到明火，爆炸的威力不亚于一颗炮弹。春节将至，一些调皮的孩子喜欢将鞭炮丢进瓶瓶罐罐里或者扔进水沟下水道，想要看爆破的样子，家长们千万要看紧并教育自己的孩子，尤其是有沼气聚集的下水道，千万不能往下扔爆竹。

**案例 6**

### 氢气球爆炸造成重伤

2016 年夏天某个中午 12 点多，水泥地被晒得很烫，一位菜农王某看到蔬菜大棚旁边树上挂着一个直径将近 2m 的大气球。因为好奇，他还喊上儿子一起将气球拽下来。结果气球一触碰地面就“轰”地爆炸了，而且冒着火。气球爆炸在瞬间发生，王某和儿子被严重烧伤。

这也不是偶然事件，在全国多个省市，近年来多次发生飘落的氢气球爆炸伤人事件。为此，天津、淄博、宁波、唐山、南通、徐州、南京等一些城市已明令禁止施放氢气球。

**案例分析**：由于氢气有易燃易爆性，在常温下，氢气和氧气混合是不会发生反应的，但在密闭空间内，氢气和空气相混合时，氢气含量在 4%～76% 的范围内，遇到火花发生反应，所产生的热量无法排出，压力膨胀急剧增大就会发生爆炸。

“氦气是不可燃气体，化学性质为惰性，通常状态下不与其他元素或化合物发生反应，因此被用来充气球安全性要高得多。”王虞侨说。记者上网查阅相关资料发现，早在 2006 年，中国气象局、中国民用航空总局等部门联合发布的《关于进一步加强施放气球安全管理工作的通知》中就明确规定：应以惰性气体取代氢气等易燃易爆气体作为气球的填充物。

从以上两个案例可以看出，幼儿跟随家长在园外的生活，也存在着大量的消防安全隐患，为保障幼儿的安全，教师可以采取家园联系册、月报、微信等方式积极向家长宣传消防安全知识，提高家长的安全意识，促进家长防患未然。

## 一、居家防火基本常识

（1）忌乱扔烟头。衣服、床上用品等都是居家可燃物，乱扔烟头是很多烟民的不良习惯，要谨记“一支香烟头，能毁万丈楼”。

（2）忌家用电器、电线、煤气“带病工作”，要注意家庭用电、家庭用气的安全，避免因线路老化、泄漏引发火灾。一旦发生漏电现象，立即切断电源再行处理，发现漏气现象，要迅速开窗通风，不能开灯、打电话，更不能使用明火。

（3）安全燃放烟花爆竹。要选择没有易燃易爆物的安全地带燃放烟花爆竹，远离柴堆、纸箱、树叶垃圾与地下水道等，幼儿要远离燃放场地，在安全区域观看燃放。

（4）取暖、烘烤衣物要与散热设备保持一定距离，用散热器、火炉烘烤衣物或者取暖要与衣物等易燃物品保持一定距离，避免引发火灾。

（5）忌选购易燃易爆玩具。家长给幼儿选择玩具，要禁忌选择带有氢气等易燃易爆气体的玩具，避免发生危险，另外，电动玩具使用要注意安全，避免引发用电安全事故。

## 二、安全燃放烟花爆竹

(1) 儿童燃放爆竹时应该由大人带领。

(2) 烟花爆竹应该存放在远离火源的安全地方,不能放在炉火旁。

(3) 为了防止发生火灾,严禁在阳台、室内、仓库、场院等地方燃放鞭炮,也不允许在商店、影剧院等公共场所燃放。

(4) 严禁用鞭炮玩"打火仗"的游戏。

(5) 燃放时,应将鞭炮放在地面上,或者挂在长杆上,不要拿在手里。

(6) 点燃鞭炮后,若没有炸响,在未确认不存在安全问题以前,不要急于上前查看。

(7) 燃放烟花爆竹,不要横放、斜放,也不要燃放"钻天猴"之类的升空高、射程远的、难以控制的品种。

(8) 燃放爆竹要远离易燃可燃物,要在空旷的地带燃放。不要对着人和居民住宅燃放。燃放时要认真检查附近是否有易燃可燃物,认真清理火灾隐患。

(9) 儿童放爆竹要有人看管,不要随意捡一时没响的爆竹。

(10) 爆竹存放要避开火源和高温生产设施,装运爆竹要避免震动和摩擦,严禁在爆竹市场吸烟。

(11) 要购买质量过关的爆竹,不图小便宜购买非法生产的劣质爆竹。

## 三、家庭灭火常识

(1) 炒菜油锅着火时,应迅速盖上锅盖灭火,也可快速将切好的蔬菜倒入锅内,切忌用水浇,以防燃油溅出,引燃厨房里的其他可燃物。

(2) 电器起火时,先切断电源,再用湿棉被或湿衣物将火压灭。

(3) 液化气着火时,可用浸湿的被褥衣物等捂压,还可将干粉或苏打粉用力撒向火焰根部,在火熄灭的同时关闭阀门。

## 思考题

(1) 作为一名教师,带领幼儿参加全园的消防演习,请你制订一份班级消防演习预案。

(2) 寒假来临前,幼儿园要为幼儿做春节期间的安全教育,请你设计一则教育活动,年龄班任选。

# 第三章 幼儿社会安全管理与教育

### 学习目的

了解社会安全类突发事件的应对知识，教育的基本内容、途径和方法。

### 学习重点

幼儿园开展社会安全教育的方法。

### 引言

与幼儿生活密切相关的社会安全突发事件主要包括欺骗拐卖事件、恐怖袭击事件、恶性师德事件、性侵害事件等，从小提升幼儿的社会安全意识与自我保护的基本能力，对于幼儿健康发展有十分重要的意义，也是幼儿健康教育、社会教育的重要内容。

## 第一节 防拐骗安全管理与教育

**案例 1**

**离园环节管理不当致使陌生人接走幼儿**

2002 年 5 月 24 日下午 5 时许，晶晶（化名）的父亲唐某去幼儿园接女儿时，却扑了个空。唐某找到值班教师询问，教师也一脸茫然。经教师仔细回忆和在幼儿园四处查询，才回忆起晶晶尚未放学时，就被一名自称“叔叔”的男子接走了。

唐某和幼儿园立即到当地派出所报案。当晚 7 时过，唐氏夫妇才在九龙坡医院见到了伤痕累累的晶晶，晶晶的脸部、背部、手上多达 10 余处挫伤、擦伤。经医生检查，晶晶为中度受伤，系钝物所致。

据晶晶自己讲，身上的伤是被陌生人带出后弄的，自己被丢在幼儿园后面的施工工地上，直到被过路人发现，才被送进了医院。[1]

**案例分析**：本案例暴露出很多安全管理、安全意识，以及安全教育方面的问题。第一，安全管理方面。幼儿园没有执行严格的接送制度，一般情况下，在幼儿接送方面，每个幼儿必须有固定的接送人，最好是父母，如果有特殊情况，需经幼儿父母与教师联系，交代清楚委托代接人的特征，具体接送时间等详细信息，如果没有幼儿第一监护人的委托，教师不可以将幼儿随便交给陌生人。第二，安全意识方面。教师安全意识淡薄，当家长问教师幼儿接送情况时"一脸茫然"，对幼儿接送安全没有引起足够重视。第三，安全教育方面。案例中的幼儿面对一个陌生的"叔叔"没有任何防备地跟着走了，这说明该幼儿没有接受过任何不跟陌生人走的安全教育，加强幼儿这方面的教育，有"不跟陌生人"走的安全意识，就不会导致上述安全事件的发生。

## 一、幼儿园防止"陌生人拐骗幼儿"安全管理

防止"陌生人拐骗幼儿"，首先要加强管理，加强教师与家长的安全意识，不能把幼儿交给陌生人，不能让幼儿独自一人在家或外出，这是最起码的安全常识。为了确保落实，很多幼儿园把常识制度化，严格落实，下面是幼儿园接待幼儿来园、离园安全制度。

**案例2**

**幼儿来园、离园安全制度**

来园、离园是幼儿在园一日生活的重要组成部分。在园幼儿年龄小，安全意识薄弱，自我保护能力较差，家长安全意识也有待提高。来园、离园过程中，易发生传染病患儿带病来园，幼儿走失、被冒领等重大安全事件也多发生在离园期间。每一位教职工在高度重视这些安全问题危害性的同时，必须熟知防范措施，认真履行岗位安全职责，使幼儿高高兴兴来园，安安全全离园。

1. 来园、离园时接送卡使用安全注意事项

(1) 接送卡由总务室教师负责，收集核对新入园幼儿及家长照片等各项信息，确认无误统一制作、登记、留档备案后发放。

(2) 向新生家长宣传接送卡安全使用的重要性，获得家长积极配合。

(3) 接送幼儿时，幼儿家长需在园大门口先刷卡，保安人员核对确认身份后，才能放行入园门。

(4) 如果家长不能接幼儿，请家长向班里教师提前说明原因，由谁来接，来接人的姓名、工作单位等，并填写"代接幼儿委托书"，以防冒领幼儿。

(5) 当接送人员有变动(特别是更换幼儿保姆时)，请家长第一时间通知园所，以便及时更改卡内相关信息，防止冒领幼儿。

(6) 请家长妥善保管接送卡，一旦丢失，及时通知园所对该卡进行作废处理。

---

[1] 案例来自中新重庆网。

2. 来园晨检时安全注意事项

(1) 做好每日晨检，询问幼儿在家有无异常情况，观察精神状况、有无发热、口腔黏膜和皮肤异常等，发现问题及时处理。

(2) 为了预防传染病的发生，幼儿发烧(无论在园或家中)24 小时之内须在家隔离观察，以免传染其他幼儿。

(3) 教育幼儿不携带小珠子、硬币、纽扣等不安全的物品来园，如有携带请家长带回，以免发生幼儿误吞等意外伤害。

(4) 家长为幼儿带药，须是从卫生部门审定的正规渠道购买，在有效期内的合格药品，同时要填写“儿童带药登记表”。

(5) 晨检审核“儿童带药登记表”时，保健医注意核对幼儿所在班级、姓名、药名、服用剂量、时间、服用方法及家长签字等内容填写完整准确，药品合格方可接收。

(6) 教师要从家长手中亲自接到幼儿，并与家长进行简短的沟通。

(7) 在晨检期间，教师要组织已来园幼儿进行看书或区域活动以吸引幼儿，防止意外发生。

3. 幼儿离园时安全注意事项

(1) 教师必须亲自将幼儿交到家长手中。

(2) 提示家长在接到幼儿后，与幼儿手牵手迅速离园。

(3) 如有陌生人来接幼儿，教师要及时与家长联络，确认身份。

(4) 对过时未接走的幼儿，教师可以电话联系家长，并带幼儿进行安静的游戏等待，不得随意交给保安人员。

4. 防止初入园幼儿走失安全注意事项

(1) 针对幼儿初入园时易出走迷失的特点，教师在幼儿入园前通过家访、新生入园体验等形式，详细了解幼儿的各方面情况，创造尽量多的机会与幼儿相处，让幼儿消除陌生感和不信任感。

(2) 在入园初期，教师要经常清点幼儿人数，认真执行交接班手续。

(3) 教师要注意闹情绪的幼儿，防止幼儿乘机离开集体，自己单独活动或走失，要注意及时安抚、疏导，消除其出走的苗头。

(4) 在幼儿午睡时值班教师不能离岗，防止个别幼儿离开睡眠室。

(5) 保安人员不得离岗，平时园门要闭锁，当有办事人员进出时要特别提高警惕，防止幼儿趁机走出园门。

(兵器工业机关服务中心幼儿园)

## 二、“谨防陌生人”的安全教育

“谨防陌生人”是幼儿教育阶段必须开展的安全教育内容，教师可以采取故事讲述、情境游戏、话剧表演等方式增加幼儿的认识，在生动、形象的体验中加强安全意识，让幼儿了解陌生人的各种骗术，并知道遇到危险找警察。幼儿园安全教育课堂，如图 3-1 所示。

图 3-1 幼儿园安全教育课堂

## 教学设计

### 不跟陌生人走(小班)

**活动目标:**

(1) 知道独自玩耍或独自在家时不跟陌生人走,不给陌生人开门。

(2) 增强自我保护的意识和能力。

**活动准备:**

(1) 幼儿用书:《不跟陌生人走》。

(2) 事先让幼儿理解"陌生人"的含义。

**活动过程:**

1) 识别陌生人

(1) 教师:你们知道什么是陌生人吗?

小结:陌生人就是我们不认识的人,陌生人不一定都是坏人,也有好的陌生人,当我们遇到陌生人时,跟我们说话或给我们食物时,不管他看起来是好人或是坏人,我们都要有礼貌地拒绝。

(2) 教师:老师这里有两个小朋友叫丽丽和齐齐,她们也遇到了陌生人,看看她们是怎么办的?

2) 看录像《不跟陌生人走》

(1) 教师:丽丽一个人在家,外面响起了敲门声,这一次,丽丽没有直接开门,而是从猫眼里往外看,门口站着一个陌生的阿姨,来人急匆匆地说:"我是你爸爸的同事,你爸爸叫我带你去玩,你快跟我去医院吧!"丽丽正想开门,但她一想说:"谢谢阿姨,我还是先打个电话给妈妈吧!"

(2) 教师:丽丽独自在家时,听见了敲门声,她去开门了吗?她是怎样做的?她是怎么说的?她为什么这么做?

小结:当我们小朋友独自在家有陌生人敲门时,我们不能给她开门,应该有礼貌地拒绝陌生人。

3）看幻灯（一）《不跟陌生人走》

（1）教师：丽丽一个人在楼下玩，一个陌生人走过来对她说："小妹妹，这包糖送给你吧！你想吃冰激凌吗？我带你去买，走，跟我走吧！"

（2）教师：丽丽能跟这个人走吗？为什么？

（3）引导幼儿用自己的语言告诉丽丽应该怎么办。如：你们觉得丽丽应该对陌生人说什么？谁来告诉丽丽该怎么办？

小结：陌生人的东西不能随便乱吃，不管她是好意还是恶意，我们都要有礼貌地拒绝。

4）看幻灯（二）《不跟陌生人走》

（1）教师：奇奇在公园里和妈妈走散了，急得哭了起来，一个陌生人走上前说："小弟弟，我带你找妈妈吧！"

（2）教师：奇奇能跟这个陌生人走吗？

（3）教师：请你和小朋友商量一下，如果你碰到这样的事情，你会找谁帮忙？

怎样区别公园的工作人员？（可以找公园的工作人员帮忙，或是找警察叔叔帮忙）

5）师幼共同小结

（1）在生活中小朋友有没有遇到陌生人？你是怎么做的？

（2）小结：有时，爸爸妈妈因为有事而让你们独自玩或是独自在家，小朋友如果碰到陌生人和自己说话、给自己好吃的东西、邀请自己玩时，不管陌生人说什么，都不能跟陌生人走。

**活动反思：**

通过这次活动与幼儿、教师扮演的一个陌生人之间发生的一段事情，引发幼儿在现有经验的基础上谈谈对"陌生人"的理解，以及遇见陌生人应注意什么。再通过集体的学习，帮助所有幼儿了解和掌握一些和陌生人相处的方法，让孩子知道如何应对可能遇到的危险。

我认为仅仅告诉幼儿"不接受陌生人的糖果或不要和陌生人说话"是远远不够的，还必须向孩子描述可能遇到的情况，然后指导孩子如何去做。所以我在活动中设置了一些与幼儿实际生活非常贴近的情境，引起幼儿的兴趣，帮助幼儿认识生活中可能遇到的一些问题和现象，让幼儿初步形成安全意识和自我保护能力。

（张莹）

## 大灰狼不可怕（小班）

**活动目标：**

（1）能够知道不和陌生人走，学会自我保护的方法。

（2）学会应对陌生人的正确做法。

**活动准备：**PPT、动画片《小兔乖乖》。

**活动过程：**

（1）观看PPT，激发幼儿兴趣，引入主题。

教师引导语：看一看这个故事中的小兔子们遇到了什么难题？它们是怎么做的？

（2）引导幼儿了解面对陌生人时的正确做法。（教师出示图片）

引导语：看一看图片中的小兔子是怎么面对陌生人的？他用了什么好办法？如果是你，你还有什么更好的办法吗？

(3) 教师和幼儿一起探讨更多应对陌生人的正确做法。

教师用绘画(简笔画)的形式把孩子说的办法记录下来。

(4) 游戏：躲避大灰狼。

玩法：幼儿听着音乐自由、欢快地跳起来。当听到大灰狼的音乐时躲避起来。大灰狼走到你面前时你用自己的办法逃离或把大灰狼骗走。

用游戏的方法让幼儿体验如何应对危险，如图 3-2 所示。

(a)

(b)

图 3-2 游戏：躲避大灰狼

(冯斌)

## 不给陌生人开门(中班)

**活动目标：**

(1) 积极参与集体讨论，体验积极面对问题的快乐。

(2) 探索与发现当陌生人敲门时正确的应对方法。培养幼儿的安全意识。

**活动准备：** 图片故事《不随便给他人开门》、爸爸妈妈关于“让孩子独自在家”问题的录像、邀请片区民警参与活动。

**活动过程：**

1) 呈现问题，引入活动

教师：孩子们，你们一个人在家待过吗？为什么爸爸妈妈不会把孩子一个人放在家中？(鼓励幼儿充分展示自己的真切感受)

观看爸爸妈妈关于“让孩子独自在家”问题的采访录像。

教师：请小朋友想一想，爸爸妈妈为什么这么担心“陌生人敲门”这件事呢？

鼓励幼儿积极发表自己的看法。

2) 故事《不随便给他人开门》，引导幼儿理解故事

教师：什么是陌生人？来敲门的陌生人都会是谁？(幼儿依据自己的经验表达自己的观点)

教师：来敲门的人有可能是好人(送快递的、找人的)，也有可能是坏人(小偷、骗子)。我们来看看，《不随便给他人开门》中的明明是怎么做的？

教师讲述故事，帮助幼儿理解故事。

**不随便给他人开门**

星期天，爸爸有事外出了，只有亮亮和妈妈待在家里。

中午妈妈在厨房做午饭，亮亮在客厅玩积木的时候，突然敲门声响了起来，亮亮想："可能是爸爸回来了。"他忙跑过去要开门，可是他又一想，妈妈多次叮嘱过他：如果有人敲门，不能随便开门，一定要看一看认识不认识，再问清楚是干什么的。

于是，亮亮搬了把小椅子，走到门口，站到小椅子上从猫眼里向外看。嗯，这个人他没见过，不认识。亮亮就问："你是谁？找谁呀？"门外的人答道："我是送快递的，请开门。"

亮亮说："请你等一下，我去叫我妈妈来。"然后他就跳下椅子去厨房找妈妈。

妈妈来到门口，隔着门上的安全链问明了情况，核实了信息，确认是送快递的，就打开门，在门口收下了快递，然后锁好了门，妈妈表扬亮亮记住了妈妈的话，没有轻易给人开门，是有安全意识的好宝宝。

3）小组讨论，邀请片区民警参与应对陌生人敲门的讨论

教师：如果你一个人在家，碰到陌生人敲门你会怎么做？

教师：请幼儿分组讨论应对陌生人敲门的方法。并请小朋友代表分别讲述讨论结果。

请警察叔叔针对小朋友的讨论结果，讲解正确应对的方法。如：不开门、不出声、从猫眼观察陌生人，与父母或邻居联系，在紧急情况下拨打110。

教师：听了警察叔叔的介绍，我们就知道了当陌生人来敲门时，我们该怎么办，不慌张，想办法来解决。以后，当你一个人在家的时候，有陌生人来敲门，请你想一想今天大家的讨论，一起想的办法和警察叔叔的话，做一个聪明勇敢的孩子！

**活动建议**（每个活动中至少保证有如下内容中的3项）：

1）活动变式

幼儿已具备了一定的判别是非能力，可以通过儿歌、故事、观看情景短片并在观赏的过程中让幼儿举出对错牌，判断哪种行为是对的、哪种行为是错的，帮助幼儿分析与判断应对陌生人敲门的方法。

2）活动延伸

鼓励幼儿继续将自己发现的、各种保护自己安全的方法，以图文并茂的形式加以记录，形成班级里的"安全提示"。

3）环境创设

创设"安全我知道""安全、自救、每日一问"等环境，引导幼儿发现生活中的危险，让幼儿尝试通过查找资料、询问家长并画出解决问题的办法。教师可以将幼儿的安全处理办法布置在此板块中，引发同伴间的共鸣。

4）家园共育

幼儿的安全意识不强，除了幼儿园的教育外，更需要家长的言传身教。可用家长会向家长介绍幼儿园的活动计划、活动安排，介绍培养幼儿自我保护能力对幼儿健康成长的重要意义，同时也虚心听取家长们的一些意见和建议。通过家园联系栏，开辟"安全、自救、

每日一问”的知识园，如在家中有许多的危险物品象炉子、热水瓶等，不能因为危险就设置各种禁区，父母出门在外，幼儿独处在家中时，千万不要给陌生人开门等，通过这些栏目，提高家长们培养幼儿自我保护能力的意识，增强家长们的紧迫感和责任感，达到安全教育的家园一致性。

（李慧芹）

## 不和陌生人说话（大班）

**活动目标：**

（1）知道不能轻信陌生人的话，不能跟陌生人走，防止上当受骗。

（2）提高幼儿对陌生人的辨别能力，培养幼儿的自我保护意识和能力。

**活动重点：**提高幼儿对陌生人的辨别能力。

**活动难点：**培养自我保护意识和能力。

**活动准备：**

（1）经验准备：幼儿对陌生人有一定的认识。

（2）物质准备：PPT、视频。

**活动过程：**

1）观看情景表演“陌生人来了”

情景一：请一位家长装扮成陌生人，主动与妈妈不在身边的明明说话，告诉明明：“我是你妈妈的朋友，你妈妈在那边排队买东西，叫我过来带你去找她。”

情景二：请另一位家长装扮成外婆模样：“小朋友，还认得我吗？我是你们家的邻居，你妈妈突然有急事，让我把你带回家，晚上来我家接你回去。”

2）交流讨论，知道不能跟陌生人走

（1）明明遇到谁了？

（2）什么是陌生人呢？陌生人对他说了什么？

（3）明明应该和陌生人去吗？

（4）如果明明跟陌生人去会发生什么事情？

（5）小朋友能不能相信陌生人的话？

（6）为什么不能轻信陌生人的话？

3）情景练习，能辨别陌生人

一个陌生阿姨敲门进教室，对某幼儿说：“我是你妈妈的朋友，她今天没空，让我来接你回家，你跟我走吧……”

（1）你认不认识她？

（2）如果你不认识她，能不能相信她的话？

（3）小朋友都来想一想，应该对这位陌生人说什么？（让幼儿练习）接着表演：“你跟阿姨回家吧，阿姨给你吃巧克力。”

（4）陌生人给你的东西能不能吃？为什么不能吃？

幼儿在教师的提示下，对陌生人说：“阿姨，我不吃巧克力。”教师小结：陌生人可能有坏人，坏人会用好吃的食物、有趣的玩具，或者说好听的话把小孩骗走，使小孩再也不能回自己的家，所以我们不能随便相信陌生人的话，更不能跟陌生人走。

4）活动延伸

如果小朋友一个人在家遇到有人敲门又应该怎么办？

教师小结：一个人在家里不能随便开门让门外的人进来。

**活动反思：**

整个活动帮助幼儿认识生活中可能遇到的一些问题和现象，共同分析判断，懂得在生活中不要轻信陌生人的话，更不要跟陌生人走。我觉得这次活动比较好的地方在于：创设情境，让幼儿通过亲身经历进一步加强自我防护意识。如果真的遇到这种情况，我相信他们都不会也不知道怎么应对，我还问了小朋友有关家里的情况，比如家庭住址，电话号码等，没几个小朋友能回答出来。当然，安全包含的内容非常广泛，仅靠老师的教育是不够的，我们还需要家长的配合与支持。从本次活动看，部分家长也一直把安全放在首位，相信通过家园紧密配合，共同关心共同教育孩子，祖国未来的花朵会开得更加娇艳！

（张微）

有些幼儿园尝试以童话剧的方式开展幼儿安全教育，例如北京市朝阳区三里屯幼儿园师幼共同在表演区表演童话剧《坏人来了，怎么办？》，对提高孩子们的安全意识起到了很好的教育作用。

**案例 3**

**童话剧《坏人来了，怎么办？》**

【表演者】

坏人：范雪菲

村长：李铮

喜羊羊：王雪婷

沸羊羊：谢佳欣

美羊羊：小芮

懒羊羊：小赵婷

【准备材料】家具、食品、羊羊服饰 5 套。

【开始】

放音乐《喜羊羊》主题曲，村长带着羊村成员开家庭舞会，一起看电影、吃东西。

村长：欢迎小朋友到羊村来做客，我们是羊村的成员，我是村长。

（依次）美：我是美羊羊！

沸：我是沸羊羊。

懒：我是懒羊羊。

喜：我是喜羊羊。

村长：小羊们，我收到了老刀郎的邀请，要到他家去一趟，你们在家要注意安全呀！

小羊们：好的。（村长与小羊们再见）

扮演陌生人出场，陌生人敲门。

小羊们讨论开还是不开。

美羊羊：我们不能开门。

沸羊羊：开开门吧，没有关系！

懒羊羊：有人在敲门，我也认为要开门！

【此处暂停】主持人引发幼儿讨论：开不开门？为什么？

喜羊羊对所有小羊说：我们不能随便给陌生人开门！如果门外是坏人会对我们造成伤害！

美羊羊：喜羊羊说得有道理。

沸羊羊和懒羊羊：那好吧，我们不开门。

喜羊羊对门外喊：我们不会开门的，你走吧！

陌生人灰溜溜地离场。

喜羊羊：陌生人走了，我们到草地上玩一会儿。

“陌生人”通过各种方式，例如给糖果吃、有好玩的玩具等，引诱孩子离开教室。

陌生人与小羊的对话。

陌生人：小羊们，你们的村长呢？（懒羊羊：村长出去了。）

陌生人：村长不在，我带你们去玩吧！（懒羊羊要走，但沸羊羊拦住它说：村长说不能和陌生人走。）

陌生人：我是好人，不是坏人。你们看我还给你们带糖果来了。（美羊羊：村长说不能吃陌生人的糖果。）

【此处暂停】主持人引发幼儿讨论：小朋友们，你们认为小羊能跟陌生人走吗？说一说你的理由。那糖果可以吃吗？

喜羊羊召集其他小羊：我们不能跟陌生人走，万一他是坏人，把我们带走，我们就永远回不了羊村、见不到村长了。

美羊羊：对！糖果也不能吃，我知道有些坏人会在食物里下药，好把我们迷晕，咱们不能吃。

全体羊：那我们不跟她走，也不吃她的糖果！

陌生人：不能吃糖果，那玩玩具可以吧？你们看这是新买的玩具。（小羊开始有些动摇了，有的开始要玩具了。）

陌生人：玩具好玩吗？（小羊：好玩。）

陌生人：那我带你们去麦当劳玩吧，那里有更多的玩具，还有薯条可以吃。（懒羊羊、沸羊羊、喜羊羊高兴地鼓掌并一一跟着“陌生人”走出教室，美羊羊还坐在位置上。）

【此处暂停】主持人引发幼儿讨论：你们认为小羊们应该跟陌生人去麦当劳吗？

村长在小羊即将离开时出现，陌生人离开。

村长：刚才你们想去什么地方？（小羊：麦当劳。）

村长：那位阿姨你们认识吗？（小羊：不认识。）

村长：沸羊羊，那你们为什么要跟她走呢？

村长：美羊羊，你为什么不跟陌生人走呢？

村长：来羊村做客的小朋友们，你们觉得谁做得对，谁做得不对，为什么呢？

村长引导小羊讨论：和陌生人走了会怎样？

美羊羊：可能会被送到很远的地方，永远回不了家，见不到爸爸妈妈了。

沸羊羊、懒羊羊：带走我们后，坏人会给爸爸妈妈打电话威胁爸爸妈妈，我们会很危险！

村长告诉幼儿“小朋友们说得对，小羊们以后一定要记住，没有告诉大人就跟陌生人走是一件很危险的事。小羊们，小朋友们，我们千万不能跟陌生人走呀！”

村长：我还想问问如果坏人闯入家中，我们又该怎么办呢？（幼儿讨论。）

村长：小朋友说了很多方法，但是我要告诉大家的是，如果有坏人闯入家中有以下几种方法：

(1) 如果坏人没有发现你尽量找隐蔽地方躲避，不发出声音。

(2) 如果发现了你，要尽量跑到人多的地方大声呼救；如果你家在高层就跑到走廊大声呼救；如果你家住在低层就跑到户外大声呼救。

注意：不要与坏人发生直接的冲撞，要靠智慧获救。

小羊(和)我们记住了。

星期天，天气好，
公园大街好热闹。
有人叫我跟他走，
我却不知他是谁，
连连摆手不跟随。

村长：小朋友们，你们记住了吗？好，让我们一起来唱羊村的村歌吧！

（李慧芹）

# 第二节　恐暴事件的应对与安全教育

### 案例 4

**江苏泰兴恶性砍杀事件**

2010 年 4 月 29 日江苏省某幼儿园发生恶性砍杀事件，致使 32 人受伤，其中学生 29 人、教师 2 人、保安 1 人。作案人为无业人员徐某，于该年 5 月份被判死刑并执行。[①]

据搜狐新闻报道，2010 年，连续 40 天我国发生了 5 起校园惨案，上述事件是其中之一，教育部提出，要把维护校园安全作为重大政治任务。校园防恐防暴应该得到高度重视。

## 一、幼儿园防恐防暴的日常管理与事故处理

防恐防暴的日常管理应以日常防患为主，加强日常管理，防患未然，但也要有相关的预案，确保一旦发生能够有条不紊地处理。

---

① 案例来自搜狐新闻。

### （一）防暴防恐的日常管理

防爆防恐的日常管理以制度的建立与落实为主，校门安全是防恐防暴的重点环节，幼儿园要加强对此的管理，责任到人、监督到位。

**案例5**

#### 校门日常安全责任书

为了加强对幼儿园校门安全的管理，强化工作人员的责任，维护幼儿园正常的教育秩序，特分层签订本责任书。

(1) 传达室工作人员每天要保证24小时有人值班并随时接听电话。

(2) 热情接待来访人员；对要求进入校内的来访人员，详细询问情况，并作好来客登记。

(3) 每天早7:00—8:00、晚17:00—18:00与校警共同守卫幼儿园大门，保护幼儿在此期间的人身安全。

(4) 幼儿园开大门期间，要仔细观察幼儿园周边情况；随时关注幼儿并有责任拦截独自离园的幼儿。

(5) 每天早8:00以后幼儿入园，关闭幼儿园大门，如有家长来访一律要求在传达室等候教师或相关人员的接待，方可进入幼儿园，未经办公室允许随意将家长或来访人员放进幼儿园大门，要承担一切后果和责任。

(6) 传达室工作人员有责任阻止携带易燃易爆、有毒物品、动物以及危险品的人员进园。

第一负责人：×××（园长）

第二负责人：×××（安全副园长）

责任人：×××、×××（门卫）

（北京市朝阳区福怡苑幼儿园）

### （二）幼儿园恐暴事件的处理

**案例6**

#### 幼儿园教师恋爱不当引发的惨案

2003年3月7日下午3时30分许，北海市某幼儿园门外来了一个20多岁的青年男子，要求守门阿姨打开大铁门放他进去，遭拒。青年男子绕到幼儿园右侧翻墙进园，突然露出狰狞面目，拔出一把尖刀，企图冲进二楼的一间教室行凶，教室内的两名女幼儿教师见状拼命抵住门不让他进来，孩子们吓得惊叫着跑出教室。歹徒挥刀朝一位姓戚的女教师刺去，另一位个头较高的陈姓女教师一看情形不对，转身抡起小椅子砸向歹徒手中的尖刀，“当”的一声，刀断成两截。

戚老师趁机跑出教室，歹徒捡起断刀追下楼。陈老师大声呼救。歹徒冲到楼下，疯狂地冲进一楼小(2)班教室，挥刀朝向教室里的孩子一阵乱砍，接连有孩子倒在血泊之中。正在办公室的园长陈某听到叫喊声，奋不顾身地冲过去阻拦持刀歹徒保护孩子。另外两

名女教师和守门阿姨也勇敢地冲上来,和园长一起赤手空拳地与持刀歹徒展开殊死搏斗。4人均被刺伤,但她们毫不退缩。正在危急时刻,一名男家长来接孩子,提起一张小凳子冲上去勇斗持刀歹徒,他一凳子砸中了歹徒的脑袋,歹徒头破血流倒地,陈园长和几名女教师一拥而上,将歹徒捆绑起来,并打"110"报警。

警方迅速赶到现场,受伤人员被送往北海市人民医院抢救。记者在北海市人民医院外三科病房见到了行凶的凶手,他告诉记者,他是贵州兴义人,在北海当装修工,与该幼儿园的一位姓戚的女教师谈恋爱,后来恋爱不成双方产生了矛盾,女方是当地人,叫人将他拉到乡下打了一顿,打伤了他的手,还拒付医疗费,他一怒之下失去了理智,昨日下午怀揣尖刀冲进幼儿园报复女老师时杀红了眼,伤及无辜的孩子和其他女教师。①

**案例分析:**这是一起幼儿园园长、教职工和家长不顾生命危险,共同保护幼儿安全的案例,这种拿生命捍卫幼儿生命安全的行为值得肯定。但也有一些问题需要引起我们高度重视。

**1. 门卫设置不到位**

门卫是保护幼儿安全的重要人员,但幼儿园却安排了一位"门卫阿姨",这显然是不合适的,面对歹徒,一位阿姨如何能够抵挡,现在很多幼儿园都配备一定数量的专业保安做门卫,保护幼儿园大门,这是非常正确的。

**2. 安全意识不到位**

当歹徒要求进入幼儿园时,门卫应第一时间问清楚为什么进入?找谁?有什么事情?我们试想假如歹徒说清楚要找某某教师,而某某教师也及时出来后,可能不会发生幼儿被伤害的问题。

**3. 安全防护不到位**

案例中描述"绕到幼儿园右侧翻墙进园"这说明幼儿园的围墙能够很轻易进入,不能起到基本的保护幼儿安全的作用。

**4. 教职工心理动态排查不到位**

排查幼儿安全隐患,不仅要排查教学楼以及各种硬件设备,也要关注教师心理动态,多和教师以及同班教师沟通,发现教师情绪问题及时帮助沟通,避免教师将不良情绪及安全隐患带给幼儿。假如园长及时发现教师有不正常心理动态并及时加以疏导,教给正确方法,就不会有该事件的发生。

幼儿园在制度建设、管理监督中要防患未然,但并不能完全杜绝此类事件的发生,一旦发生如何处理,是教师与管理者必须面对的问题。

恐暴事件处理要以平息事态、控制局面、防止扩散、减少损失为主要原则,针对不同性质的事件采用制止、宣传、保护、求援、疏散等方法,以保护幼儿、教师的生命安全为中心,有条不紊地开展应急工作,最大限度地减少损失。

1) 暴力威胁事件

(1) 如果发生武力方式挟持、逼迫单位职工或幼儿的事件,应立即向幼儿园管理者汇报,并向公安机关报警,要求迅速进行增援。

---

① 案例来自"南方网"。

(2) 在犯罪嫌疑人没有伤及人员的情况下，应以宣传教育为主，根据其提出的要求进行劝说，尽量拖延时间，不激化犯罪嫌疑人的情绪。

(3) 公安机关应急分队持器械赶赴现场后，依据现场最高领导要求采取措施，保护现场人员安全，并注意自身安全。

(4) 注意观察暴力组织者的行为、特征，条件许可的话，当即擒获，不具备条件，也要想办法接近、控制并劝说其放弃武力。现场如有伤员，要立即抢救伤员。

(5) 处理暴力事件要注意收集证据、证人。

2) 爆炸物品事件

(1) 发现不明爆炸物，要立即向幼儿园管理者汇报，并向公安机关报警，在公安机关到达之前，不能对爆炸物采取任何行动，避免误爆。

(2) 控制出入通道，对进出人员进行排查，发现可疑人员立即采取控制措施，报公安局进行调查。

(3) 组织全体教职工紧急集合，对有爆炸物品区域进行隔离、警戒，严禁进出。

3) 邮寄投毒事件

(1) 收到不明快件要小心拆除包装，确认为毒品，应立即向幼儿园管理者汇报，并向公安机关报警。

(2) 幼儿园集中所有可能接触到毒品的人在某特定区域，加以保护，等待公安等有关部门前来检查检验，同时提供证据。

(3) 查明毒源并切断，保护好现场，如果毒源扩散，应立即疏散幼儿与教职工到安全地点集中。

4) 纵火事件

(1) 发现火情立即报告幼儿园管理者，立即启动幼儿园消防安全预案，同时拨打"119"，并报告"110"，请求消防支援并报警。

(2) 派专人引导消防车进入火情区域，救援中保护好现场。

(3) 如果犯罪嫌疑人在现场，立刻围捕，并交公安机关。

(4) 灭火后保护好现场，并统计损失。

## 二、幼儿园防恐防暴教育

防恐防暴虽然更多的是提高管理者与教师的安全意识与应对能力，但是，对于幼儿来说，加强此方面的教育，对于出现意外事故时稳定幼儿情绪、安全疏散有十分重要的意义。教师可以采取游戏、阅读、情景模拟等方式组织教育活动，提高幼儿的安全意识。

## 教学设计

### 机智勇敢我最棒(大班)

**活动目标：**

(1) 了解一些基本的自我保护常识。

(2) 当遇到突发事件时，能镇定并选择安全地带逃离。

(3) 熟悉安全撤离路径，提高自我保护能力，增强安全意识。

**活动重点**：能够学会自我保护的方法。

**活动难点**：遇事能够冷静、镇定地按照逃生路线安全逃离。

**活动准备**：图片、手偶、幼儿园紧急撤离图。

**活动过程**：

1）导入环节：教育活动图片

（1）教师："从图片中你观察到了什么？可能发生什么事？"

（2）教师："如果有坏人闯入了我们的幼儿园，小朋友们应该怎样做呢？"

2）手偶表演

（1）教师："小木偶的幼儿园里进坏人啦！快看一看小木偶的哪些做法是正确的呢？"

木偶一：看到坏人小木偶冲过去和他打了起来。

木偶二：看到坏人小木偶吓得惊慌失措大喊大叫。

木偶三：看到坏人小木偶跑上前去询问。

木偶四：发现坏人，小木偶赶紧偷偷跑去告诉教师。

木偶五：发现坏人，小木偶赶紧偷偷躲藏起来。

木偶六：发现坏人，小木偶迅速按照离坏人远的逃生路线逃离。

（2）教师："以上小木偶的做法哪些是正确的呢？"

"如果遇到暴力事情时怎么办？"引导幼儿说说自己的见识和感受。知道遇到突发事件不要慌，有秩序地撤离可以避免危害的发生。通过讨论提高幼儿自我保护意识。

3）图示解释

（1）出示班级撤离图，带幼儿观察并找出班级在紧急情况下撤离的路径和位置。

（2）引导幼儿讨论：为什么撤离时要走图中标注的路径？使幼儿了解图中标注的撤离路径是离安全地带最近的一条通道。

（3）带幼儿观察撤离路径的条件（几层楼梯、弯道情况等），引导幼儿讨论：怎样走到达安全地带最快？启发幼儿讲述撤离方法和注意事项（按顺序，不拥挤，不出声，听老师指挥等）。

（4）熟悉警报声，组织幼儿"实战演习"。

听到警报声音时，在老师的带领下，按图标路径迅速撤离到安全地带。如幼儿在撤离情况下出现拥挤、用时过长等情况，教师带幼儿查找原因，再次演习，使幼儿掌握正确、快捷的撤离方法。

（王润思）

## 三、防恐防暴应急处理

恐暴事件无法预测，却对人的身心造成极大威胁。幼儿园管理人员对此要提高警惕，加强教职员工的防恐、防暴培训，并做好应急准备，确保一旦出现事故，能够妥善处理，把对幼儿、教师的伤害降到最低。下面这则反恐处理应急预案可供幼儿园管理者和教师参考，提高教师的安全意识与应急能力。防恐防暴应急处理演练，如图 3-3 所示。

(a) (b)

(c) (d)

图 3-3 防恐防暴应急处理演练

## 案例 7

### 反恐处理应急预案

为维护幼儿园正常的教育教学秩序，保障全体教职工及幼儿生命财产安全，有效处理园内突发治安事件，使损失降到最低限度，按照相关法律法规，从我园实际出发，制定本预案。

1. 组织机构及职责

(1) 成立安全工作领导小组。

组长：×××(园长)

成员：×××、×××、×××(班子成员)

(2) 安全工作领导小组工作职责。

① 幼儿园发生或接到突发治安事件信息后，要在事故现场指挥救援行动，向服务中心保卫处报告，并及时向海淀区公安、交警、卫生、消防等相关部门报警和请求援助。

② 要本着“先控制，后处置，救人第一，减少损失”的原则，果断处理，积极抢救，指导现场师幼离开危险区域。

③ 保护好幼儿园贵重物品，维护现场秩序，做好事故现场保护工作。

④ 做好善后处理工作，并按规定及时向上级主管部门汇报。

2. 工作协调原则

根据突发应急事件的具体情况和要求，领导小组可以随时调集人员，调用物资及交通工具，统一指挥和组织我园各种突发事件的应急处理工作，各部门必须全力支持和配合。

3. 监测预警

“防患先于救治”,监测预警是防患的重要手段。领导小组成员要对突发事件的发生、影响因素等进行有计划、系统的长期观察,细心积累第一手资料,认真研究随时出现的新情况,采取相应的防范措施,明确各类突发事件监测预警人员分工责任。平时要注重对老师、幼儿进行突发事件的应急处理和自我保护的安全教育,组织快速应急反应、紧急撤离及自我救护的演练。

4. 日常工作要求

(1) 领导小组要定期检查,发现安全隐患及时处理。

(2) 幼儿入园、离园时,保安人员要在园门口值岗,幼儿入园、离园后及时关闭园门,防止无关人员进入幼儿园。

(3) 幼儿园园门保持上锁关闭状态,有外人进入时,必须与园内相关接待部门核实,确认身份、做好记录后方可入内。

5. 应急处理

(1) 发现犯罪嫌疑人的应急处理如下。

外来人员未经允许欲强行闯入园所,保安人员不得放行,并向其发出警告,尽力将其驱逐离开幼儿园附近范围。对不听劝阻者或遇突发犯罪分子袭击、行凶等暴力侵害时,紧急拉响警报铃,同时报告服务中心保卫处并立即启动应急程序:

① 立即拨打“110”报警请求援助。

② 领导小组立即组织现场人员,不惜一切代价建立警戒线,使犯罪分子无法靠近幼儿,防止事态扩大。

③ 保安人员携带防卫器械,与犯罪分子周旋、劝阻与制止犯罪行为,为警方赢得时间,在有利条件下设法制服犯罪分子。

④ 尽快把所有幼儿和无关人员撤离至安全区域。各班老师负责维持本班秩序。

⑤ 保健医对受伤人员进行紧急处置。行政人员拨打“120”请求支援,并负责到路口引路接“110”和“120”车辆。

⑥ 实施事件现场警戒,阻止无关人员进入幼儿园,维护现场秩序,防范别有用心的人肇事,引导外部救援人员进入事件现场。

⑦ 做好善后处理工作,并将事件情况及时报告上级主管部门。

(2) 发现可疑人物的应急处理如下。

① 在幼儿园内发现形迹可疑、四处游荡、可能作案的可疑人物,在场人员应当立即向园领导报告。

② 幼儿园保安人员和领导指派人员应立即对此人进行询问,同时把他的行动限制在局部区域内。

③ 若有证据证明此人是危险人物或犯罪嫌疑人,应立即报告服务中心保卫处并拨打“110”报警,由警方带走进一步调查。

④ 若可疑人物在盘问时逃跑,应当将其相貌、体征和逃跑方向向警方报告,同时幼儿园加强对其安全防范。

⑤ 在整个过程中,应采取切实有效的措施,防范可疑人物使用暴力,要确保周围人员

的安全。

⑥ 幼儿园应将事件情况及时报告上级主管部门。

(3) 发现爆炸物品及可疑物品的应急处理如下。

① 发现爆炸物品或可疑物品的任何人员都要在第一时间向园领导报告。

② 向服务中心保卫处报告,拨打“110”报警请求援助。

③ 本着“先控制,后处置,救人第一,减少损失”的原则,领导小组成员指导现场师幼迅速、有序地离开危险区域,立即拉上警戒线,做好防护隔离措施。

④ 幼儿园配合警方开展各项处理及善后工作,及时向上级主管部门报告。

(兵器工业机关服务中心幼儿园)

## 第三节 幼儿园师德事件管理

**案例8**

### 浙江温岭幼儿教师虐童事件

2013年9月,发生在浙江温岭城某幼儿园一起教师虐童事件。该校教师颜某因“一时好玩”在该园活动室里强行揪住一名幼童双耳向上提起,同时让另一名教师用手机拍下,之后该视频被上传到网上。在视频中看到,被揪耳幼童双脚离地近20cm,表情痛苦,号啕不止。相反,颜某则神情愉悦,乐在其中。

事发当天,温岭市教育局接到被虐幼童家长举报,立即赶赴该幼儿园进行调查。并采取了向公安部门通报,以及联合城西街道办事处发出通知,责成园方深刻检查、整改并立即辞退相关教师等举措。

**案例分析**:类似上述案例的事件每年都有发生,其实,国家对此高度重视,在2008年修订的《中小学教师职业道德规范》中的第三条“关爱学生”中就明确指出,“关心爱护全体学生,尊重学生人格,平等公正对待学生。对学生严慈相济,做学生良师益友。保护学生安全,关心学生健康,维护学生权益。不讽刺、挖苦、歧视学生,不体罚或变相体罚学生。”

为了严格落实师德管理,很多幼儿园在幼儿园的教职工劳动纪律、职工手册等文件中对此做出了细致的规定,并有相应的监督、检查措施。下面这则案例是一所幼儿园的劳动纪律,大家可以仔细阅读,明确一名幼儿园教师工作的基本要求。

**案例9**

### 幼儿园教职工劳动纪律

(1) 全园教职工认真履行自己的岗位职责,承担自己应尽的义务,准时上下班。上班时间不干私活,不看手机,不串班聊天,备课不看无关的报纸杂志。户外活动时不聊天。

(2) 任何时候不得体罚、变相体罚幼儿,要尊重幼儿人格,尊重幼儿学习权利、发展权利、活动游戏权利,尊重幼儿隐私权。不得罚幼儿晚吃饭,长时间不让玩玩具、游戏,带幼儿到别的班级“学习”,不得议论暴露幼儿家庭情况、幼儿身体缺陷、疾病问题,不能有侮辱

幼儿的语言，不得大声斥责幼儿、恐吓幼儿，不能拉扯、指点幼儿。吃饭前不批评幼儿、处理问题。

(3) 尊重同事与家长，主动向家长打招呼，不议论他人，不传闲话，不管什么原因不得和同事、家长发生争吵，有矛盾通过正常渠道解决。

(4) 上班不打不接个人电话，不擅离自己的工作岗位，不离开孩子。中午值班时关注幼儿情况，自己不能睡觉。

(5) 团结协作，不发牢骚，有不清楚的事随时向相关领导或工会主席了解，不得私下猜测、议论、闲传。

(6) 上班时间服装整洁、大方，不戴腕饰、脚链儿、过长的项链等。不在幼儿面前化妆。一线教师不梳披肩发，不穿高跟鞋。炊事人员工作服保持干净。

(7) 不在幼儿面前吃东西，吃早、中午饭在指定地点。

(8) 教师、保育员的个人衣物不放在幼儿的床、钢琴、玩具柜上。炊事人员的衣物及个人物品不能放在库房和操作间。

(9) 全园任何教职工不能随便吃拿幼儿的食品，不能使用幼儿的餐具、水杯、毛巾、被褥等各种物品。不坐、躺幼儿的床铺。

(10) 爱护园内、班内的各种设施，不坐靠钢琴、桌子、玩具柜、窗台，妥善保管幼儿衣物等物品。

(11) 不能将家人、朋友、随便带入园内(特殊情况报办公室，办公室协调解决，以不影响工作为前提)。其他教师不能对本园教师的孩子特殊对待(多吃，多逗，多抱)。不得在园内留宿本园教师以外的人员。由园方安排的保安公司值班人员不在其内。

(12) 不得接受家长馈赠的任何购物卡及物品。不得接受家长邀请外出吃饭。

(13) 同事之间，教职工与家长之间保持正常关系，规范自身言行。

(14) 节约用水、用电和其他办公用品，不能长流水，光线充足时注意关灯。除食堂工作服、保育员围裙及24小时在园值班门卫师傅，其他任何人不得在园洗私人衣物(允许洗的衣物必须使用指定成人洗衣机)。

(15) 严格按操作规定使用热水炉、锅炉，送餐具、食物有卫生盖布、锅盖等。

(16) 不带贵重物品来园，不带大量现金上班，以免丢失。

(17) 任何时候，不得在微信、网络等多媒体平台上发布不健康、不积极、会带来不良影响的言论、图片。

本规定于2016年8月重新修订，并公示征求全体教职员工意见，在此基础上进一步修订完善，将于2016年9月起执行。

(北京市朝阳区福怡苑幼儿园)

**值得注意的是，教师在发生疑似师德事件时，必须积极、主动、坦诚地与幼儿园管理者沟通，避免因为误判、处理失误造成不良影响，影响自己的职业生涯。由于在幼儿园会发生类似的事情，家长与教师各执一词，对于教师是否违反职业道德，我们需要监控录像的取证、多方沟通等方式还原事实真相。**

## 案例10

### 孩子脸上的伤是老师打的

一天早上，小班郭老师急匆匆地来到我的办公室，她情绪略显激动。经了解，该班幼儿格格离园后家长发现孩子脸上有伤痕，妈妈问及孩子情况时，孩子回答是在幼儿园午睡时因为自己睡不着觉被看管孩子午睡的王老师打的，妈妈听后很气愤并随即给孩子录了音。当晚，妈妈就向该班班长郭老师“讨说法”，要求王老师向家长和孩子道歉。随即，郭老师便给王老师打电话了解情况，王老师对此事极力否认。而家长方则一再要求，如此事王老师不给予道歉就把事情闹大。一边是家长、一边是同事，年轻的郭老师不知该怎样处理，并委屈地表示：“自己没做过的事怎么能承认呢？更何况还让道歉！”

正在我和郭老师交流的过程中，格格的爸爸妈妈已经送孩子进班了，由于王老师带班，家长就在班级门口等待郭老师。我一边安抚郭老师的情绪，告诉她无论事情是怎样的，我们都应该把关注点放在孩子身上。一边和她一起快速地来到班级门外的走廊。见到我们后，格格妈妈的泪水夺眶而出，当她拿出手机视频给我看孩子脸的时候更是泣不成声。我赶忙拿来纸巾安抚她，并诚恳地表示：“孩子受伤了我们很心疼，我非常理解您此刻的心情和做法。这件事情我们一定认真对待，请您给我时间调查了解，如果教师真的出现了您所描述的问题，园方绝不姑息！”并向家长承诺尽快给予回复。家长暂时平复了情绪，随即离园。

回到办公室后我马上向园长汇报了这件事，园长非常重视，我们马上安排资料员调取当天的监控录像，并向王老师了解情况。王老师态度很坚决，表示绝没发生过打孩子的事。并提出希望园里调监控查看孩子受伤的原因。经监控对该班午睡环节的显示，王老师的确未出现动手打孩子的动作。我们又逐一对当日各环节进行了回放，也未出现孩子受伤的情景。那么，孩子为什么会认定是王老师打的呢？且在与格格妈妈沟通的过程中她也提到：孩子最喜欢郭老师，王老师就是快人快语……为此，我们将这些问题抛给王老师，从其工作状态、对孩子的爱与照顾、与家长的交流沟通等方面分析问题产生的原因——尽管喜欢孩子，但对孩子的关注与爱不够；工作虽然努力，但因缺少与家长的沟通未能得到家长的认可与信任。特别是，孩子在园时教师均未发现其脸上的伤痕，所有教师都说不清孩子是怎么受伤的。从这一点说明，教师在工作上还是不够尽职。王老师认识到了自己的问题并同意和我们一起找家长沟通此事。就这样，我于当天下午电话联系了格格妈妈，格格妈妈表示离园后和格格爸爸一起来。

下午五点半，格格的爸爸妈妈如约来到了幼儿园，我们的沟通开始了。首先，园长就园方处理这件事的过程进行了说明与介绍，并将当日监控视频呈现在家长面前，准许家长亲自查看。格格爸爸见状立即表示相信幼儿园的调查结果，就不再看监控了。而格格的妈妈则表示：“难道是我的孩子在说谎？”为此，我们与她分析了小班幼儿“常把假想当真实”的年龄特点。格格妈妈依旧担心：“如果冤枉了王老师，以后还怎么相处？老师会不会对孩子不好？”为此，我们和王老师一起帮助妈妈打消了这个顾虑。最后，该班教师向家长诚恳地表达了工作中还存在关注关爱幼儿不够的现象，感谢家长及时反馈问题，让我们有真诚沟通和相互了解的机会。在真诚的拥抱后，家长也很快释然了，问题得到了圆满的解决。

**案例分析**：从本案例可以看出，因为幼儿园可以为家长提供幼儿当日活动的录像，以录像提供的事实为依据，证明在班级活动中未出现教师打幼儿及幼儿受伤的情况。后经双方有效地沟通得以化解误会，相互理解，从而解决问题。可见，运用录像视频取证，可以有效保护幼儿、教师及幼儿园。

《儿童权利公约》里提出儿童具有被保护权。《中华人民共和国未成年人保护法》第二十二条指出：学校、幼儿园、托儿所的教职员工应当尊重未成年人的人格尊严，不得对未成年人实施体罚、变相体罚或者其他侮辱人格尊严的行为。2016年版《幼儿园工作规程》总则部分第六条中指出：幼儿园教职工应当尊重、爱护幼儿，严禁虐待、歧视、体罚和变相体罚、侮辱幼儿人格等损害幼儿身心健康的行为。

虽然在本案例中，我园教师未发生恶意伤害幼儿的行为，但"师德问题一票否决"仍需警钟长鸣、"师德教育"则要常抓不懈。特别是在新闻媒体暴露的一系列"虐童"事件后，社会及家长对师德问题非常敏感甚至容易产生联想与怀疑。家长与幼儿园之间缺乏一定的沟通与信任，无形中为家长与幼儿园关系设置了一道屏障。加上家长的育儿知识与经验不足，盲目听信孩子一方的说法，误解消除后又担忧孩子说谎话。可见，树立正确的儿童观、教育观，提高家长的育儿水平刻不容缓。

2016年版《幼儿园工作规程》中指出：幼儿园同时面向幼儿家长提供科学育儿指导。《纲要》指出：家庭是幼儿园重要的合作伙伴，应本着尊重、平等、合作的原则，争取家长的理解、支持和主动参与，并积极支持、帮助家长提高教育能力。因此，作为园所管理者及教育工作者的我们，要善于运用自身的教育理念与专业知识给予家长育儿帮助与指导，正如案例中提及的对幼儿年龄特点的把握及心理疏导。幼儿是家长与幼儿园沟通的纽带，家长与幼儿园合作的目的也是为了有效地促进幼儿的发展。因此，家长与幼儿园沟通的核心均是围绕幼儿进行的，在本案例中，当教师获悉幼儿出现脸部受伤的情况后，应将关注点首先放在孩子的身上，关注孩子的情绪以及健康状况，运用同理心，站在家长的角度换位思考、给予理解。而不要盲目急于去推卸责任甚至激化矛盾，在处理矛盾、误会的过程中不能靠冲动而需要冷静的思考、客观的分析，从而解决问题、改进工作。

作为管理者，更要从这一案例中引领教师去分析和反思自身工作的不足：为什么家长会评价教师快人快语？在日常工作中，教师对孩子是否有足够的爱和耐心？在晚离园环节教师应该关注幼儿什么以及是否关注到幼儿？教师与家长的沟通是否及时有效？家长与幼儿园间是否建立了一定的情感与信任？如果答案是否定的，问题的发生就不是偶然现象。因此，要引发教师深入地思考，只有真正意识到问题了才能谈及改进，而这一过程也是引领教师专业成长的过程。

**案例反思**：幼儿园工作无小事，幼儿的身心健康与安全更是一切工作的重中之重。因此，作为教育工作者的我们不仅仅要为人师表、尊重和爱护幼儿，更要忠于职责、身心健康。同时，加强对相关法律法规的学习与培训，树立依法办园、依法执教、依法防范风险的意识。

因此，应借鉴防范法律风险的三种做法（事前防范、事中控制、事后救济）来完善和改进实际工作。隐患显于明火，防范胜于救灾，事前防范最为重要。因此，要注重日常师德教育与宣传活动的开展，建立并形成“月月是师德月”的思想。发挥教师优势，调动教师工作热情，适时发现并疏导青年教师的不良情绪，给予教育方法的帮助与引领；做好日常监控设备的检查维护与管理，做到监控无死角无盲点；运用进班检查、监控调取、电话随访、问卷调查、家长接待日等多渠道、全方位的动态了解、检验教师的工作情况；发现风险及苗头及时处理、完善相应的工作机制。杜绝师德问题的发生。

通过此案例，建议幼儿园做好以下几方面的工作。

（1）查摆问题：通过班务会梳理班级管理中出现的问题及改进措施。

（2）学习强化：通过业务学习和日常指导强化教师“关注幼儿”的行为与表现；提高教师与家长沟通的能力与技巧；全园开展法律防范知识学习与培训。

（3）家园引领：通过家长学校引领家长学习儿童观、教育观及各年龄班幼儿年龄特点与适宜的教养方式，运用案例分析的形式学习有效的家园沟通方法；通过家长志愿者活动体验教师工作，实现相互理解。

（4）个性化关照：尊重和爱护当事幼儿，不在幼儿面前议论此事，避免给幼儿造成不必要的暗示与强化；关注当事教师的情绪与工作状态，做好疏导与激励；关注当事家长的心理疑虑，加强沟通，建立信任。

（刘娟）

## 第四节　性侵害的应对与安全教育

### 案例 11

#### 大班幼儿女生遭性侵

黄先生的女儿就读某幼儿园大班 5 班。3 月 30 日下午，小黄在外婆来接她放学时一直说“下面疼”，外婆将小黄裤子脱了一看，吓了一跳，孩子满裤子都是血，下身全都红肿了，她怀疑孩子被人性侵。当地派出所立即介入，涉事幼儿园也表示将配合取证。

黄先生带着孩子去找幼儿园的班主任，却被幼儿园园长告知，可能是小女孩发育，提前来月经了。“孩子都被弄成这样了，还说这种话。”黄先生很气愤。

黄先生告诉记者，他刚见到孩子的时候，孩子的下身仍在流血，而且无法直立行走。

小黄妈妈告诉记者，小黄说是一个叔叔把她从幼儿园 3 楼抱到 2 楼，“那人用手指抠她。”

事发当晚，小黄被送往妇幼保健院进行医治，诊断为外阴裂伤，医院对她实施了缝合手术。记者来到事发的春风幼儿园了解情况，负责人陈女士拒绝接受当面采访，建议记者到街道教育办了解情况，并表示幼儿园会配合警方调查取证。①

① 案例来自于中国新闻网。

### 案例 12

## 儿童性侵统计节选

安徽致诚公益法律援助与研究中心发布了《2015 年儿童性侵案件报告》，报告称，过去的一年，性侵儿童的恶性案件在全国各地呈持续高发状态，这意味着未成年人保护的现状依然堪忧。该中心从整理的案例中随机挑选了 15 个媒体报道的儿童性侵案例，涉案侵害人为 15 人，其中男性为 14 人，女性为 1 人，其中 8 人为教师，4 人为亲戚朋友，3 人为陌生人。从数据分析可以看出，儿童的性侵案件多为“熟人犯罪”，其中男老师居首位。①

**案例分析：近几年，幼儿性侵犯事件频繁发生，为我国幼儿性教育敲响了警钟。幼儿园是幼儿生活的主要场所，加强对幼儿性保护知识教育是幼儿园义不容辞的责任。做好性保护教育的前提是教师对此有深入的了解，并熟悉适宜幼儿的教育方法，为此，编者寻找了一份教师培训案例，供大家参考。**

### 案例 13

## 幼儿性保护知识专项培训教案

教师对幼儿性保护知识缺乏了解，对教师进行幼儿性保护知识的培训能够提高教师素质，有利于保护幼儿的安全。

一、指导思想

《3～6 岁儿童学习与发展指南》指出，应关注幼儿心理发展，为幼儿营造温暖、轻松的心理环境，让幼儿形成安全感和信赖感。幼儿开始对性产生好奇心理，正确的性教育有利于促进幼儿的心理发展。弗洛伊德的性心理发展理论认为，幼儿时期的性发展构成了整个人生性活动的基础，影响了人的人格发展，加强对幼儿性保护知识的传授有利于保护幼儿的安全。因此对教师进行专项的性保护知识培训能够让教师正确了解幼儿性保护知识，从而做出科学指导。我园以市教委、朝阳区教委文件精神为指针，以安全法律法规为准绳，坚持“安全第一，预防为主”方针，切实做好幼儿性保护工作，旨在提高教师对幼儿的性保护知识的认识，促进幼儿身心健康成长。

二、培训目标

(1) 提高全体教师对幼儿性保护的重视

(2) 全体教师了解幼儿性保护知识的具体内容和相关法律知识

(3) 全体教师学会幼儿受到性侵害后的处理方法

三、培训重难点

重点：全体教师了解幼儿性保护知识和相关法律知识

难点：学会幼儿受到性侵害后的处理方法

四、培训准备

幼儿性侵害的新闻视频、幼儿性保护知识 PPT

---

① 统计来自于中青在线。

五、培训过程

1. 案例分析导入主题

播放河北省某幼儿园管理人侵犯幼儿、南京市某幼儿园男性员工侵犯幼儿的新闻视频。

讨论：近年来幼儿性侵害时有发生，您对幼儿性侵害了解多少？怎样看待幼儿性侵害问题？

讲授：纠正教师对幼儿性侵害的误区，即幼儿性侵害离我们很远、幼儿性侵害是很少发生的、幼儿性侵害主要受害者是女童、幼儿性侵害的实施者都是男性、幼儿性侵害主要是异性间的侵害、幼儿性侵害主要是陌生人实施的。

2. 讲授幼儿性保护知识

1）介绍性侵害的高发场所和侵害方式

高发场所：厕所、校园角落、电梯、地下室、停车场、空教室、资料室、仪器室（人员出入较少的场所）。

性侵害方式：性交、猥亵。

2）介绍性骚扰的高发场所和方式

高发场所：教室、操场（身体碰触）、办公室。

方式：接触身体、接触重要性器官、言语/视觉。

3）讲授如何辨识孩子是否遭到性侵害

（1）生理方面

生殖器官（包括阴部、肛门、尿道）有受伤、疼痛、出血或感染症状。行走或坐卧时感到不适。处女膜破裂或两腿内侧红肿、瘀伤现象。

（2）行为方面

异于平常的情绪反应，如恐惧、退缩、攻击等。对异性或特定的成人反应异常，不是过分亲昵，就是极度害怕逃避。极力掩藏生殖器官等身体部位。

3. 介绍幼儿性保护相关法律知识

讨论：您对全球有关幼儿性侵害的法律知识了解多少？

讲授：讲授相关法律知识，加强教师对法律的了解。

（1）美国：重惩性侵者，严禁再接近幼儿。

（2）英国：针对13岁以下幼儿的性交一律视为强奸。

（3）法国：发现15岁以下未成年人遭性侵必须举报。

（4）韩国：亚洲第一个实施化学阉割的国家。

（5）中国：对幼儿性侵害的法律规定主要包括《刑法》《未成年人保护法》《侵权责任法》《中国幼儿发展纲要（2011—2020）》《关于做好预防少年幼儿遭受性侵工作的意见》。

4. 讨论

1）幼儿性侵害的预防措施

讨论：大家认为应该怎样预防幼儿性侵害事件？

讲授：预防措施。

（1）指导幼儿适宜的穿着和言行。

（2）指导幼儿正确的性观念：任何人提出的性接触，都要断然拒绝。

(3) 让幼儿知道身体某些部位是属于个人隐私，别人是不可以随便碰触的。

(4) 让幼儿学习分辨不同形式的触摸，哪些是可以的，哪些是不可以的？

(5) 对于不当或不舒服的身体接触，要勇敢地说“不”。

(6) 陌生人或熟人都可能是性侵害的加害人，应避免独自在无人的场所逗留。

讨论：教师应该以什么样的方式向幼儿讲解预防措施最合理？

2) 幼儿受到性侵害的处理办法

讨论：当幼儿受到性侵害的时候，我们应该怎么处理？

讲授：

(1) 维护隐私：处理时，应维护孩子的隐私与尊严，顾及孩子的感受，避免孩子受到二度伤害。

(2) 了解事实：鼓励孩子说出实话，并给予支持与安全感。

(3) 保存受害的证据。

(4) 安排孩子至医院检查、治疗。

(5) 知会当地性侵害防治中心。

(6) 提供心理支持。

① 倾听、接纳同理孩子的感受，相信孩子所说的事情真相。

② 告诉孩子这件事他没有错，他仍然是好孩子。

③ 表达父母的关心，给他温暖与安全感。

④ 请心理辅导教师配合辅导。

5. 实践：

教师对幼儿进行性保护知识的培训。

六、培训反思

通过此次培训，教师认识了解了幼儿性保护知识及相关法律规定，并学会了处理幼儿性侵害的办法。一方面提高了教师的专业素质，另一方面保护了幼儿的安全。在今后的工作中幼儿园也会加强与家长的联系，开展对家长的幼儿性保护知识的培训，号召家长与幼儿园共同教育，为幼儿营造健康的生活环境。

（北京众益行应急技术中心，北京市朝阳区团结湖第一幼儿园）

根据已有的性保护教育基本知识，结合幼儿发展的年龄特点，教师可以设计符合本班幼儿特点的教育活动，从小加强幼儿自我保护的意识，避免身心伤害。

## 教学设计

### 我会保护我自己（大班）

**活动目标**：

(1) 知道自己的隐私处（被泳衣盖住的地方）不让别人看、别人摸（除自己的家长和医生）。

(2) 面对陌生人或异性朋友对自己的骚扰，要用正确的方法保护自己。

**活动重点**：遇事冷静、不怕，大胆告诉家长。

**活动难点**：知道保护自己“隐私处”的方法。

**活动准备**：幼儿“性教育”视频、PPT。

**活动过程**：

1）谈话活动

（1）教师引出话题“什么叫隐私处？”

（2）“隐私处”为什么不能让别人看，更不能让别人摸？

（3）如果陌生人摸了你的“隐私处”，你会怎么办？

（4）什么人可以看和摸你的“隐私处”？

2）观看视频活动

（1）请小朋友观看一段视频。

（2）提问：这段视频讲了一件什么事情？

“叔叔”是谁的朋友？

“他”对“小姑娘”做了什么？

“小姑娘”是怎么做的？为什么要这样做？

如果是你，在故事的开始你会怎样做？

3）总结活动

（1）小朋友身上哪些地方是“隐私处”？

（2）怎样保护“隐私处”。

（3）如果“隐私处”不舒服怎么办？

（杨旭）

# 第五节　常见的社会安全隐患

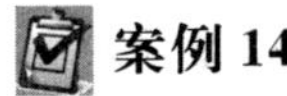

**案例 14**

### 被动物咬伤不打疫苗丧生

2017 年，21 岁的刘某是大二学生。15 日晚上，班主任杨老师忽然收到了刘某发来的一条微信：“老师，我有点难受，明天想请假去医院看病。”杨老师很痛快地同意了他的要求并嘱咐他早点休息。16 日下午，刘某在包医二附院挂了急诊，随后给杨老师打了电话。

“他给我打电话说他难受得厉害，我挂了电话就联系我丈夫一起去二附院陪他做检查。”在各项检查未发现异常后，杨老师为刘某在医院附近租了一间宾馆住下，并让 3 名同学留下陪同，准备第二天继续检查。

17 日一早，陪同刘某的同学给杨老师打电话，称刘某症状不仅没轻，反而开始不停呕吐并流口水。杨老师随后给刘某远在通辽的父母亲打电话，商量后，决定带刘某换家医院试试，于是，几人打车赶往包头市中心医院。

**被咬伤没出血，他没打狂犬疫苗**

得知刘某的情况后，大夫当时便问他近期有没有被小动物咬过。由于当时刘某十分难受，他想了很久才想起在 4 月下旬，自己曾在路边被小动物咬过。

4月下旬的一天，刘某在外出返校途中蹲在马路旁边系鞋带，一只小狗冲了过来，他在用手去驱赶小狗时，大拇指划到了小狗的牙齿，肉皮虽破但没有出血。因为家庭情况特别贫困，所以刘某没舍得花好几百元打狂犬疫苗，也没告知父母，以免他们担心。在他看来，没出血应该就不严重。

在中心医院传染科内，医生查看了刘某的病情，初步怀疑是狂犬病的症状。"主任当时表示让我们赶紧转三医院的传染科，别耽误。"杨老师说。

**刘某遗憾离世**

17日晚，在医院病房内的刘某开始出现狂躁症状，他青筋暴露不停嘶吼，将病房的床单被罩撕得粉碎。刘某用手机上网查了狂犬病的相关信息，担心自己犯起病来会伤到他人，于是不停跪在床上双手作揖，让所有人都退出病房。"他已经知道自己的病治不好了，他一直在等他的父亲，他说他只想再见父亲一面，给父亲磕个头就离开。"刘某的主治医生、传染科主任毛医生说。

18日上午10点，刘某的父亲终于赶到儿子的病房，看到孩子第一眼时，这个皮肤黝黑看上去非常结实的男人哭出了声。他紧紧抱住儿子不停说着："别怕，爸爸来了，病能治好。"他能明显感觉到儿子一直在克制自己，不让自己狂躁，他能感觉到儿子想在生命的最后时刻安静地和他待会儿。10时50分，躺在父亲怀里的刘某开始昏迷，尽管医生尽力抢救，刘某最后还是离开了人世。在父亲、老师、同学、医生、护士们的陪伴下，永远地闭上了眼睛。

## 知识链接

**1. 被宠物咬伤如何处理**

(1) 立即清洗伤口，挤压伤口以排去带毒液的污血或用火罐拔毒，千万不可用嘴去吸伤口处污血。

(2) 用20%肥皂水彻底清洗，再用清水洗净，最后用2%～3%碘酒或75%酒精局部消毒；清洗时间至少15分钟。

(3) 局部伤口不缝合、不包扎、不涂软膏，如伤及头面部或伤口大且深需要缝合包扎时，应以不妨碍引流、保证充分冲洗和消毒为前提。

(4) 及时注射疫苗，抗狂犬病毒血清。此时可同时使用破伤风抗毒素等以控制其他感染，但注射部位应与抗狂犬病毒血清和狂犬疫苗的注射部位错开。

**2. 如何预防狂犬病**

十日观察法是世界卫生组织推荐的狂犬病防治办法之一。即人被有疾病症状或行为异常的猫、狗咬伤后，要尽快去注射狂犬病疫苗，同时观察咬人的猫狗，如果10天内没有发病死亡，则被伤者可以终止狂犬病疫苗注射。这种方法可以百分百排除人被传播狂犬病的可能性。

**3. 病发前均可接种疫苗**

许多人对狂犬疫苗有严重认识误区，民间存在着"48小时有效""72小时有效"的说法。这种错误认识曾直接导致了死亡案例。事实上，被狗咬伤或抓伤后，当然是越早接种狂犬疫苗越好，但并不存在时效性，只要在发病前，按要求全程接种，均可以起到有效免疫作用。

如同上述案例一样，很多社会安全事故发生在校园之外，在社会生活中，有很多安全隐患，例如搭乘电梯、饲养宠物、购买劣质玩具等，教师应该通过校报、微信等手段，积极向家长宣传，并做出正确提示，加强家长的安全意识。

### 幼儿乘坐电梯的注意事项

(1) 当电梯还没有来的时候，不可以让孩子去扒门，一旦门开了或者发生其他的事情会很危险，所以要看管好自己的孩子，不要去电梯周围，孩子一旦走过去要及时制止。

(2) 在电梯内不可以让孩子乱跑、乱扒、乱按，电梯内不比在平面上，随时都有可能发生危险，因此要照管好自己的孩子，尤其不能够乱按按键，以防止危险情况的出现。

(3) 当发生了孩子下电梯，而家长因为一些事情而没有下去电梯，这个时候可以告诉孩子在原地等待，而家长可以按一个相邻的楼层，然后走楼梯去找孩子即可。

(4) 大人下去电梯了，而孩子没有下去电梯，这个时候，要将自己楼层的上下箭头都按上，即使按上，这样电梯的门就会再次打开，就可以将孩子抱出来，如果没有抱出来也没有关系，让孩子在电梯里面等着，见不到家人不许出来即可。

(5) 电梯困住了，这是很多人都会遇到的事情，可以按下警铃，等待救援，这个时候，不要惊慌，一定要镇静，一般都会很快地解决问题，所以没有什么值得大惊小怪的，让孩子耐心地等待一会儿。

(6) 当电梯发生下坠事故的时候，要告诉孩子，同时要按警铃，按下下面所有的楼层键，然后做下蹲姿势等待救援人员的到来，在电梯里面不要大声喧哗，保持体力。

### 宠物咬伤孩子怎么办

**1. 仔细清洗伤口**

用干净水冲洗局部伤口(5～10 分钟)，并同时机械地挤压伤口，将污染的血液和毒素挤出。尽可能让孩子安静、放松，不要有大的活动，以免毒素扩散。特别需注意的是，不要直接包扎伤口，狂犬病毒很容易在无氧的状况下繁殖。

**2. 控制病毒、止血、尽快送医院**

将伤口的上端(近心端)用布带结扎后，以控制病毒蔓延。如果孩子有出血，要用消毒纱布压住出血处。在最短的时间内送往附近医院。

**3. 注射狂犬疫苗**

到了医院，医生会给孩子注射 1 支狂犬免疫球蛋白，使孩子产生被动免疫，直接杀死可能已经感染上的狂犬病毒。然后，按要求定期带孩子注射 3 支狂犬疫苗进行主动免疫，使机体在 1 周左右产生抗狂犬病毒抗体。

### 居家安全隐患盘点

(1) 安全用电。总功率超载引起着火或线路损坏；接地或防护不良造成触电，安全使用电熨斗、电热壶等家用电器，并放置在幼儿无法够到的位置，电插座、接线板线路高度合理，避免幼儿触碰。

(2) 煤气。防止煤气中毒，火灾，爆炸，做完饭要及时关掉煤气总闸。

(3) 微波炉。微波炉使用不当会造成爆炸，微波炉内不应放置金属、木质器具，不应加热有壳、皮、膜的食品。

(4) 空调。空调使用不当能够致病，室内外温差过大能致感冒、空调病，不经常换气也容易致病。

(5) 门、窗。手指被门夹住是婴幼儿常见意外之一，在开关门时须先确认孩子的方位，为保险起见也可安装安全挡门器。

(6) 桌子。现在市面上出售有各种边角防护套，因此可把家里有角的东西套起来，以免孩子撞伤或擦伤。但当孩子想拿到桌子上的东西时，就会去拉桌布，很容易被砸到或被热食烫伤，因此最好不要在桌子上铺桌布。

(7) 气球。尽量不给孩子买气球放置家中，多数气球内气体为氢气，放置家中，如有泄漏，做饭时遇到煤气容易引发爆炸。

(8) 雷雨天气。在雷雨天气，家长要及时关闭手机与电视、电脑等，避免雷击，并给孩子介绍户外遭遇雷雨天气的处理方式，不在树下避雨，尽量不用金属装置的雨伞。

(9) 烟花爆竹。春节期间燃放烟花爆竹，指导孩子在安全的地方观看，不在露天地方观看，避免被掉落物烧伤。

## 思考题

(1) 请简要回答社会安全突发事件教育的基本内容、途径和方法。

(2) 结合本章学习内容，设计一个社会安全教育活动。

# 第四章 幼儿出行安全管理与教育

### 学习目的

了解幼儿园开展出行安全教育的基本途径和方法，掌握基本的安全教育知识。

### 学习重点

幼儿园开展安全教育的途径和方法。

### 引言

幼儿出行一般需要成人陪伴，在幼儿教育阶段，还包括乘坐校车、集体校外实践活动等出行。在本章节，详细介绍这些关于幼儿出行安全的教育内容与教育方法，为教师开展此方面的教育实践提供支持。

## 第一节 出行安全的教育内容

幼儿出行一般有步行、乘(公共)汽车、乘坐火车、乘坐飞机等方式，每种方式都有需要格外注意的事情，在此将详细列举不同形式出行幼儿应该注意的安全事项。

### 一、行人与乘车人应遵循的交通规则

**案例 1**

**4 岁男孩遭遇车祸"心碎"了**

4 岁的男孩洋洋(化名)家在农村，某日下午，洋洋独自到家对面的小卖部买零食，回来时横穿马路，因躲避不及被一辆黑色桑

塔纳撞倒。车头撞到孩子的腰侧，孩子被撞飞两三米远。当时孩子还清醒，直喊肚子疼，家人赶紧把孩子送往当地医院急救。医生初步检查之后发现孩子伤情较重，建议立即送往上级医院抢救，洋洋的家人立即带着孩子赶往南京市儿童医院。

孩子到达南京市儿童医院时，已经是晚上9点多，抢救室立刻开通绿色通道，给孩子完善头部、胸腹部等全方位的检查，并请来心胸外科、神经外科、外科重症监护室等多科进行紧急会诊。当晚十点多，洋洋出现了抽搐、呕吐、精神反应差等症状。经过多科会诊之后，基本确定孩子是多发性损伤，心脏破裂、心包大量积液、胸腔、腹盆腔都有积液、气胸等，情况非常危重，必须立刻实施急诊手术，修补心脏。

心胸外科戚继荣主任医师、麻醉科王俊林副主任医师等接到医院电话之后，迅速连夜从家中赶往医院。与此同时，备血、体外循环保障等一系列术前准备工作快速展开，孩子进入手术室时，血压已经降到正常孩子的一半都不到，B超下只能看到心脏轻微蠕动，随时可能停跳，情况十分危急。

在多科医生的密切配合下，一边进行心包穿刺减压，一边进行输血灌注，同时立即开胸寻找心脏破损进行修补，术中发现患儿右心房下腔静脉处有一直径1cm左右的撕裂口，戚继荣对裂口进行了快速又准确的缝合。当看到孩子的心脏恢复跳动，血压逐渐恢复正常，手术台旁的医护人员终于松了一口气，孩子的命终于保住了。

目前洋洋的生命体征平稳，心脏破损已经完全修复好，肺部、盆腔等地方的损伤也在慢慢恢复，即将转出重症监护室，后期还需要进一步的康复治疗，修复脑部的损伤。①

看到这个案例十分痛心，年幼的孩子因为没有遵守交通规则，横穿马路，导致这么严重的后果，这也为家长和教师敲响了警钟，一定要把幼儿的生命安全放在首位，教给幼儿最基本的出行安全常识。2017年最新的交通规则中，第四章第四节明确规定了行人与乘车人应该遵循的交通规则，具体内容如下。

### 小贴士

**行人与乘车人应该遵循的交通规则**

2017年最新的交通规则中，第四章第四节明确规定：

第六十一条　行人应当在人行道内行走，没有人行道的靠路边行走。

第六十二条　行人通过路口或者横过道路，应当走人行横道或者过街设施（地下通道、过街天桥等）；通过有交通信号灯的人行横道，应当按照交通信号灯指示通行；通过没有交通信号灯、人行横道的路口，或者在没有过街设施的路段横过道路，应当在确认安全后通过。

第六十三条　行人不得跨越、倚坐道路隔离设施，不得扒车、强行拦车或者实施妨碍道路交通安全的其他行为。

第六十四条　学龄前儿童以及不能辨认或者不能控制自己行为的精神疾病患者、智

---

① 本案例摘自《江苏科技报》。

力障碍者在道路上通行，应当由其监护人、监护人委托的人或者对其负有管理、保护职责的人带领。盲人在道路上通行，应当使用盲杖或者采取其他导盲手段，车辆应当避让盲人。

第六十五条 行人通过铁路道口，应当遵守铁路道口信号，服从管理人员的管理。没有铁路道口信号和管理人员的，应当在确认无火车驶临后，迅速通过。

第六十六条 乘车人不得携带易燃易爆等危险物品，不得向车外抛洒物品，不得有影响驾驶人安全驾驶的行为。

## 二、乘车注意事项

**案例 2**

### 乘坐公共交通的安全注意事项

早上起来，妈妈见天气不错，就打算带4岁的小夏（化名）去姥姥家玩儿。小夏非常开心，一路上紧跟着妈妈。小夏上了公交车之后就到处乱跑乱叫，妈妈的劝告根本不起作用。突然一个急刹车，他一下子就摔到了地上，膝盖上也擦破了皮。[1]

**案例 3**

### 幼儿乘坐私家车不坐副驾驶

一个天气晴朗的周末，爸爸妈妈打算带2岁的悠悠（化名）驾车出游，悠悠本来坐在安全座椅上，但没过多久，她就吵闹着要让妈妈抱着。为了让悠悠安静下来，妈妈不得不抱着她坐在副驾驶后排的座位上。但由于路上出现紧急情况，爸爸一个急刹车，悠悠的头撞到了副驾驶座椅的靠背上，悠悠被吓得哭了起来。[2]

**案例 4**

### 安全座椅的重要性[3]

欧洲国家使用儿童安全座椅的比例超过90%，而每年我国有超过1.85万名14岁以下儿童死于交通安全事故，死亡率是欧洲的2.5倍，美国的2.6倍。虽然大家都知道儿童安全座椅就是用来保障儿童的行车安全，但是使用的人却很少。来看看那些明知故“犯”的人都抱着哪些侥幸心理。

在发生碰撞时，儿童安全座椅可以将婴儿的致命可能性降低70%，将幼儿的碰撞致命可能性降低54%，能够保证幼小的儿童不会被惯性甩出去，座椅可以吸收一定的冲击力，也能够保证发生事故时幼儿不会被安全带伤害，另外安全座椅的头枕也能够有效地保护儿童脆弱的颈椎。

---

①② 侯烨. 6岁前妈妈必须知道的儿童安全常识[M]. 北京：中国妇女出版社，2016.

③ 此数据来自于搜狐新闻。

很多幼儿在乘坐公共汽车或私家车时不能安静自处，这是幼儿的天性，但是这一天性往往会带来安全隐患，应该让幼儿明确乘车的注意事项，确保安全。下面是幼儿乘坐汽车出行的注意事项。

(1) 乘坐公共汽(电)车，要排队候车，按先后顺序上车，不要拥挤。上下车均应等车停稳以后，先下后上，不要争抢。

(2) 不要把汽油、爆竹等易燃易爆的危险品带入车内。

(3) 乘车时不要把头、手、胳膊伸出窗外，以免被对面来的车或路边树木等刮伤；也不要向车窗外乱扔杂物，以免伤及他人。

(4) 乘车时要坐稳扶好，避免紧急制动造成意外伤害。

(5) 乘坐小轿车、微型客车时，不论坐在前座还是后座，乘客都要系好安全带；乘坐小轿车时，幼儿不能坐在前排，在后排最好为幼儿安装安全座椅。

(6) 不在乘车过程中看手机、电脑等电子产品及书籍，避免晕车，影响视力发展。

## 三、乘坐火车注意事项

### 案例 5

**幼童误入铁路线路被撞身亡**

2016 年 9 月 14 日 16 时许，麻城车务段某火车站内发生一起铁路交通事故。一名 1 岁多的幼童脱离监护人监护从火车站外广场钻进车站闯入铁路线路，被通过的列车撞上，送医院后抢救无效死亡。从当事孩童经出站口栅栏门缝隙钻进站内，到张某某(孩子的爷爷)发现孩童走失后找民警求助，再到经过车站工作人员的协助，在站台铁路旁发现了躺在地上的孩童，整个过程仅 4 分钟。从此爷孙俩阴阳两隔。[①]

每种出行方式都有其特殊性，在幼儿的出行安全教育中，要注意各种出行方式的特殊性，结合实践，做好安全教育。下面是幼儿乘坐火车出行的注意事项。

(1) 在站台上候车，要站在站台一侧白色安全线以内，以免被列车卷下站台，发生危险。

(2) 列车行进中，不要把头、手、胳膊伸出车窗外，以免被沿线的信号设备等刮伤。

(3) 不要在车门和车厢连接处逗留，那里容易发生夹伤、扭伤、卡伤等事故。

(4) 不带易燃易爆的危险品(如汽油、鞭炮等)上车。

(5) 不向车窗外扔废弃物，以免砸伤铁路边行人和铁路工人，同时也避免造成环境污染。

(6) 乘坐卧铺列车，睡上、中铺要系好安全带，防止掉下摔伤。

(7) 乘坐动车、高铁全程禁烟，不能在列车任何部位吸烟。

---

① 案例摘自山西新闻网。

# 第二节 认识交通规则

## 案例 6

### 红绿灯那儿的意外

小雨(化名)已经4岁了,家人经常牵着他的手过马路。平时爸爸妈妈也和他反复地讲一些交通规则,可是他好像并没有放在心上。有一天,家人正拉着他等待绿灯过马路,急性子的小雨没等绿灯亮就挣脱家人的手往马路对面跑,幸亏一辆汽车在他前面及时停住了,否则后果不堪设想,小雨当时也吓得够呛。①

从这个案例中可以看到,家长对幼儿进行过出行时过马路的安全教育,但缺少即时性的教育,即在当时的情境下对幼儿进行安全提示等,同时也可能由于缺少一些方法,没有对幼儿起到相应的作用,故在本节中利用教学案例给大家介绍幼儿园是怎样把握幼儿年龄特点,利用集体教育活动开展相关安全教育的,家长与幼儿园合作共同为幼儿建立安全意识而努力。值得注意的是,关于安全出行的教育,还可以在日常生活中、公共环境中去开展。幼儿园交通安全课堂如图4-1所示。

(a)

(b)

(c)

图4-1 幼儿园交通安全课堂

① 侯烨.6岁前妈妈必须知道的儿童安全常识[M].北京:中国妇女出版社,2016年.

## 教学设计

### 制作交通信号灯（小班）

**活动目标：**

(1) 感知红绿灯的特征、用途。

(2) 初步尝试用剪刀沿外形线剪，产生对手工的兴趣。

(3) 体验美术制作的乐趣。

**活动准备：**公路（没有交通信号灯）、红、黄、绿色圆形彩纸若干、胶棒、交通信号灯图片。

**活动过程：**

1) 情景表演，激发幼儿兴趣

教师引导幼儿回忆、认识生活中都有哪些车，请小朋友变成自己熟悉的小车在场地开起来，引发幼儿思考的积极性。

2) 了解交通信号灯的特点、用处

(1) 教师提问："刚才玩开车游戏的时候发生了什么事情？你能想到的解决办法是什么？"

教师总结："你们知道交通信号灯长什么样吗？"

(2) 观察交通信号灯的特点。

教师出示红绿灯图片，引导幼儿说出它的颜色、数量及形状。

3) 制作交通信号灯

(1) 提出要求：请幼儿用筐里的圆形彩纸来制作交通信号灯，幼儿在使用剪刀时要注意安全，沿外形线剪，将材料用完放回原处。

(2) 幼儿动手操作，为公路制作交通信号灯，教师巡视指导。

(3) 把孩子的作品放于公路上。

4) 游戏"交通信号灯"

幼儿游戏看信号灯来开车，模仿开车动作，一个跟着一个走，比比哪个小司机最能遵守交通规则。

（王红敏）

### 海边度假（小班）

**活动目标：**

(1) 知道在游泳活动中要注意安全。

(2) 了解一些游泳过程中的自我保护方法。

**活动准备：**游泳圈、救生衣、潜水镜、气垫船、游泳帽等大海的图片。

**活动过程：**

(1) 出示大海的图片，引导幼儿听故事的兴趣。

教师：马上就要过年了，爸爸妈妈会带我们去度假，这是哪儿？

(2) 教师讲故事《度假的故事》。

**故事梗概（自编）：**丁丁、洋洋和爸爸妈妈一起去海边度假，丁丁看见海边人太多了，

就想去远一些的海里游泳，在游泳之前，丁丁做了许多准备活动，而洋洋没有做，刚到水里，洋洋就浑身不舒服……

(3) 了解一些游泳过程中的自我保护方法。

教师：丁丁在下水前做了什么事？洋洋有没有做？后来发生了什么事情？谁做得对？(游泳前要做准备活动，可以防止在水中抽筋。)

教师：大海边的人太多了，洋洋想去哪里游泳？

教师：在大海里，丁丁和洋洋又玩起了什么游戏？救生员叔叔为什么制止了他们的游戏？

(4) 教师再次讲故事，让幼儿了解在游泳中注意安全的重要性。

(5) 操作活动：游泳需要什么？

教师：如果你想去游泳，可是你不会游泳，你会请谁带你去？又会选择哪些泳具？

活动结束：和教师一起学一学游泳前的身体准备活动。

**活动反思：**

通过本次活动幼儿初步了解在游泳活动时，由大人带领、做准备活动、使用适宜泳具的重要性，幼儿通过视频、亲身体验、游戏的方式加深印象，为幼儿在今后游泳活动中能安全进行奠定了基础。

(赵婷)

## 下雪天的安全班级(中班)

**活动目标：**

(1) 了解下雪天要注意的安全常识，具备基本的安全意识和自我保护能力。

(2) 感受下雪天的快乐心情，并愿意尝试解决雪天遇到的小困难。

**活动准备：** PPT 课件。

**活动过程：**

(1) 欣赏图片，感受下雪天的快乐心情。

① 观察图片，看一看图片上是什么季节，你是怎么看出来的？(是冬天、有雪。)

② 他们在干什么？你做过这些事情吗？当时的心情是什么样的？(堆雪人、打雪仗、滑冰的图片。)

(2) 观看视频课件，了解下雪天要注意的安全常识。

① 讨论：下雪的时候大家的心情都很高兴，但是在下雪天外出也会遇到一些困难，你在下雪天外出时遇到了什么困难？

② 观看视频，里面的小妹妹怎么了？她为什么会滑倒？怎样做就不会摔倒了？

③ 讨论：下雪后路很滑，走在上面要注意什么？哪些方法能够保护自己不摔倒呢？

④ 小结：不要在冰上面走；不要一边滑冰一边走路；穿防滑雪地靴等。

⑤ 观看图片，如果走在雪地上不小心摔倒了，应该怎么办？了解下雪天要注意的安全常识。

伤轻：活动活动。

伤重：尽量保持一个姿势不要动，如果摔伤腿部立即叫大人帮忙送去医院。

(3) 组织幼儿讨论，引导幼儿具备基本的安全意识和自我保护能力。

① 在寒冷的冬天，除了保护自己不摔倒，还要保护自己身体的哪些地方？

② 玩打雪仗和滑冰的时候应该注意什么？

③ 怎样做能够不让自己冻伤？怎样做能够保护自己的手脚、小脸蛋不被冻伤？

④ 如果自己的手脚不小心被冻伤了，应该怎么办？

不要直接泡在热水里；要抹冻伤膏；不破皮的情况下多用手心搓一搓，通过摩擦促进血液循环；回到温暖的屋子里，使手的温度慢慢升高；穿厚的鞋袜；多运动。

⑤ 学习儿歌《雪天安全歌》。

**活动延伸：**

希望小朋友们在下雪天时都能加强自我防护意识，能够安安全全、快快乐乐地度过整个冬天。

（李延萍）

## 文明礼让最重要，乘车安全要记牢（中班）

**活动目标：**

(1) 知道文明礼让，安全乘车的重要性，引发幼儿对乘车安全的重视。

(2) 通过辨识和判断，掌握一些必要的自我保护的方法。

(3) 做文明乘车的小使者，将安全意识进行传递。

**活动重点：**让幼儿知晓安全乘车的重要性。

**活动难点：**让幼儿用语言表达乘车时不规范的行为，并进行分析。

**活动过程：**

1) 提出问题，引发幼儿思考

(1) 小朋友们坐过哪些车？乘车时要注意哪些安全问题呢？

(2) 乘车的时候还应该多注意什么呢？（根据幼儿的回答进行阶段的归纳小结）

(3) 乘坐私家车要注意什么？乘坐公交车要注意什么？

2) 感知、判断、讨论

教师出示反映有关儿童在乘车时不安全行为的图片，引起幼儿判断和讨论。“小朋友们仔细看看，图片上的小朋友是怎样做的？你觉得这样做会有什么危险？”

(1) 出示图片1（把头伸出窗外）。

(2) 出示图片2（把手伸出窗外）。

(3) 出示图片3（没有排队拥挤上车）。

(4) 出示图片4（坐在副驾驶位置）。

(5) 出示图片5（从车中往窗外吐痰或扔废弃物）。

（幼儿观察后，可以分组进行讨论和分享，然后做出自己的判断，进行语言表达。）

3) 巩固乘车安全的重要性

“在乘车时，怎样做才是安全的呢”？（加深学习印象，进行自主表达。）

(1) 再次出示上述图片，让小朋友讲出正确的做法。

(2) 组织幼儿讨论，鼓励幼儿想一想还有哪些办法更安全呢？搜集相关图片（如：乘坐私家车要坐上安全座椅或系好安全带；排队上车；等车停稳了再有序下车；不能随便摆弄车门把手，等等。）

4）延伸活动

（1）活动结束后，教师可进行短阶段的“乘车安全宣传栏”，将相关的图片展示在环境之中，让幼儿能够更好地了解和记忆。

（2）成立“文明安全乘车宣传小分队”：竞选宣传员，到幼儿园周边的公交车站向周围人进行文明礼让、安全乘车的宣传活动。

（3）进行家长与幼儿园之间的协作，和孩子们共同制作文明乘车的宣传小海报，发放给幼儿园的爸爸妈妈们。

（姬媛）

## 我是小小安全员（大班）

**活动由来**：前期幼儿有参观过小学的经验，在活动中了解了校园安全知识，也开展过谈话互动，了解过家庭安全知识。对于交通安全，孩子们也充满了兴趣，提出了很多问题。红绿灯是孩子们比较熟悉的交通安全知识，大班幼儿根据自己的已有经验，已经知道了红灯停，绿灯行的交通规则，但是对于黄灯亮了应该怎么做，孩子们还有不同的意见，于是根据幼儿的兴趣点，选择了孩子们比较熟悉的生活场景，设计了这节安全教育课，使孩子们在自然、宽松、和谐的气氛中学习，通过交流讨论、探索分享，掌握一些必要的交通规则，提高自我保护的能力。

**活动目标**：

（1）初步了解基本的道路交通安全知识，知道信号灯的用途。

（2）能够在活动中体验交通规则的重要性，自觉地遵守交通规则。

**活动重点**：了解并知道黄灯的作用。

**活动难点**：能够自觉地遵守交通规则。

**活动准备**：

（1）物质准备：交通安全红灯、绿灯、黄灯，采访路人小视频，宣传帽，宣传背心，小记者话筒，交通安全书籍，电脑，投影，水彩笔，绘画纸，易拉宝等材料。

（2）经验准备：幼儿了解过有关红绿灯的安全知识，有过当小记者的经验，了解过校园安全知识和家庭安全知识。

**活动过程**：

1）导入活动，引起幼儿兴趣

（1）唱歌引出话题。

教师：老师要写一首关于交通安全宣传的歌，可是怎么也写不下去了。小朋友们可以帮我吗？

（2）观看红绿灯视频。

教师：你们知道红绿灯的作用吗？老师这里有一个小视频，我们来看看视频中的人们遇到红绿灯时是怎么做的呢。

（3）教师小结，引出黄灯。

教师：我们刚刚看了视频，知道了无论是人还是车辆，看到红灯时都应该停下来，看到绿灯亮时才可以通行，但是还有一个灯没有显示，是什么灯呢？

2）展开活动，了解黄灯的作用

（1）观看黄灯视频。

教师：你们在这个视频中发现了什么问题？

教师：你认为黄灯亮的时候应该怎么做？为什么？

（2）分组辩论。

教师：刚刚看了视频，有的小朋友说黄灯亮时是可以通行的，有的小朋友说黄灯亮时是不可以通行的，那咱们分组来讨论一下吧。

（3）观看采访路人视频。

教师：老师也去采访了路人，我们来看看他们是怎么说的。

（4）交警叔叔解答问题。

教师：我们怎样才能知道黄灯亮时应该怎么做呢？

教师：今天老师就给小朋友们请来了交警叔叔为我们解答这个问题。

（5）绘画、唱歌多种形式宣传交通安全知识。

教师：我们怎么能把这个安全小知识让更多的人知道呢？

3）活动延伸

（1）教师同幼儿一起走出校园进行宣传。

（2）针对本次安全主题系列活动对不同人群进行采访。

**活动反思：**

幼儿是弱小的，教会孩子保护自身安全，防止意外事故的伤害，是社会、学校、家庭的责任。而良好的遵守规则的习惯和自我保护能力如同一对孪生姐妹，密不可分。过马路在幼儿的生活中是司空见惯的事情，他们也有各自的生活经验。枯燥无味的讲解肯定不能吸引孩子的注意力，那么如何让孩子对活动始终保持浓厚的兴趣，是设计活动时一直在思考的问题。因为《纲要》中指出：应充分利用自然环境和社区的教育资源，扩张幼儿生活和学习的空间。在充分考虑到身处的环境以及幼儿的年龄特点后设计了这次活动。

在活动开始部分，教师采取别样的形式引出话题，通过唱歌的形式出场，这样的设计更符合幼儿的认知水平。在整个活动的实施过程中，为了能充分挖掘孩子们已有的生活经验。教师通过增加问题的难度，有意识地进行挖掘。如你在视频中发现了什么问题？你认为黄灯亮的时候应该怎么做？孩子们在操作、交流、讨论中，大胆地把自己已有的生活经验讲出来与大家分享，主体性得到了发挥。而且自己寻找答案，并请了交警叔叔告诉孩子们正确的做法，使幼儿的生活经验与知识有机结合、形成互动，加强了孩子们对知识的记忆。活动最后，孩子们把他们知道的安全过马路的知识画成一幅幅宣传画，并通过游戏内化到自己的行动中去，还作为小小宣传员发宣传画，并促使他们督促身边的人遵守规则，真正履行文明小使者的职责。

在信息技术的使用上，编者认为多媒体课件要适量、适度，从孩子的认知特点和发展需要出发，合理地运用信息技术，使教学发挥事半功倍的效果，从而充分激发幼儿的兴趣，调动其积极性，引导幼儿自主思考。

（宋峥）

# 第三节 幼儿园集体出行的安全管理

与幼儿园相关的出行安全，大体分为两类：一类是在幼儿的社会实践活动中，集体出行的安全；另一类是有校车的幼儿园幼儿入园离园环节的安全。

## 一、社会实践活动中的幼儿安全

### 案例 7

2015 年 8 月 26 日上午九点多，在某加油站附近，出门买菜的市民孟女士，看见一名小男孩在路边哭泣，不停地喊着“我要爸爸”，于是孟女士报了警。

公安分局下属派出所民警赶到现场，问小男孩家在哪里？叫什么名字？怎么走丢的？但小男孩一直哭泣，不回答任何问题，最后只说出爸爸姓李，就再也不能透露其他信息。

民警带着小男孩在加油站附近一路打听，没有打听到任何信息，便将小男孩带回派出所，并报告至 110 指挥中心，以便小男孩家长报警，警方可对信息进行比对。可是过了一段时间，派出所仍未接到指挥中心的反馈，民警决定换一种方式帮男孩找家。

在加油站调取监控录像后，民警找到了男孩来的方向，然后顺着这个方向，又调取了多个监控摄像头。最后，民警发现，男孩是从一家幼儿园走失的。

“监控显示，他掉队了，然后就走丢了。”民警说，从发现男孩到送他回幼儿园，持续了近两个小时。而直到这时，幼儿园老师才发现他走丢了。据了解，男孩今年 4 岁，上幼儿园小班。[①]

**案例分析**：案例中的情况是应该避免的，尤其是在幼儿园组织社会实践活动的过程中，要严防幼儿走失，注意各种意外伤害；抓住社会实践活动的契机，开展好安全教育。

### （一）社会实践活动中的幼儿安全管理

在社会实践活动中，加强对幼儿的安全教育，这也是开展幼儿安全教育的一种途径，因为社会实践活动对人力、空间、社会资源有更大的需求和互动，会有更多的安全隐患，需要教师提前对幼儿做好安全教育，园所也要做好整个社会实践活动的方案与安全预案，其中，安全预案中需要体现详细的时间、人员安排、应急处置等信息。下面提供两则安全预案，在第一则安全预案中，大家可以借鉴学习各岗人员的职责、站位等信息，学习组织一次徒步园外活动的预案细节；在第二则安全预案中，大家可以借鉴学习全园性集体活动中的总体规划与走失、踩踏、交通等各种意外事故的预防和应急处理。

---

① 此案例摘自搜狐新闻。

## 案例 8

### 社区远足活动安全预案

时间：2016.9.9 上午 10:00—11:00。

地点：

中班：幼儿园至吉庆里社区。

大班：幼儿园至工人体育馆。

参加人员：中班小朋友：96 人；大班小朋友：87 人，共计 183 人。

班级教师(每班 3 名)；家长代表为每班 2 人；保安为 4 人；行政人员为 6 人(保教 2 人＋安全 1 人＋保健医 2 人＋资料员 1 人)。

过程：

(1) 9:50 中大班幼儿操场集合。

(2) 在赵老师、宋老师的带领下做热身活动：《扭扭跳跳操》《清晨听到公鸡叫》。

(3) 大班先行出发前往工人体育馆北门，路线见附件，中班在嘉汇大厦和吉庆里小区回到幼儿园。

大班人员安排：

大一班：3 位教师＋2 位家长代表＋保教主任＋保安，共计 7 人。

大二班：3 位教师＋2 位家长代表＋后勤主任，共计 6 人。

大三班：3 位教师＋2 位家长代表＋保健医＋保安，共计 7 人。

中班人员安排：

中一班：3 位教师＋2 位家长代表＋保安，共计 6 人。

中二班：2 位教师＋2 位家长代表＋资料员＋李大夫，共计 6 人。

中三班：3 位教师＋2 位家长代表＋保安，共计 6 人。

对教师的要求：

(1) 三位教师为确保幼儿安全分别站在队伍的前、中、后；两位家长及一位保安、一位行政教师在中间进行补位，看护幼儿保证安全，如图 4-2 所示。

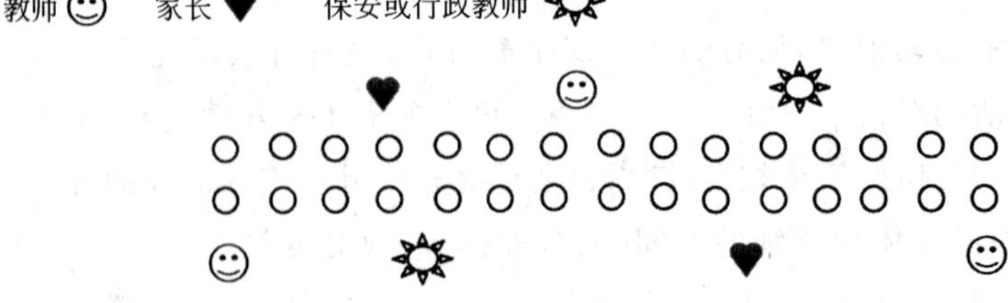


图 4-2 保证幼儿安全的队列

(2) 教师要提前对幼儿进行相关安全教育，提示幼儿不掉队、不推挤等。

(3) 行进过程中，教师要善于观察周围事物，提前做好预防措施。

(北京市朝阳区三里屯幼儿园)

案例 9

## 大型群体活动安全预案

为了切实加强幼儿园大型群体活动安全管理，避免重大安全事故的发生，高效、有序地组织事故抢救工作，最大限度地减少人员伤亡和财产损失，维护正常的教育教学秩序，明确安全事故处理的责任，确保幼儿人身安全不受伤害，制定本预案。

1. 适用范围

适用于幼儿园组织大型群体活动(运动会、集体外出等)的应急处置。

2. 组织机构及职责

(1) 幼儿园大型活动领导小组：

组长：园长。

副组长：副园长、园长助理。

组员：总务主任、保教主任、总务主任助理、教科研主管、保健主管。

(2) 活动领导小组职责：

① 制定大型活动方案和应急预案，明确职责及分工。

② 按规定将活动申请和安全预案上报教委审批。

③ 做好活动前的安全教育和各项准备工作，对每一环节安全措施进行审查。

④ 活动中所有参与人员要按时到位，各司其职。

⑤ 突发意外伤害事件，积极组织人员进行救护，并按规定的时限和程序上报教委保卫科。

3. 防范措施

1) 防拥挤踩踏

(1) 针对大型活动幼儿比较集中的特点，保教部门应将安全责任落实到人。

(2) 园内组织大型活动(包括每周一升国旗、每日早操)，开始和结束时，各班级错开时间段逐次进出楼门和上下楼。

(3) 老师要教育幼儿遵守上下楼梯的规则，不追逐、不打闹、不推搡，注意前后与小朋友之间的距离，养成有序上下楼，轻声、慢步、靠右行的良好行为习惯。

(4) 幼儿集体上下楼梯时，老师站在关键位置进行疏导，发现幼儿有不安全举动及时提醒。

(5) 经常对幼儿和老师进行事故防范教育和训练，提高他们的安全防范意识和自我保护能力。

(6) 总务主任应经常对楼道、楼梯、扶手和照明等设施进行检查，如有松动、缺失、破损等情况立即维修。清除楼梯及楼梯口附近所有障碍物，避免踩踏意外事故发生。

2) 防交通事故

(1) 严格执行《幼儿集体外出管理制度》，租车时应考察其单位的营运资质、车况及驾驶员情况，了解出行线路，提出对车辆的消毒要求，与相关方签订《租车安全管理责任书》。

(2) 带队领导须对各车牌号码进行校对，保证车况良好，坚决杜绝超载现象；老师要

教育幼儿乘车时不要将头手伸出窗外；上下车环节要有专人负责清点幼儿人数。

(3) 防意外伤害，活动前向幼儿讲明游戏规则和注意事项，活动中加强看护，防止幼儿相互追逐打闹造成跌伤、撞伤等伤害事故。

(4) 防幼儿走失。

① 幼儿园大门要保持关闭落锁状态，防止幼儿独自出园；组织外出活动时，要加倍看护，防止幼儿走失。

② 平时教师要结合幼儿年龄特点有计划地对幼儿进行基本的安全知识教育，如：不吃陌生人给的东西，不跟陌生人走，在公共场所不远离成人视线单独活动等，并教给幼儿意外走失时的自救和求救方法，结合实际组织一些防诱骗和走失的模拟演练活动。

4. 应急处理程序

(1) 在集体上下楼梯的时候，一旦有孩子摔倒，现场老师要提醒小朋友们不要拥挤和慌乱，并立即到孩子身边将其扶起。当发现有幼儿摔伤、踩伤情况，在第一时间报告园长和保健医。并由保健医进行妥善处理后，在最短时间内送幼儿到医院救治，及时通知家长，做好安抚工作。

(2) 大型活动领导小组成员要迅速赶到现场，快速疏导现场人员，把幼儿尽快疏散到安全地点，教师要稳定幼儿情绪，避免慌乱。

(3) 组织集体外出活动一旦发生交通事故，应立刻将车上幼儿转移到安全地带，如撤离时车门无法畅通，老师设法用硬器砸车窗玻璃的四个角，以便帮助幼儿从车窗逃生。对受伤的幼儿及时采取救助措施或拨打“120”送医院救治。及时报告园长，通知幼儿家长。

(4) 活动中发现幼儿走失，立即派人寻找，并求助有关方面给予协助。按程序逐级上报，及时通知幼儿家长。

(5) 活动中出现幼儿跌伤、撞伤等意外伤害，应立即采取急救措施。情形严重的，送医院救治，并按程序逐级上报，及时通知幼儿家长。

(6) 在大型活动中，一旦突发安全事件，大型活动领导小组在第一时间按程序向上级部门报告情况，教委24小时值班电话：×××××××；保卫科：××××××××；保健所：×××××××，始终与教委及卫生、公安等部门保持联系，及时寻求相关专业部门援助(“110”“120”、派出所)。将上级指示迅速报告园长。

5. 事故的善后处理

(1) 及时向教委主管部门报告事故的最新情况，特别是幼儿伤亡的情况。

(2) 园领导到医院看望受伤幼儿，协助有关部门处理好治疗、康复和医疗费等敏感问题。

(3) 认真接待好家长，并稳定家长情绪。

(4) 配合相关部门做好事故调查和善后处理工作。

(5) 对幼儿进行心理辅导，消除事件对他们心理的影响。

**附件**：大型群体活动事故应急流程如图4-3所示。

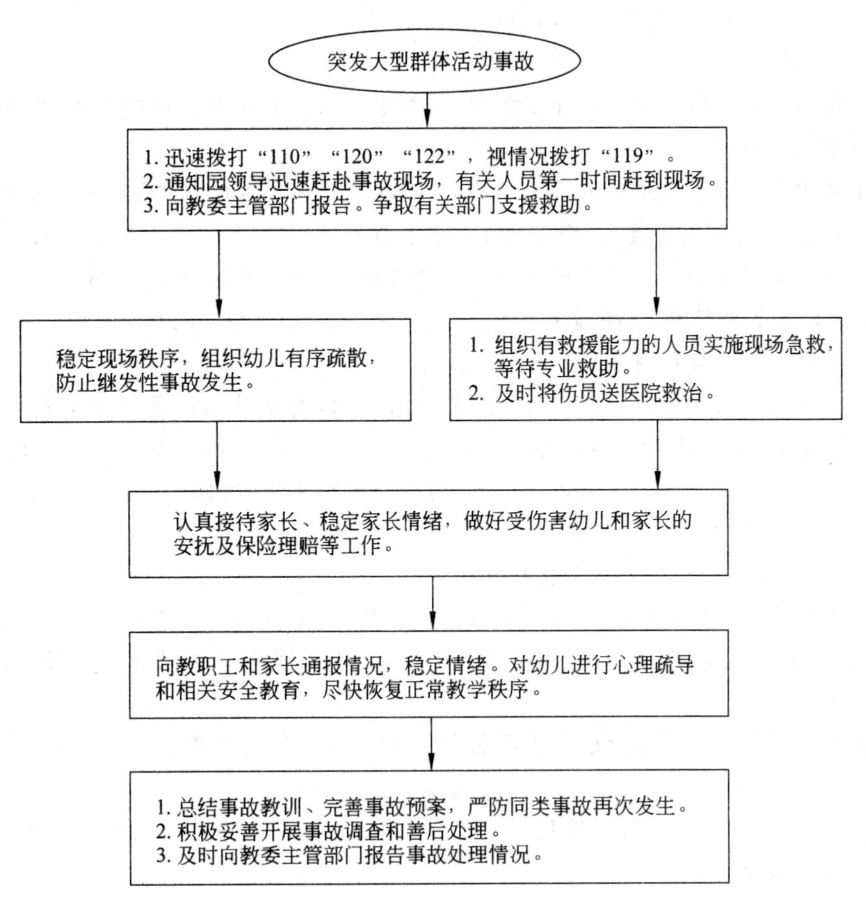


图 4-3　大型群体活动事故应急流程

（北京市朝阳区北辰福第幼儿园）

另外，很多幼儿园还就踩踏、走失、意外伤害等社会实践活动中的各种意外事故，做了专项安全预案，对于意外事故的预防和应急处理有十分重要的价值，下面两则案例供大家参考。

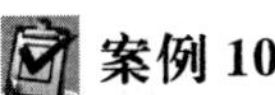

**案例 10**

## 幼儿园预防踩踏安全预案

为加强幼儿园安全管理工作，防止幼儿因外出活动及上下楼梯拥挤发生踩踏或者发生火灾等意外事故，根据我园的安全保卫工作条例，特制定幼儿密集出入时防踩踏措施及《预防幼儿踩踏应急预案》，并自公布之日起实行。

**一、成立处置突发事件的领导小组**

1. 组织机构

为切实加强我园安全保卫工作的领导，成立我园安全保卫工作领导小组，负责组织领导全园的安全保卫工作。

组长：园长。

成员：办公室成员、安全员、各班班长。

2. 机构职责

(1) 加强领导，健全组织，强化工作职责，制定应急预案和落实各项措施，完善工作机制和应急保障系统。

(2) 要识别容易出现踩踏的风险所在，重点防范，运用各种形式，加强对幼儿行为规范教育、安全教育、守秩序教育，增强幼儿的自我保护意识。

(3) 后勤要经常性地对幼儿园教学和生活设施、设备以及场地、房屋和设备进行安全检查，发现隐患要立即整改；要确保走廊、通道的畅通。

(4) 健全幼儿园各项规章制度。

(5) 安全负责人履行值日工作职责，坚守幼儿园，有事外出必须告知其他安全负责人，或请其他负责人代履行值日工作职责。

(6) 资料员印制全园教师通信录，并定期核对电话号码，确保通信录中能有一个电话畅通。班长要在身边常备家长通信录。

3. 教师职责及对幼儿的安全教育要求

(1) 各班班长要经常对幼儿进行文明礼仪教育，教育幼儿上下楼梯时要靠右行，不要拥挤，防止踩踏积压等不安全事故的发生，对有这样行为的幼儿要给予批评教育，责令其改正错误行为。

(2) 上下楼梯的教师要对幼儿上下楼梯故意打闹等不良现象给予制止，防止拥堵现象的发生。

(3) 在活动期间，教室门不得从里锁上，一旦发生拥挤踩踏或者火灾等问题，便于幼儿及时有效地疏散。

(4) 幼儿在经过楼梯发生踩踏等安全事故时，所在教师要及时组织疏导，防止事故进一步扩大。

(5) 一旦发生踩踏等安全事故，值班教师或所在教师要马上报告园长，同时根据伤情拨打 120 急救电话，组织送往最近的医院进行抢救处理。

(6) 每位教师都有责任教育幼儿遵守幼儿园规定，特别是对上下楼道应该注意安全的问题要经常讲，以引起幼儿的高度重视。

**二、应对突发事件处置预案**

发生事故后，目击者要立即向领导小组反映，领导小组立即启动应急预案，所有成员必须立即赶赴现场组织抢救。同时，迅速拨打电话报警并向上级主管部门报告，请求援助。报告应该包括以下信息：事故发生的时间与地点、种类、程度、危害；已采取和准备采取的应急行动。

发生事故后，领导小组按以下原则组织师幼进行紧急疏散。

(1) 发生突发事件后，立即吹哨报警，安全领导小组迅速组织全园师幼疏散逃生。

(2) 具体疏散工作安排。

① 各班班长负责指挥本班幼儿疏散，如正在进行教学活动时由授课教师负责指挥幼儿疏散。

② 按楼层由低到高的顺序依次逃生：一楼幼儿在教师的指导下直接到操场，二楼层

的幼儿成二列纵队依次逃离。

③ 每楼层安排一名教师维持秩序(同消防疏散)。

④ 操场指挥员：各班班长。

⑤ 紧急疏散后集中地点：楼道疏散下来的幼儿按指定线路到操场集合，但不能影响其他班级的通过路线。

**三、疏散要求与注意事项**

(1) 听到幼儿园发出的警报声后，全园师生立即快速、安全进行疏散，不能再收拾物品。

(2) 疏散集合地点：全部幼儿按做操位置在操场集中。

(3) 疏散顺序：教师指挥幼儿按计划安排依次快速、安全下楼，不能抢先下楼，以免发生拥挤踩踏事故。

(4) 疏散过程中如果发生意外伤害，首先进行简单救助，为伤员包扎伤口，然后安排专人进行护理并送到医院救治。

(北京市朝阳区亚运村中心幼儿园)

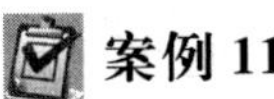

**案例 11**

## 幼儿走失应急处置预案

为有效预防和及时处置幼儿走失事件，强化监管职责，保证在园幼儿的人身安全，制定本预案。

**一、组织机构及职责**

1. 幼儿走失事件应急指挥小组

组长：园长。

组员：副园长、保教主任、总务主任、保健主管。

2. 应急指挥小组职责

接到幼儿走失的信息后，立即组织寻找；及时与家长联系，告知情况；按规定及时向上级汇报；做好善后处理工作。

**二、应急准备**

1. 全面落实安全工作责任制

(1) 园长和副园长、保教主任、总务主任对防范幼儿走失负管理职责，要建立健全幼儿园安全管理规章制度，坚持对教职工进行安全教育和培训，定期进行安全检查和巡视，发现漏洞及时调整。

(2) 教师对班级幼儿安全负监管职责。首先要把好幼儿来园、离园关，与家长手递手交接幼儿。更换接领人，老师与家长电话联系确认后方可将幼儿放行。其次，要保证幼儿在老师的视线范围内活动，各过渡环节老师要认真清点幼儿人数，尤其是集体外出活动，要有专人负责对幼儿人数的统计登记工作。

(3) 校园保安员和门卫人员应严格履行岗位职责，幼儿来园、离园时须站岗观察，严防幼儿自行走出幼儿园大门或冒领幼儿事件的发生。非接送时间段幼儿园大门须保持上锁紧闭状态，全天候开启门口视频监控录像。

2. 对幼儿进行安全教育

教师在教学活动中，要结合幼儿年龄特点有计划地对幼儿进行基本的安全知识教育，如：不吃陌生人给的东西，不跟陌生人走，在公共场所不远离成人视线单独活动等，并教给幼儿在意外走失时的自救和求救的方法，结合实际组织一些防诱骗和走失的模拟演练活动。

3. 搞好家园共育

请家长结合生活实际向幼儿灌输安全知识。让幼儿记住自己家庭的住址、电话号码、父母的姓名和单位等，一旦走失时知道向成人求助，并能提供必要信息。平时带幼儿外出时，尽量给孩子穿鲜艳颜色的衣服，在孩子衣袋里放联系卡。还要随时注意孩子是否在身旁或在视线范围内，切记不要一遇到熟人或感兴趣的事情，就只顾自己聊天或观赏而忘记了孩子，使孩子意外走失。

**三、应急响应**

在园幼儿一旦发生走失事件，按以下程序执行。

（1）班级老师立即报告园长，查看监控录像了解发生的时间和当时情况。

（2）在园长指挥下，保教主任组织带班人员在幼儿园附近及沿大路寻找，同时电话通知家长。如果情况十分严重，拨打“110”报警，请公安部门协助寻找。

（3）园长如实向上级主管部门报告。

（4）副园长接待和安抚幼儿父母和亲属。

**四、善后处理**

（1）如幼儿独自离开幼儿园24小时未找到，确认走失。依照《中华人民共和国侵权责任法》《学生伤害事故处理办法》等相关法律法规的规定，由有关人员承担相应的事故责任。

（2）无论幼儿是否找到，都要按照“四不放过”原则实施内部教育和处理。

① 成立由园长为组长的事件处理小组，查找事件原因，对情况进行分析。

② 事件处理小组对事件进行定性，提出处理意见，提交园务会讨论。

③ 园务会做出处理决定，追究有关人员的责任。

④ 制定和实施纠正与预防措施，弥补工作疏漏。

⑤ 召开教职工大会，通报事件发生的原因和处理决定，进行有关安全教育。

（3）园长向上级教委书面报告事件处理结果。

（4）各班对幼儿进行防走失的安全教育。

（5）事件调查和处理的有关资料由安全管理人员收集、存档。

（北京市朝阳区北辰福第幼儿园）

## （二）做好安全教育，为社会实践活动做准备

为保证集体社会实践活动中的安全，除了幼儿园、班级做好预案，加强管理之外，教师还应该积极开展防走失、防踩踏等方面的教育活动，提高幼儿的安全意识，为快乐、安全的社会实践活动做准备。

## 教学设计

### 防走失安全教育(中班)

**活动目标：**

(1) 知道不接受陌生人东西、不跟陌生人走的原因。

(2) 了解多种走失后救助自己的方法。

(3) 有一定自我保护的能力。

**活动准备：**

(1) 物质准备。不跟陌生人走的小视频；情景剧；图片。

(2) 精神准备。幼儿了解一些防走失的方法，知道走失的后果等。

**活动过程：**

1) 视频导入，激发兴趣

(1) 教师播放视频，激发幼儿兴趣。

(2) 引导幼儿讨论：为什么不能跟陌生人走？

2) 模拟情景，积极讨论

(1) 教师表演事先排练好的情景剧，引发幼儿思考。

(2) 教师引导幼儿讨论：和陌生人走了会怎样？怎样才能不跟爸爸妈妈走失？

(3) 师幼共同进行情景模拟：你在商场里面走失的场景。

(4) 教师引导孩子讨论：在商场里，不小心和家人走失，你该怎么办？

3) 探寻方法，保护自己

(1) 教师出示图片，引发幼儿思考保护自己的方法。

教师：你知道这些方法吗？如果是你，你还可以怎样做？

(2) 引发幼儿小组讨论，集体分享小结。

① 站在原地不要动，不哭不闹。

② 向特定的人求救(警察叔叔、商场保安等)，记住自己爸爸妈妈的电话，请求他们拨打家长的手机号，并与家长通话。

③ 如果没记住爸爸妈妈的电话，要及时拨打“110”，等警察到现场陪你在原地等家长来接你。

④ 警察来后，可以和他在原地等待，让爸爸妈妈来接。

⑤ 可以找到商场里的工作人员，请他帮忙进行寻人广播。

(3) 引导幼儿讨论被陌生人带走后的自救方法。

① 师幼情景表演，引发幼儿思考。

② 幼儿讨论相应自救方法。

4) 学习儿歌，延入生活

胖小子，坐门墩，要带我走可没门。
问我名字还没起，给我吃的我不要。
胖小丫，坐门墩，要带我走可没门。
问我名字还没起，我会保护我自己。

**活动反思：**

这是一节中班的安全教育活动，结合中班幼儿的年龄特点及发展目标，设计了这样一节活动，区别于小班的是中班幼儿除了要知道外出时不跟陌生人走外，还要了解一些防走失的方法和走失后的自救方法。活动通过幼儿喜欢的视频方式导入，激发幼儿兴趣；以形象有趣的情景模拟为途径，引导幼儿在寓教于乐中思考并进行实践演习，增加生活经验；以脍炙人口的儿歌为结束，再次加深幼儿的记忆。活动氛围轻松愉悦，幼儿积极思维解决问题，完成了教育目标，提升了幼儿自我保护的能力。

（姚嘉）

## 二、幼儿园校车安全管理

**案例 12**

### 幼儿园校车事故三则

2014 年 7 月 10 日 17 时许，湖南某幼儿园车牌号为湘 CG××××的校车在运送幼儿回家的途中，违反相关法律超载及不按规定的路线行驶，行至长沙市岳麓区含浦镇干子村石塘水库时，翻入水库，造成车上包括驾驶员在内的 11 人（含 8 名幼儿）全部溺水死亡的重大死亡事故。经调查，事发校车的司机上岗仅几天时间，对校车行驶线路不熟悉，缺乏必要的校车驾驶培训。事故校车为核载 7 人的面包车，而事故发生时校车却搭载了 11 人。多位遇难者家属和村民反映，涉事幼儿园的校车平时就经常超载运行。①

2016 年 9 月 22 日 8 点 39 分左右，商丘市睢县振兴路与泰山路交叉口，某幼儿园的一辆校车与一辆满载货物的货车发生撞击，事故已致 13 人受伤，其中 2 人重伤。②

2016 年 9 月 7 日 8 时许，幼儿园司机张某驾驶私家车将婷婷（化名）从家中接到幼儿园，在幼儿园门前因维修制动而将婷婷遗忘在车内离去，就这样，4 岁的婷婷被遗忘在一辆密闭的私家轿车里，16 时 50 分许，张某发现婷婷被遗忘在车内，随即拨打“120”，将其送至附近医院，婷婷经抢救无效死亡，这辆私家车是婷婷所在的天津市河东区一家幼儿园的“校车”。③

近几年，幼儿园校车安全事故频频发生，对幼儿的生命安全造成了恶劣的影响，为此，加强校车管理是幼儿园安全管理的主要内容之一，必须引起高度重视。下面提供一则校车管理制度，大家可以从中学习为保障幼儿安全的校车管理中的各个细节。

**案例 13**

### 幼儿园校车管理制度

为规范校车接送过程的管理，保障幼儿的人身安全，避免错接、漏接情况的发生，特制订该制度。

(1) 每次车辆出发前，驾驶员需全面检查车辆状况正常后方可出发。校车定时参加

---

①② 此案例摘自百度新闻。

③ 此案例摘自腾讯新闻网。

年检和交管部门规定的审查。驾驶员需带齐所有证照，保证良好的身体状况，不酒后驾驶和疲劳驾驶，不超载驾驶。

(2) 跟车教师必须在乘车前仔细对照乘车名单，与领队教师确认核实当日乘车名单及人数无误后，方可上车。

(3) 如有幼儿因特殊原因更改上、落点或改乘其他线路车辆，家长须于下午3点前通知幼儿园，跟车教师必须在当日记录中做特别说明，以免遗漏。

(4) 跟车教师在跟车过程中，必须对照乘车清单，确认每个站点上、落车的幼儿，并在每个相应的名字后打钩确认。

(5) 跟车教师在跟车结束前，必须对整个车厢进行检查，确认没有一个幼儿被遗留在车上。

(6) 跟车教师在跟车结束后，必须再次检查乘车记录，并在乘车表上签名确认后，再请园长签名，每月底交办公室备案。

(7) 督促校车司机必须保持车辆匀速行驶，遵守交通规则，并避免一切不安全驾驶的行为。

(8) 检查校车司机在接送的路程中是否正确在各站点停靠，无论该站点是否有人上、落。

(9) 提醒校车司机必须在幼儿上车坐稳后，跟车教师示意可以开车后，方可启动车辆前行。

(10) 校车站点及乘车幼儿名单需变更时，由每条线路组织教师提前通知到该车所有跟车人员及司机。

(11) 家长接送幼儿必须出示接送卡，变更接送家长需提前说明，跟车教师不能把孩子交接给陌生人。

## 第四节　幼儿出行意外及处理

幼儿出行尤其是长途旅行，会有意外伤害、车祸、走失等意外事故甚至遭遇地震、台风等强自然灾害，对此应该有一定的预防措施及处理办法，并将这些知识与技能及时传递给家庭，尤其是寒暑假前，可以借助这些信息做好家庭的安全出行教育。

### 与幼儿出行有关的安全注意事项

(1) 成人带着儿童出行，更要认真遵守交通规则，给孩子做好榜样。

(2) 私家车上要给儿童配备专门的安全座椅。不要让儿童坐在副驾驶或配有安全气囊的座位，发生意外事故时，气囊弹出会导致儿童窒息。

(3) 乘坐公共交通外出时，不要让儿童坐在靠近过道的位置，以免儿童因好奇将小手伸出，被过往的乘客或服务车等撞伤。

(4) 日常教授儿童一些交通安全知识，熟悉各种交通信号和标志。不要在街道上和马路上踢球、溜旱冰、追逐打闹以及学骑自行车等。

(5) 在行车过程中，要锁车门及车窗的中控锁，儿童无聊在后座玩耍，可能将头、手伸出窗外，任由儿童去触碰电动车窗是非常危险的，上车后应该马上锁定车门及车窗的中控锁。

(6) 长途旅行要随时携带常用药品，在意外事故发生时做好紧急处理。

(7) 帮助幼儿建立安全意识，外出不随意和陌生人说话，不吃陌生人给的食物。

(8) 让孩子牢记父母电话和报警电话“110”，以便走失时求助，并与孩子协商好，一旦走失去哪些固定地点(如超市、售票处等)等待家人寻找。

## 蜜蜂蜇伤的处理办法

(1) 被蜜蜂蜇了要立刻将毒刺拔掉。因为毒液不是马上就能进入身体的。脱离的毒刺上有个囊袋，蜜蜂死后它还能持续工作将毒液泵入人体内。快速将其拔除，可以减少被注入的毒液量。

(2) 做完以上处理后，可以用大量自来水冲洗，试图稀释带走毒液。

(3) 蜂毒一般有效成分为酸性，因此可以用碱性物质将其破坏。比如用3%氨水、5%碳酸氢钠溶液或肥皂水清洗可降低蜂毒的作用。对黄蜂蜇伤则不用上药而局部涂以醋酸或食醋。

(4) 可在伤口周围涂南通蛇药或在下列草药中任选一种捣烂外敷，如紫花地丁、半边莲、七叶一枝花、蒲公英等。

(5) 如果情况严重，请立即就医。

## 昆虫进入耳、眼、鼻的处理办法

### 1. 昆虫进入耳道

(1) 用酒精或油类液体滴入外耳道内，将进入的昆虫淹死，再固定住儿童耳朵用耳镊将其取出，然后用棉签擦净耳道即可。

(2) 用此方法难以取出昆虫时，应立即送医院处理。

### 2. 昆虫飞入眼内

(1) 紧闭双眼，适度揉搓眼睛，有些小的飞虫会被揉出。

(2) 如果飞虫没有被揉出，家人可以翻开儿童的眼睑，让儿童向下看，用消过毒的棉签轻轻地将飞虫拨去。

(3) 如果还不能取出，千万不要去动它，用一块消毒的纱布垫盖在儿童受伤的眼睛上，并用纱布或布条加以固定，立即就医。

### 3. 昆虫飞入鼻内

(1) 迅速揉捏鼻子，阻止昆虫深入，然后快速擤鼻涕，用气流把昆虫喷出。

(2) 上述办法无效，可用1%丁卡因将其麻醉后再用鼻钳取出。

(3) 情况严重者就近就医。

## 思考题

（1）在参与幼儿园组织的集体春游活动中，你认为在乘车、游玩过程中应该注意哪些事项，请你制订一份班级春游预案。

（2）假如你要给孩子做“交通规则”的教育，你想通过哪些途径开展？

# 第五章
# 幼儿园公共卫生安全管理与教育

### 学习目的

掌握幼儿园公共卫生突发事件的应对措施。

### 学习重点

幼儿园食品安全、传染病预防等事件的预防与安全教育。

### 引 言

幼儿园公共卫生类突发事件主要包括食品安全、传染性疾病等。在本章，给大家详细介绍幼儿园食品安全管理与教育、传染病预防与宣传教育等内容。

## 第一节　公共卫生安全管理相关政策法规及其落实

幼儿阶段是人一生中身体发育和机能发展极为迅速的时期，也是形成安全感和乐观态度的重要阶段，为有效促进幼儿身心健康发展，成人应为幼儿提供合理均衡的营养，保证充足的睡眠和适宜的锻炼，满足幼儿身心发展的需要。需要格外注意的是，幼儿身心发育尚未成熟，需要成人的精心呵护和照顾。

在幼儿发展阶段，“健康”是幼儿发展最重要的目标和最关键的领域，这在《幼儿园教育指导纲要（试行）》《3～6岁儿童学习与发展指南》等教育部颁布的纲领性文件中就可以感受到，“健康”被放在一切发展的首位。

幼儿园公共卫生关乎每一名幼儿的身心健康，关系到每一个家庭的幸福生活，因此被高度重视，各级政府颁布了相应法律、法规，规范幼儿园公共卫生工作。

在 2003 年 9 月 5 日北京市人民代表大会常务委员会公告的第 10 号文件《北京市中小学生人身伤害事故预防与处理条例》的第二章第七条中明确提出："卫生行政部门应当对学校的教育教学设施、教学用具、食品和饮用水的卫生状况依法进行监督和检查，指导学校改进卫生工作。公安机关应当维护学校治安秩序，打击危害校园安全的违法犯罪活动，指导和监督学校做好校内防火和安全保卫工作。规划、建设、质量监督等有关行政部门应当在各自职责范围内做好相关的学校安全工作。"

学习这些文件是做好幼儿园公共卫生工作的基础，在本章开篇，为大家提供最全面、最权威的《托儿所幼儿园卫生保健管理办法》，在系统的学习中，希望大家了解标准、规范，为深入幼儿园工作打好基础。

## 小贴士

### 托儿所幼儿园卫生保健管理办法[①]

第一条　为提高托儿所、幼儿园卫生保健工作水平，预防和减少疾病发生，保障儿童身心健康，制定本办法。

第二条　本办法适用于招收 0～6 岁儿童的各级各类托儿所、幼儿园(以下简称"托幼机构")。

第三条　托幼机构应当贯彻保教结合、预防为主的方针，认真做好卫生保健工作。

第四条　县级以上各级人民政府卫生行政部门应当将托幼机构的卫生保健工作作为公共卫生服务的重要内容，加强监督和指导。

县级以上各级人民政府教育行政部门协助卫生行政部门检查指导托幼机构的卫生保健工作。

第五条　县级以上妇幼保健机构负责对辖区内托幼机构卫生保健工作进行业务指导。业务指导的内容包括膳食营养、体格锻炼、健康检查、卫生消毒、疾病预防等。

疾病预防控制机构应当定期为托幼机构提供疾病预防控制咨询服务和指导。

卫生监督执法机构应当依法对托幼机构的饮用水卫生、传染病预防和控制等工作进行监督检查。

第六条　托幼机构设有食堂提供餐饮服务的，应当按照《食品安全法》《食品安全法实施条例》以及有关规章的要求，认真落实各项食品安全要求。

食品药品监督管理部门等负责餐饮服务监督管理的部门应当依法加强对托幼机构食品安全的指导与监督检查。

第七条　托幼机构的建筑、设施、设备、环境及提供的食品、饮用水等应当符合国家有关卫生标准、规范的要求。

第八条　新设立的托幼机构，招生前应当取得县级以上地方人民政府卫生行政部门指定的医疗卫生机构出具的符合《托儿所幼儿园卫生保健工作规范》的卫生评价报告。

各级教育行政部门应当将卫生保健工作质量纳入托幼机构的分级定类管理。

第九条　托幼机构的法定代表人或者负责人是本机构卫生保健工作的第一责任人。

① 2010 年 3 月 1 日经卫生部部务会议审议通过，并经教育部同意，自 2010 年 11 月 1 日起施行。

第十条　托幼机构应当根据规模、接收儿童数量等设立相应的卫生室或者保健室，具体负责卫生保健工作。

卫生室应当符合医疗机构基本标准，取得卫生行政部门颁发的《医疗机构执业许可证》。

保健室不得开展诊疗活动，其配置应当符合保健室设置基本要求。

第十一条　托幼机构应当聘用符合国家规定的卫生保健人员。卫生保健人员包括医师、护士和保健员。

在卫生室工作的医师应当取得卫生行政部门颁发的《医师执业证书》，护士应当取得《护士执业证书》。

在保健室工作的保健员应当具有高中以上学历，经过卫生保健专业知识培训，具有托幼机构卫生保健基础知识，掌握卫生消毒、传染病管理和营养膳食管理等技能。

第十二条　托幼机构聘用卫生保健人员应当按照收托150名儿童至少设1名专职卫生保健人员的比例配备卫生保健人员。收托150名以下儿童的，应当配备专职或者兼职卫生保健人员。

第十三条　托幼机构卫生保健人员应当定期接受当地妇幼保健机构组织的卫生保健专业知识培训。

托幼机构卫生保健人员应当对机构内的工作人员进行卫生知识宣传教育、疾病预防、卫生消毒、膳食营养、食品卫生、饮用水卫生等方面的具体指导。

第十四条　托幼机构工作人员上岗前必须经县级以上人民政府卫生行政部门指定的医疗卫生机构进行健康检查，取得《托幼机构工作人员健康合格证》后方可上岗。

托幼机构应当组织在岗工作人员每年进行1次健康检查；在岗人员患有传染性疾病的，应当立即离岗治疗，治愈后方可上岗工作。

精神病患者、有精神病史者不得在托幼机构工作。

第十五条　托幼机构应当严格按照《托儿所幼儿园卫生保健工作规范》开展卫生保健工作。

托幼机构卫生保健工作包括以下内容：

（一）根据儿童不同年龄特点，建立科学、合理的一日生活制度，培养儿童良好的卫生习惯；

（二）为儿童提供合理的营养膳食，科学制定食谱，保证膳食平衡；

（三）制订与儿童生理特点相适应的体格锻炼计划，根据儿童年龄特点开展游戏及体育活动，并保证儿童户外活动时间，增进儿童身心健康；

（四）建立健康检查制度，开展儿童定期健康检查工作，建立健康档案。坚持晨检及全日健康观察，做好常见病的预防，发现问题及时处理；

（五）严格执行卫生消毒制度，做好室内外环境及个人卫生。加强饮食卫生管理，保证食品安全；

（六）协助落实国家免疫规划，在儿童入托时应当查验其预防接种证，未按规定接种的儿童要告知其监护人，督促监护人带儿童到当地规定的接种单位补种；

（七）加强日常保育护理工作，对体弱儿进行专案管理。配合妇幼保健机构定期开展儿童眼、耳、口腔保健，开展儿童心理卫生保健；

（八）建立卫生安全管理制度，落实各项卫生安全防护工作，预防伤害事故的发生；

（九）制订健康教育计划，对儿童及其家长开展多种形式的健康教育活动；

（十）做好各项卫生保健工作信息的收集、汇总和报告工作。

第十六条　托幼机构应当在疾病预防控制机构指导下，做好传染病预防和控制管理工作。

托幼机构发现传染病患儿应当及时按照法律、法规和卫生部的规定进行报告，在疾病预防控制机构的指导下，对环境进行严格消毒处理。

在传染病流行期间，托幼机构应当加强预防控制措施。

第十七条　疾病预防控制机构应当收集、分析、调查、核实托幼机构的传染病疫情，发现问题及时通报托幼机构，并向卫生行政部门和教育行政部门报告。

第十八条　儿童入托幼机构前应当经医疗卫生机构进行健康检查，合格后方可进入托幼机构。

托幼机构发现在园（所）的儿童患疑似传染病时应当及时通知其监护人离园（所）诊治。患传染病的患儿治愈后，凭医疗卫生机构出具的《健康证明》方可入园（所）。

儿童离开托幼机构3个月以上应当进行健康检查后方可再次入托幼机构。

医疗卫生机构应当按照规定的体检项目开展健康检查，不得违反规定擅自改变。

第十九条　托幼机构有下列情形之一的，由卫生行政部门责令限期改正，通报批评；逾期不改的，给予警告；情节严重的，由教育行政部门依法给予行政处罚：

（一）未按要求设立保健室、卫生室或者配备卫生保健人员的；

（二）聘用未进行健康检查或者健康检查不合格的工作人员的；

（三）未定期组织工作人员健康检查的；

（四）招收未经健康检查或健康检查不合格的儿童入托幼机构的；

（五）未严格按照《托儿所幼儿园卫生保健工作规范》开展卫生保健工作的。

卫生行政部门应当及时将处理结果通报教育行政部门，教育行政部门将其作为托幼机构分级定类管理和质量评估的依据。

第二十条　托幼机构未取得《医疗机构执业许可证》擅自设立卫生室，进行诊疗活动的，按照《医疗机构管理条例》的有关规定进行处罚。

第二十一条　托幼机构未按照规定履行卫生保健工作职责，造成传染病流行、食物中毒等突发公共卫生事件的，卫生行政部门、教育行政部门依据相关法律法规给予处罚。

县级以上医疗卫生机构未按照本办法规定履行职责，导致托幼机构发生突发公共卫生事件的，卫生行政部门依据相关法律法规给予处罚。

第二十二条　小学附设学前班、单独设立的学前班参照本办法执行。

第二十三条　各省、自治区、直辖市可以结合当地实际，根据本办法制定实施细则。

第二十四条　对认真执行本办法，在托幼机构卫生保健工作中做出显著成绩的单位和个人，由各级人民政府卫生行政部门和教育行政部门给予表彰和奖励。

第二十五条　《托儿所幼儿园卫生保健工作规范》由卫生部负责制定。

第二十六条　本办法自2010年11月1日起施行。1994年12月1日由卫生部、原国家教委联合发布的《托儿所、幼儿园卫生保健管理办法》同时废止。

附件1～附件4见下文。

附件 1

## 儿童入园(所)健康检查表

<table>
<tr><td>姓名</td><td colspan="2"></td><td>性别</td><td colspan="2"></td><td>年龄</td><td></td><td>出生日期</td><td>年 月 日</td></tr>
<tr><td>既往病史</td><td colspan="9">1. 先天性心脏病 2. 癫痫 3. 高热惊厥 4. 哮喘 5. 其他</td></tr>
<tr><td>过敏史</td><td colspan="5"></td><td colspan="3">儿童家长确认签名</td><td></td></tr>
<tr><td rowspan="6">体格检查</td><td>体重</td><td>kg</td><td>评价</td><td></td><td>身长(高)</td><td>cm</td><td>评价</td><td></td><td>皮肤</td></tr>
<tr><td rowspan="2">眼</td><td>左</td><td rowspan="2">视力</td><td>左</td><td rowspan="2">耳</td><td>左</td><td rowspan="2">口腔</td><td>牙齿数</td><td></td></tr>
<tr><td>右</td><td>右</td><td>右</td><td>龋齿数</td><td></td></tr>
<tr><td>头颅</td><td></td><td>胸廓</td><td colspan="2"></td><td>脊柱四肢</td><td></td><td>咽部</td><td></td></tr>
<tr><td>心肺</td><td></td><td>肝脾</td><td colspan="2"></td><td>外生殖器</td><td></td><td>其他</td><td></td></tr>
<tr><td colspan="9"></td></tr>
<tr><td rowspan="2">辅助检查</td><td colspan="2">血红蛋白(HB)</td><td colspan="3"></td><td colspan="2">丙氨酸氨基转移酶(ALT)</td><td colspan="2"></td></tr>
<tr><td colspan="2">其他</td><td colspan="7"></td></tr>
<tr><td>检查结果</td><td colspan="4"></td><td colspan="2">医生意见</td><td colspan="3"></td></tr>
</table>

医生签名： 检查单位：
体检日期： 年 月 日(检查单位盖章)

附件 2

## 儿童转园(所)健康证明
(留存单)

<table>
<tr><td>儿童姓名</td><td></td><td>性别</td><td></td><td>出生日期</td><td>年 月 日</td></tr>
<tr><td>离园日期</td><td colspan="2"></td><td colspan="2">转入新园名称</td><td></td></tr>
<tr><td>既往病史</td><td colspan="2"></td><td colspan="2">目前健康状况</td><td></td></tr>
<tr><td>家长签名</td><td colspan="5"></td></tr>
</table>

卫生保健人员签名： 转出单位：
日期： 年 月 日(转出单位盖章)

备注：自儿童离园之日起有效期 3 个月。

附件 3

## 托幼机构工作人员健康检查表

<table>
<tr><td>姓名</td><td></td><td>性别</td><td></td><td>年龄</td><td></td><td>婚否</td><td></td><td>编号</td><td></td><td rowspan="4">照片</td></tr>
<tr><td>单位</td><td colspan="3"></td><td>岗位</td><td colspan="3"></td><td>民族</td><td></td></tr>
<tr><td>既往病史</td><td colspan="9">1. 肝炎 2. 结核 3. 皮肤病 4. 性传播疾病<br>5. 精神病 6. 其他受检者确认签字：</td></tr>
<tr><td colspan="2">身份证号</td><td colspan="8"></td></tr>
<tr><td rowspan="2">体格检查</td><td>血压</td><td colspan="3"></td><td>心肺</td><td colspan="2"></td><td colspan="2">肝脾</td><td></td></tr>
<tr><td>皮肤</td><td colspan="3"></td><td>五官</td><td colspan="2"></td><td colspan="2">其他</td><td></td></tr>
</table>

续表

<table>
<tr><td rowspan="3">化验检查</td><td>丙氨酸氨基转移酶（ALT）</td><td></td><td>滴虫</td><td></td></tr>
<tr><td>淋球菌</td><td></td><td>梅毒螺旋体</td><td></td></tr>
<tr><td>外阴阴道假丝酵母菌（念珠菌）</td><td></td><td>其他</td><td></td></tr>
<tr><td colspan="2">胸片检查</td><td colspan="3"></td></tr>
<tr><td colspan="2">其他检查</td><td colspan="3"></td></tr>
<tr><td>检查结果</td><td colspan="2"></td><td>医生意见</td><td></td></tr>
<tr><td colspan="5">医生签名：　　检查单位：<br>体检日期：　　年　月　日（检查单位盖章）</td></tr>
<tr><td colspan="5">备注：1. 滴虫、外阴阴道假丝酵母菌指妇科检查项目；<br>2. 胸片检查只限于上岗前及上岗后出现呼吸系统疑似症状者；<br>3. 凡体检合格者，由健康检查单位签发健康合格证。</td></tr>
</table>

附件 4

**托幼机构工作人员健康合格证**

一、《托幼机构工作人员健康合格证》使用期 3 年，每年经体检合格后，由检查机构签发 1 次。

二、《托幼机构工作人员健康合格证》应妥善保存，如有遗失，应重新检查，并申请补发。

中华人民共和国卫生部监制

托幼机构工作人员健康合格证

<table>
<tr><td>姓名</td><td></td><td>性别</td><td></td><td rowspan="3">照<br>片</td></tr>
<tr><td>年龄</td><td></td><td>婚否</td><td></td></tr>
<tr><td>岗位</td><td></td><td>民族</td><td></td></tr>
<tr><td colspan="2">工作单位</td><td colspan="3"></td></tr>
<tr><td colspan="2">身份证号</td><td colspan="3"></td></tr>
</table>

<table>
<tr><td>年度</td><td>年度</td></tr>
<tr><td>体检结果<br>医生签名<br>年　月　日</td><td>体检结果<br>医生签名<br>年　月　日</td></tr>
<tr><td>检查单位盖章</td><td>检查单位盖章</td></tr>
<tr><td>年度</td><td>年度</td></tr>
<tr><td>体检结果<br>医生签名<br>年　月　日</td><td>体检结果<br>医生签名<br>年　月　日</td></tr>
<tr><td>检查单位盖章</td><td>检查单位盖章</td></tr>
</table>

# 第二节　幼儿园食品安全管理与教育

本节详细介绍食品安全的制度、预案等食品安全的管理以及开展食品安全的教育活动，提高教师的安全意识，并帮助幼儿建立合理饮食、健康生活的良好习惯。

## 一、幼儿园食品安全工作管理

**案例 1**

**食物中毒引发幼儿园停办①**

2015 年 3 月 7 日，天津市某幼儿园 140 余名儿童陆续出现高烧、腹痛、腹泻、呕吐等症状。目前，仍有 22 名患儿在市儿童医院接受治疗。东丽区卫生局表示，事件确定为食物中毒，来源于幼儿园晚餐中的蛋炒饭及圆白菜。由于该幼儿园未取得“民办幼儿园办园许可证”，存在饮食、疾病传染等安全隐患，在 2015 年 3 月 14 日被责令停办。

食物中毒泛指因为进食了受污染食物、致病细菌、病毒又或寄生虫、化学品、天然毒素等感染了的食物，进而引发的疾病。如上述案例，食物中毒对幼儿身心健康有严重的影响，严重者会危及生命。而且，厨房涉及水、电、煤气的使用，是幼儿园安全防范的重地，因此，各级管理机构对此高度重视，幼儿园管理中，对食品安全工作有明确的制度，并严格落实，谨防意外事故发生，且有翔实的预案，以防不测。

### （一）明确关键岗位的岗位责任制

幼儿园中，保健医与食堂工作人员是与食品安全密切相关的岗位，这两个岗位工作人员责任清晰、落实到位，是幼儿园食品工作安全的保障。

**案例 2**

**保健部门食品安全责任书**

为保证幼儿及教师的身体健康，确保我园食品安全；同时为我园的各项工作得以顺利地开展，特分层签订此责任书。

（1）负责研究调配和改善幼儿及教师伙食，建立和健全食品安全制度，并指导检查督促制度的落实。

（2）负责组织教职工进行入园及定期体检，做好从业人员健康证的存档工作。

（3）负责食品安全的宣传及对炊事员、保育员、教师的食品安全培训工作。

（4）负责指导采购人员的食品购进、验收工作，严把食品进货渠道。

（5）负责指导采购人员、卫生员、教师按各岗位职责及各岗位安全制度做好卫生保健和各环节的消毒工作。

---

① 案例选自中国青年网。

(6) 负责指导炊事员、保育员严格按要求做好饭菜的发放工作。

(7) 负责指导教师培养幼儿良好的卫生习惯及控制幼儿用餐时限。

(8) 负责食品数量、质量入库登记,做到先进先出。食品分类摆放,定期清扫。做好防“四害”工作。

(9) 做好食品添加剂的登记工作。

(10) 树立高度责任意识,自觉遵守食品卫生法,确保我园全体幼儿及教职员工的食品饮食安全。

第一负责人:×××

第二负责人:×××

责任人:××× ×××

(北京市朝阳区福怡苑幼儿园)

### 案例 3

#### 炊事员岗位安全责任制

(1) 按要求参加年度体检和《食品安全法》培训,持合格证上岗。

(2) 严格执行《食品安全法》,保持食堂的清洁卫生,规范操作,防止食物中毒和肠道传染病的发生。

(3) 做好炊具、餐具的清洗和消毒工作。

(4) 加强库房管理,不采购、不制作、不给幼儿吃腐败变质的食物。

(5) 禁止生人和无关人员进食堂,严防传染病流行,炊事人员如有传染病应及时调离。

(6) 按操作规程正确使用炊事机械,发现问题及时报修。

(7) 随时检查水、电、天然气的安全,发现泄漏及时处理。

(8) 按规定时间报账、账目清楚、手续齐全。严格遵守财务制度。

(9) 下班前认真检查各项安全措施的落实情况。

(兵器工业机关服务中心幼儿园)

## (二) 建立应急预案

食品安全问题关乎幼儿的身体健康甚至生命安全,一旦发生,后果不堪设想。因此,在严防的情况下,还必须有防患未然的举措,把意外引起的伤害降到最低。下面两则案例是关于食物中毒与水污染的应急预案,可供参考学习。

### 案例 4

#### 幼儿园食物中毒应急预案

按照上级有关部门关于处理学校突发事件的要求,在认真做好幼儿园食品进货、加工、消毒、留样等工作的基础上,尽最大可能防止食物引起的中毒事件的发生,保障师生身体健康和生命安全,维护社会稳定,特制定本预案。

**一、工作原则**

树立“责任重于泰山，安全第一”的思想，抓平时，敲警钟，以防为主，统一领导，分级负责，措施果断，快速反应，高效处置。

**二、组织管理**

园长负总责，亲自抓，后勤具体负责，切实加强领导，成立食品安全工作领导小组，具体负责幼儿园食品安全工作。成立群体性食物中毒处置领导小组，一旦发生群体性食物中毒，立即启动应急预案，处置领导小组协调开展工作。

食品安全工作领导小组

组长：×××（园长）

副组长：×××、×××（副园长）

组员：办公室人员

食物中毒处置领导小组

组长：×××（园长）

副组长：×××、×××（副园长）

组员：保健医、各班班长

**三、食物中毒事件发生的应急处理预案**

幼儿园本着为全园师生员工健康的目的出发，在加强学校常规管理的同时，加强对食堂卫生工作管理，一旦发生幼儿非正常中毒或疑似食物中毒事故，立即采取以下措施。

(1) 立即停止食堂的生产活动，并于1小时内向中小学保健所和朝阳区卫生防疫站报告。

(2) 以最快速度将中毒人员送往中日医院，并及时拨打急救中心电话“120”请求救助，积极配合协助卫生机构救助病人。

(3) 封存造成食物中毒或者可能导致食物中毒的食品及其原料、工具、设备和现场，无关人员不允许到操作间或留样处。

(4) 组织教师组成陪护人员队伍，安排本单位人员负责陪护，无关人员未经批准不准到医疗单位探视，以免影响治疗秩序。

(5) 配合卫生行政部门进行调查，按卫生行政部门的要求如实提供有关材料和样品。

(6) 落实卫生行政部门要求采取的其他措施，把事态控制在最小范围。

(7) 根据领导要求，分别向上级主管部门和市防疫部门报告事态进一步发展的详细情况。

**四、注意事项**

(1) 稳定师生情绪，要求各类人员不以个人名义向外扩散消息，以免引起不必要的混乱。

(2) 如有个别家长来园探视，事件处置领导小组做好家长的思想工作和接待工作。

(3) 事故发生后，要注意维护正常的学习秩序和工作秩序，广大教师要做好食物中毒人员的思想工作。

(4) 如有新闻媒体要求采访，必须经园领导同意，未经同意，任何个人不得接受采访，

以避免报道失实。

(5) 事件发生后，立即采取紧急措施，未经允许，一切外来人员禁止入园。

**五、事故报告、处置联系电话**

朝阳区中小学保健所：××××××××

亚运村街道办事处：××××××××

亚运村医院地段保健科：××××××××

急救中心：120

（北京市朝阳区亚运村中心幼儿园）

### 案例 5

## 水污染应急处理安全预案

**一、适用范围**

本预案适用于幼儿园内的生活用水、饮用水污染突发事件。

**二、领导小组**

组长：×××(园长)

成员：×××、×××(同时为幼儿园突发公共卫生事件报告人)

职责：全面负责指挥协调突发事件处置工作

**三、事故应急处理**

(1) 幼儿园发生生活用水、饮用水污染事件，立即停止生活用水、饮用水的供应。如幼儿出现身体不适，带班教师立即通知保健室并向园长报告。

(2) 保健医、园领导接警后，迅速到达现场，领导小组听取汇报情况，并进行现场抢救指挥。保健医依据幼儿病情实施现场救治或立即将幼儿送往医院。

(3) 有关人员按电话联系册即刻通知幼儿家长，在合法监护人尚未到场时，紧急情况下由园方工作人员协同“120”急救人员将幼儿送往医院。

(4) 组织由保健医、后勤人员、保教人员组成的陪护队伍，具体负责陪护事宜。

(5) 迅速上报服务中心综合办(××××××××)，并由其协调解决供应幼儿园临时性用水。同时根据事件性质，报告人及时上报当地派出所(××××××××)、地段保健科(××××××××)以及海淀教委学前科(××××××××)、海淀卫生局(××××××××)。

(6) 保留水样、装置容器、设备，保护现场，协同有关部门调查取证。

(7) 园领导、保教人员共同稳定幼儿情绪，做好家长工作，维护园内正常的生活秩序和工作秩序。

(8) 配合相关部门进行事件的调查处理、善后处理工作，努力维护幼儿、家长利益，保证社会稳定。

**四、幼儿园对水污染突发事件的预防办法**

(1) 幼儿园必须保证幼儿享有足量、卫生的饮用水。

(2) 指定专人负责幼儿园饮水安全管理工作。

(3) 指定专人对幼儿园使用的供水设备进行维护和保养。

(4) 制定幼儿园水污染突发事件的应急处理办法。

(5) 幼儿园严格执行卫生监督管理的相关要求。

(兵器工业机关服务中心幼儿园)

## 小贴士

### 轻微食物中毒的症状与应对[①]

食物中毒者最常见的症状是剧烈的呕吐、腹泻,同时伴有中上腹部疼痛。食物中毒者常会因上吐下泻而出现脱水症状,如口干、眼窝下陷、皮肤弹性消失、肢体冰凉、脉搏细弱、血压降低等,最后可致休克。食物中毒分很多不同类型。

**一、轻微食物中毒症状**

1. 轻微食物中毒症状 1

沙门氏菌食物中毒时,可表现为高热、恶心、呕吐、腹痛、腹泻水样便等,重者可出现抽搐和昏迷,抢救不及时可致死亡。常因进食被细菌污染的肉、蛋、水产品,特别是病死的牲畜肉而引起。

2. 轻微食物中毒症状 2

副溶血性弧菌食物中毒,发病急,发热不高,也有呕吐、腹痛、腹泻,多在一周内恢复。生食鱼蟹或进食被细菌污染的肉、咸蛋、咸菜等均可引起中毒。

3. 轻微食物中毒症状 3

葡萄球菌肠毒素食物中毒,主要表现为恶心、呕吐、腹痛、腹泻等,特别是呕吐较严重。常因进食被细菌污染的奶制品、肉制品、剩饭等引起。

4. 轻微食物中毒症状 4

肉毒中毒是肉毒梭菌毒素中毒的简称,在细菌性食物中毒中最为严重。发病有其特点,除头晕、头痛、恶心、呕吐等症状外,主要表现为视物模糊、复视、眼睑下垂、睁眼困难、吞咽困难、声音嘶哑等。

**二、轻微食物中毒应对**

1. 催吐

如果服用时间在 1～2 小时,可使用催吐的方法。立即取食盐 20g 加开水 200mL 溶化,冷却后一次喝下,如果不吐,可多喝几次,迅速促进呕吐。亦可用鲜生姜 100g 捣碎取汁用 200mL 温水冲服。如果吃下去的是变质的荤食品,则可服用十滴水来促使迅速呕吐。有的患者还可用筷子、手指或鹅毛等刺激咽喉,引发呕吐。

2. 导泻

如果病人服用食物时间较长,一般已超过 2～3 小时,而且精神较好,则可服用些泻药,促使中毒食物尽快排出体外。一般用大黄 30g 一次煎服,老年患者可选用元明粉 20g,用开水冲服,即可缓泻。对老年体质较好者,也可采用番泻叶 15g 一次煎服,或用开水冲服,也能达到导泻的目的。

---

① 此信息来源于人民网人民健康频道。

3. 解毒

如果是吃了变质的鱼、虾、蟹等引起的食物中毒，可取食醋 100mL 加水 200mL，稀释后一次服下。此外，还可采用紫苏 30g、生甘草 10g 一次煎服。若是误食了变质的饮料或防腐剂，最好的急救方法是用鲜牛奶或其他含蛋白的饮料灌服。

### （三）加强对食品安全工作的监督检查

食品安全各项制度的落实必须与定期检查与不定期抽查结合在一起，周期不同，检查的内容也不同，在此，为大家提供三份食品安全工作检查表，分别是年度食品安全卫生检查表（表 5-1）、每周食品安全检查表（表 5-2）、幼儿园每日安全巡检工作记录（食品安全）（表 5-3），大家可以对照学习，在检查内容的差异中理解食品安全工作。

**表 5-1　年度食品安全卫生检查表**

| 检查项目 | 检查内容 | 结果（合格/不合格） | 整改期限 |
|---|---|---|---|
| 组织制度建设 | 是否建立了以园长为第一责任人的食品安全责任制 | | |
| | 是否有食品安全管理机构并配备专（兼）职食品安全管理人员 | | |
| | 是否落实了食品安全责任制度，明确各环节、各岗位从业人员责任 | | |
| | 是否定期检查食品安全工作并有记录 | | |
| 许可证情况 | 餐饮服务许可证是否在有效期内 | | |
| 食堂环境 | 环境是否定期清洁，并保持良好 | | |
| | 是否具有消除老鼠、蟑螂、苍蝇和其他有害昆虫的防护措施 | | |
| | 是否具有足够的通风、排烟设备 | | |
| 从业人员健康管理 | 是否建立了从业人员健康管理制度 | | |
| | 从业人员是否都取得了健康合格证明 | | |
| | 从业人员健康合格证明是否都在有效期内 | | |
| | 炊事人员患有有碍食品安全疾病时，是否及时离岗，就医治疗 | | |
| 落实索票索证制度 | 采购食品原材料及调料，是否进货查验、索证索票并记录台账 | | |
| | 库存食品是否在保质期内，原料贮存是否符合食品安全要求 | | |
| | 是否存在国家禁止使用或来源不明的食品原料、食品添加剂及食品相关产品 | | |
| 清洗消毒 | 食堂是否配备有效洗涤消毒设施且数量满足实际需要 | | |
| | 是否有餐饮具专用保洁设施 | | |
| | 炊事人员是否掌握基本消毒知识 | | |
| | 餐饮具消毒效果是否符合相关要求 | | |

续表

| 检查项目 | 检查内容 | 结果（合格/不合格） | 整改期限 |
| --- | --- | --- | --- |
| 食品加工制作管理 | 贮存食品原料的场所、设备设施是否保持清洁 | | |
| | 是否存放有毒、有害物品及个人生活物品 | | |
| | 是否使用超过保质期限、腐败变质等影响食品安全的食品 | | |
| | 原料清洗是否彻底，加工制作过程是否生熟分开，是否存在交叉污染 | | |
| | 豆浆等食品是否烧熟煮透 | | |
| | 是否具有留样设备，留样设备是否正常运转，是否按规定留样 | | |
| 食品添加剂情况 | 是否使用食品添加剂 | | |
| 检查人员： | | 检查日期： | |

（兵器工业机关服务中心幼儿园）

**表 5-2 每周食品安全检查表**

| 项目 | 检查内容 | 分值 | 得分 |
| --- | --- | --- | --- |
| 采购 | 从正当渠道进货，采购食品要求供方提供食品流通许可证复印件（检验合格证书），进货验收进行登记 | 5 | |
| | 不得采购腐败变质、霉变生虫、有毒有害、污染不洁、有异味、无标识或《食品安全法》第 28 条所规定的禁止经营的食品 | 5 | |
| 储存 | 食品库房整洁，食品存放隔墙离地、分类存放，不存放非食品及有毒有害物品 | 5 | |
| | 库房及操作间内无超过保质期或腐败变质食品或无标识食品 | 5 | |
| | 冷藏设施正常运转，熟食冰箱保持在－4℃左右，带外包装熟食不准进熟食库。生鱼、肉类库短期（10d）保存需要在－6～－10℃；长期保存（一个月以上）时，要在－18 ℃以下 | 5 | |
| 加工过程 | 食堂内各种标识醒目、准确（冰箱、水池、食品容器、工用具等） | 5 | |
| | 原料、成品、半成品食品工用具、容器、储藏设施分开 | 5 | |
| | 加工过程中水产品、肉禽、蔬菜食品水池、刀具、案板、容器分开 | 5 | |
| | 从业人员掌握基本卫生知识，按规定着装，上班不戴戒指、耳环，男不留长发，女发不披肩，化妆淡而大方。无不良卫生习惯（抓头发、剪指甲、掏耳朵、伸懒腰、剔牙、揉眼睛、打哈欠等）及有碍食品卫生疾病 | 5 | |
| | 不得食用剩饭菜 | 5 | |
| | 食品烧熟蒸透、中心温度大于 70℃ | 5 | |
| | 水果使用专用容器清洗 | 5 | |

续表

| 项目 | 检查内容 | 分值 | 得分 |
|---|---|---|---|
| 消毒 | 消毒设施正常运转，消毒程序正确。化学消毒达到规定的消毒浓度、时间，物理消毒按消毒器械说明书执行 | 5 | |
| | 已消毒和未消毒餐具分开存放、餐具保洁柜定期消毒 | 5 | |
| | 热力消毒餐具光、洁、涩、干 | 5 | |
| 环境卫生 | 废弃物容器密闭、外观清洁，做到不暴露、不积压、不外溢 | 5 | |
| | 洗手及烘干设备运转正常（操作间、更衣室） | 5 | |
| | 食堂内外环境整洁、无积水、无瓷砖脱落及霉斑 | 5 | |
| | 防蝇、防鼠、防尘设施有效（包括纱门、纱窗、挡鼠板、粘鼠板、防鼠网等） | 5 | |
| | 加工用设备、设施工具清洁，无油污、积尘 | 5 | |

存在的问题：

改进及处理结果：

| 检查人员签字： | 检查日期： |
|---|---|

（兵器工业机关服务中心幼儿园）

**表 5-3　幼儿园每日安全巡检工作记录（食品安全）**

责任部门：后勤部门　　责任人：后勤主任　　巡检人员：×××、×××

巡检日期：　　年　月　日　　巡检人员签字：

| 巡检内容 | 巡检时间 | 巡检地点 | 存在问题 | 解决措施 |
|---|---|---|---|---|
| 全体保教人员是否健康上岗及幼儿健康状况 | | | | |
| 食品留样是否齐全 | | | | |
| 库房是否有临界食品、过期食品 | | | | |
| 食品采购送货是否合格 | | | | |
| 食堂人员正确使用电器设备情况 | | | | |
| 食堂人员食品制作过程是否规范 | | | | |
| 食堂分餐、清洗消毒餐具是否规范 | | | | |
| 班级晨间卫生扫除及消毒情况 | | | | |
| 班级毛巾、水杯消毒情况 | | | | |
| 班级户外活动安全情况 | | | | |

要求：(1) 巡检人员每天定时对所主管部门工作进行巡查，并认真填写巡检记录；

(2) 每天下午 5:30 之前通过微信群将巡检情况报告园长（重点是发现的问题和解决措施），出现问题第一时间向园长报告；

(3) 园长定期对巡查情况进行抽查检查，对存在和排查的安全隐患及不安全因素及时清理，出现问题第一时间向主管部门报告。

（北京市朝阳区泛海幼儿园）

## 二、幼儿食品安全教育

从小给幼儿树立正确的食品安全意识，让幼儿建立正确的饮食观念，是食品安全教育的目的，对于幼儿而言，不吃街边摊、学会看食品的包装、认识垃圾食品等，从点点滴滴做起，建立饮食观念、培养饮食习惯。下面提供三则教学设计供大家参考。

## 教学设计

### 干净食物人人爱（小班）

**活动由来**：大街上，各式各样的小吃也越来越多。孩子们也越来越不注意饮食卫生，经常会吵着要吃路边摊上的食物，虽然可以饱餐一顿，但是吃完后经常会闹肚子，引发各种肠胃病。为了让孩子们更加深刻地了解并做到饮食卫生，我设计了这次活动。

**活动目标**：

(1) 知道基本的饮食卫生常识：餐前要认真洗净双手，生食瓜果须洗净去皮，不吃街头小吃。

(2) 初步有良好的个人卫生习惯。

**活动准备**：

(1) 洗干净的苹果一只，水果刀一把。

(2) 洗净去皮苹果每人一小块，放在干净盘内。

**活动重点**：知道基本的饮食卫生常识。

**活动难点**：培养幼儿良好的个人卫生习惯。

**活动过程**：

(1) 教师完整讲述故事，请幼儿认真听。

有一天幼儿园放学了，妈妈来接洋洋回家。路上，洋洋的肚子饿了，他吃了路边摊上的羊肉串。回到家洋洋一把抓起桌上的苹果又吃了起来。吃了羊肉串和苹果以后，洋洋的肚子开始疼了，好难受呀！妈妈带洋洋去了医院。医生告诉洋洋：路边摊位上的小吃不干净，不能吃；没有洗、没有削皮的水果也不能吃。洋洋听了医生的话，从那以后，洋洋再也不吃路边摊上的东西了，肚子也不再疼了。

(2) 讨论“为什么肚子疼？”

① 教师：你们知道为什么洋洋吃了羊肉串和苹果会肚子疼吗？引导幼儿回答。

② 教师：你们都吃过苹果，说一说你们在家里是怎么吃苹果的呢？

小结：路边的羊肉串有的没有烤熟，有的沾满灰尘和细菌，脏兮兮的很不卫生，不能买。所以洋洋吃了才会肚子疼的。苹果要清洗之后才能吃，有的水果还要削皮吃。

(3) 讨论还有哪些类似的东西不能吃。

① 教师：我们来想一想，还有哪些东西吃多了会肚子疼、不舒服呢？

幼：冰冻的东西。

② 教师：嗯，说得真好。像冰激凌这些比较冷的东西我们也要少吃，吃多了会拉肚子的。

③ 教师：还有路边摊上的小水饺、糖葫芦也不能吃，那个也很脏。还有油炸的东西，

比如油条、炸鸡块也不能多吃。

(4) 幼儿示范洗苹果。

① 吃苹果前要把苹果洗干净,老师为大家准备了几个苹果,请几个小朋友帮忙去洗干净。

② 提醒幼儿洗苹果的时候要冲洗整个苹果上下几遍,并用小手抹去皮上的脏东西。

③ 洗完苹果,老师削去苹果皮,供大家品尝。

(杨森)

## "包装袋上的秘密"(中班)

**活动由来**:由于幼儿园小朋友对食品安全知识的缺乏和生活习性等原因,常有因吃了一些不卫生、腐败变质或有毒有害的食物而造成生命危险的事故发生。因此,食品安全问题被凸显在幼儿安全教育的重要位置上来。针对幼儿食品安全的现状,紧扣《幼儿园教育指导纲要》,本次活动我设计了"包装袋上的秘密",旨在增强幼儿辨清劣质食品,防患食品安全,提升自我保护的能力。

**活动目标**:

(1) 引导幼儿观察食品包装袋上各种各样的标志,了解食品包装标志的简单常识,初步学会识别某些食品包装标志。

(2) 通过观察、比较,了解包装袋的作用及不同种类。

(3) 激发幼儿对食品标志的兴趣,初步培养幼儿的环保意识。

**活动准备**:家长协助收集各种食品包装袋;PPT课件、各种标志的图片;场景布置——食品包装展览会。

**活动重点**:认识食品包装袋上的主要标志,增强环保意识。

**活动难点**:理解各种标志的含义。

**活动过程**:

(1) 导入环节,创设情境,参观食品包装展览会。

教师:小朋友们,你们好!欢迎大家来到食品包装展览会,在这里,你将会看到很多漂亮的食品包装袋,请大家自由参观,但是请你在参观的时候仔细观察一下,你都看到了哪些食品?它的包装袋上都有什么?

教师组织幼儿观察食品包装袋。

引导幼儿运用已有经验进行讲述,介绍自己认识的包装袋。

(2) 观看PPT展开活动,认识食品包装袋上的主要标志,理解其中标志的含义,认识各种各样的包装袋,了解他们的作用及种类。

教师:我们为什么要使用包装袋呢?没有包装袋会怎么样?

① 教师引导幼儿了解包装袋的作用。

② 出示各种材料、款式各不同的包装袋,让幼儿了解包装袋的不同种类。

教师:原来包装袋的种类有这么多,可真有趣呀。

幼儿自主探索并寻找包装袋上的秘密。

教师:今天老师给小朋友带来了许多包装非常精美的小食品,在食品的包装袋上,还藏有很多的小秘密,你们每个人拿一样找一找,看谁发现的秘密最多。

① 幼儿观察食品包装袋。

教师：你从包装袋上发现了什么？它能告诉我们什么？除了图片和文字以外还有什么呀？

② 幼儿自主探索，并将自己的发现跟同伴交流。

引导幼儿认识食品包装袋上的各种标志。

① 出示质量安全标志：请小朋友找一找你的包装上有没有这个标志。

提问：谁认识这个标志？谁知道质量安全标志是什么意思？

小结：包装袋上有这个标志的食品，说明它是经过国家严格安全检验的、合格的产品。在选择食品时我们一定要选择有质量安全标志的食品，这样的食品才可以安全食用。

② 出示绿色食品标志：请小朋友找一找你的包装上有没有这个标志。

提问：谁知道这是什么标志？什么样的食品是绿色食品？

③ 幼儿讨论，说出绿色食品标志的大致形状。

小结：绿色食品的标志由特定的图形来表示。绿色标志图形由三部分构成：上方的太阳、下方的叶片和蓓蕾。标志图形为正圆形。绿色食品不是指绿颜色的食品，而是安全、无污染的食品，对身体非常有益，人们可以放心食用。

④ 出示生产日期和保质期：请小朋友找一找你的包装上有生产日期和保质期吗？

提问：生产日期告诉我们什么？

小结：去商店买食品时，我们首先要看这个食品有没有过期，千万不要买过期食品。

⑤ 出示可回收标志。

教师：哪些包装材料是可以回收的？

小结：可回收的材料经过加工处理还可以制造出新的产品，这些都属于可回收的。

⑥ 出示环保标志：提醒人们保护环境，不乱丢垃圾。

小结：要想选择安全的食品，首先要看它有没有质量安全标志或绿色食品标志，如果没有绿色食品标志，有质量安全标志也是可以的。然后还要看生产日期、保质期，没过期的食品才可以安全食用。

给食品包装袋上贴标志。

教师：食品加工厂刚生产出来一些食品，还没有贴标志呢，请小朋友帮忙想一想，这些食品包装袋上该贴哪些标志呢？

① 幼儿之间相互交流、讨论，并操作。

② 教师跟幼儿一起检验结果是否正确。

组织幼儿讨论：白色污染的危害。

教师："小朋友们，这些包装袋给我们的生活带来了方便，但有些包装袋也给环境带来了白色污染，请你说一说，什么包装袋给我们带来了白色污染？白色污染是白色的吗？它们是怎么破坏环境的？"

① 播放白色污染环境的图片，教师小结：塑料袋方便而我们却不提倡使用，因为塑料袋很难降解，不利于环境的保护。

② 请幼儿说一说应该如何保护环境。

如购买食品时，要选择有绿色食品标志、可回收标志的，不使用塑料袋，要使用环保手提袋，同时争当一个环保小卫士，告诉家长也要这样做。

(3) 结束活动，教师评出食品安全小卫士。

**活动反思：**

如图5-1和图5-2所示。今天，我们开展了以"食品安全"为主题的教育活动。各班利用图片、实物、游戏、课件等形式，直观、生动、形象地介绍了各类食品的质量安全标志，同时让幼儿实际操作，查找食品标志、生产日期、保质期、商标等，孩子们自主辨别过期、伪劣、变质等不合格食品，切实增强了孩子们辨别真伪的能力。

图5-1　绿色食品

图5-2　教师与幼儿讨论

活动开始，采用游戏形式，让幼儿主动探索、寻找日常食品中带有安全标志的物品，并让幼儿自主地说出自己带来的物品上食品安全标志的位置。体现《纲要》理念，发展幼儿语言表达能力。活动中，通过观看PPT、图片等食品安全标志，使幼儿在大脑中形成表象，并让幼儿通过观察、思维、想象，自主做出判断，丰富幼儿食品安全知识，从小培养食品安全意识。

通过此次活动，幼儿的食品卫生安全常识进一步得到普及。孩子们懂得了食品安全

标志的重要性，知道了不洁食品及垃圾食品对人体的伤害，不买街头无照无证商贩出售的各类食品等常识，增强了幼儿的自我防护意识，有利于良好的饮食卫生习惯养成。

总之，在整个教育活动中，坚持面向全体、尊重、关注每个幼儿，给所有幼儿提供开放的环境，和他们一同探索。始终做幼儿的支持者、参与者、引导者、合作者。丰富了幼儿的食品安全知识，提高了自我保护能力。当然，活动也存在一些不足，如对中班年龄的特点把握不到位，活动难度稍有些偏大。在引导幼儿自主探索、互助合作方面的能力有待进一步提高等。

（任艺）

## 食品安全记心间（大班）

**活动由来**："民以食为天"，食品卫生和安全是与我们日常生活息息相关的话题，随着近年来一个个触目惊心的食品安全问题频频曝光，让我们更加担心孩子们的饮食健康。要让幼儿了解购买食品时应该注意的事项；通过探索，了解食品包装袋上的生产日期、保质期；知道食品的保质期关系到身体健康，培养幼儿的安全意识。认识生活中的健康食品和垃圾食品，懂得吃健康食品才有益身体健康。

**活动目标**：

（1）知道购买食物时要看包装上的保质期，了解生产日期和保质期的用途。

（2）会寻找食品包装上的生产日期和保质期，懂得保质期关系到身体健康。

（3）能区分健康食品和垃圾食品，知道要吃健康食品才能保证身体健康。

**活动准备**：故事 PPT、各种食品（保质期内、过期食品）水果、蔬菜。

**活动过程**：

（1）故事引入，请幼儿观看故事 PPT。

结合故事内容提问：妈妈为什么不让小黄鸭随便买食物呢？小黄鸭买的牛奶出现了什么问题？在超市里面购买食品的时候，应该注意什么问题呢？

鼓励幼儿思考：怎样才能知道食物是否过期？

观察感知，学习寻找各种食品包装上的生产日期和保质期。

幼儿分组共同寻找各种食品包装上的生产日期和保质期，并可以说出具体日期。

（2）教师带领幼儿进行总结：一般情况下，饮料的保质期在瓶口上、盒子包装的保质期在盒子底部、口袋食品的保质期在口袋边上。

（3）寻找与发现过期食物，了解过期食物对人体的伤害，知道不购买包装有问题的食品。

① 出示日历，教师带领幼儿将过期食物的保质期与日历上的日期作比较。

② 引导幼儿懂得超过保质期日期的食品就是过期食品，不能购买也不能食用。

③ 发现食品包装漏气，包装没有封口的食品，请幼儿说一说这样包装的食品可以购买吗？为什么？

④ 教师总结，并提醒幼儿在购买食品时一定要看保质期，检查食品包装是否有问题。

（4）了解健康食品和垃圾食品。

请幼儿观看 PPT，了解健康食品和垃圾食品都有什么，鼓励幼儿不吃垃圾食品。

教师带领幼儿一同总结食品安全的知识，提醒幼儿要记住：在购买食品时，除了要看清食品的生产日期和保质期，还要选购包装完好的食品。为了保证身体健康小朋友要吃健康食品，不要吃垃圾食品。

（周超）

值得一提的是，关于食品安全的教育更多的是在日常活动中，例如在每餐开餐前教师或值日生报菜名的时候介绍营养，在指导幼儿进餐的过程中培养良好习惯，在带领孩子春游的时候介绍如何读懂食品包装……

幼儿教育更多的是养成教育，在一日生活中的点点滴滴中。

# 第三节 传染病预防及宣教

**案例6**

**诺如病毒在武汉多所幼儿园传播**①

2016年12月，武汉市多家幼儿园的幼儿出现腹泻、呕吐症状，一些家长怀疑是食物中毒引起。昨日，《楚天都市报》记者从武汉市疾病预防控制中心获悉，经过调查和取样检测，结果显示，发病原因是一种常见病毒——诺如病毒。

疾控专家表示，每年的11月至次年的4月，是诺如病毒高发期。该病毒来得快去得也快，可防可控。患儿感染诺如病毒后，需要立即在家隔离。如果症状不重，即使不经过治疗，一般两三天也可自行恢复健康；若症状进行性加重，则需就医治疗。

**案例分析**：幼儿园是人口密集的场所，因为幼儿在园游戏、用餐、睡觉，所以如上述案例所述，传染病的传播甚至肆虐时有发生，为了保障幼儿的安全，幼儿园在管理上、日常教育上做了很多工作，以促进幼儿养成良好的卫生习惯、生活习惯，提升自我保护能力，促进身体健康。

## 一、传染病的基本常识

做好传染病的预防工作，必须了解传染病的基本常识——传染病的特点、类型、预防与治疗等，在这些知识的基础上，科学管理，有效预防。

### （一）传染病的基本概念

**1. 什么是传染病**

传染性疾病就是人们常说的传染病，是许多疾病的总称，它是由病原体引起的，能在人与人、动物与动物或人与动物之间相互传染的疾病。最常见的如流行性感冒、乙肝、细菌性痢疾、流脑、结核病、急性出血性结膜炎（红眼病）等。

**2. 传染病的分类**

《中华人民共和国传染病防治法（2013修订版）》中把传染病分甲、乙、丙三类。

甲类传染病：鼠疫、霍乱。

① 此案例摘自《楚天都市报》。

乙类传染病：传染性非典型肺炎、艾滋病、病毒性肝炎、脊髓灰质炎、人感染高致病性禽流感、麻疹、流行性出血热、狂犬病、流行性乙型脑炎、登革热、炭疽、细菌性和阿米巴性痢疾、肺结核、伤寒和副伤寒、流行性脑脊髓膜炎、百日咳、白喉、新生儿破伤风、猩红热、布鲁氏菌病、淋病、梅毒、钩端螺旋体病、血吸虫病、疟疾。

丙类传染病：流行性感冒、流行性腮腺炎、风疹、急性出血性结膜炎、麻风病、流行性和地方性斑疹伤寒、黑热病、包虫病、丝虫病，除霍乱、细菌性和阿米巴性痢疾、伤寒和副伤寒以外的感染性腹泻病。

**3. 传染病的特点**

传染病具有以下四个特点。

(1) 传染性。传染病的病原体可以从一个人经过一定的途径传染给另一个人。每种传染病都有比较固定的传染期，在此期间病人会排出病原体，污染环境，传染他人。

(2) 有免疫性。大多数患者在疾病痊愈后，都会产生不同的免疫力。

(3) 可以预防。传染病在人群中流行，必须同时具备三个基本条件：传染病、传播途径和易感人群。缺少其中任何一个，传染病都流行不起来。通过控制传染源、切断传染途径、增强人的抵抗力等措施，可以预防传染病的发生和流行。

(4) 有病原体。每一种传染病都有它特异的病原体，包括微生物和寄生虫。比如水痘的病原体是水痘病毒，猩红热的病原体是溶血性链球菌。病原体有细菌、病毒、真菌、原虫、蠕虫。

## （二）幼儿园常见传染病

在此部分，详细介绍诺如、手足口、水痘、流感等传染性疾病的症状、传播途径、预防、治疗等信息，便于教师参考并采取措施预防与应对。教师还可以在某种传染病的高发时期，把以下内容宣传给家庭，提高家庭的防范意识与应对能力。家园携手，共同为幼儿的身体健康保驾护航。

**1. 诺如病毒①感染**

1) 什么是诺如病毒

诺如病毒，又称为脓融病毒，是一种引起非细菌性急性胃肠炎的病毒，可略写为 NV。感染诺如病毒后最常见的症状是腹泻、呕吐、恶心，或伴有发热、头痛等症状。儿童患者呕吐、恶心多见，成人患者以腹泻为多，呕吐少见。病程一般为 2～3 天，此病是一种自限性疾病，恢复后无后遗症。

诺如病毒感染性腹泻在全世界范围内均有流行，全年均可发生感染，感染对象主要是成人和学龄儿童，寒冷季节呈现高发。该病毒在全球广泛分布，资料显示，在中国 5 岁以下腹泻儿童中，诺如病毒检出率为 15%左右，血清抗体水平调查表明中国人群中诺如病毒的感染也十分普遍。

2) 诺如病毒感染的症状

(1) 发病时间：潜伏期为 24～48 小时，一般不超过 96 小时。

(2) 病程发展。临床表现与其他病毒性胃肠炎相似，起病突然，主要症状为发热、恶

---

① 此知识来自于太平洋亲子网，有改动。

心、呕吐、痉挛性腹痛及腹泻。可单有呕吐或腹泻,亦可先吐后泻,故也称为诺如病毒感染性腹泻。

成人腹泻较突出,儿童呕吐较多。粪便呈黄色稀水便,每日数次至十数次不等,无脓血与黏液。可伴有低热、咽痛、流涕、咳嗽、头痛、肌痛、乏力及食欲减退。

病程长及病情较重者排毒时间也较长,传染性可持续到症状消失后两日。本病免疫期短暂,可反复感染。

(3) 诺如病毒感染检查。实验室检查便常规多无异常,培养无致病菌生长。发病后24~48小时大便做免疫电镜检查,可见病毒颗粒。

3) 诺如病毒传播途径

诺如病毒的感染全年均可发生,尤以冬季较多。而人类是唯一已知的宿主。传染源为该病的患者、隐性感染者及健康携带者。主要传播途径是粪口传播。此外,日常生活接触也可引起该病的传播。

传播途径主要有:①感染性食物中毒和传染性胃肠炎;②生食海贝类及牡蛎等水生动物;③非细菌性急性胃肠炎患者的呕吐物及粪便,或者干燥之后通过尘埃感染。

4) 诺如病毒感染的预防

(1) 切断传播途径,病毒性腹泻的主要传播途径为"粪—口"传播,传染源多为轻型病人或无症状携带者,故主要预防措施是做好食品和饮水工作,加强病人、密切接触者及其直接接触环境的管理等工作,积极切断疾病的传染途径。

(2) 控制传染源,已经发病的学生要隔离治疗,暂停上课,应该在家休息,直到症状消失3天后才回校,以免将疾病传染给同学。对病人、疑似病人的吐泻物和污染过的物品、厕所等进行消毒。

(3) 避免病从口,不吃生冷食品和未煮熟煮透的食物,尤其是禁止生食贝类等水产品;对一些放置时间较久的冷菜最好少吃或不吃,饮用水煮开才喝,不要喝生水。

(4) 抓好饮食卫生,严格执行《中华人民共和国食品卫生法》,特别要加强对饮食行业(包括餐厅、个体饮食店、学校周边饮食摊档等)、农贸集市、集体食堂等的卫生管理。食物加工者要严格注意个人卫生,一旦发病立即调离工作岗位。

(5) 彻底煮熟食物,避免进食未经彻底煮熟的食物。在超过80度高温环境中达30秒,诺如病毒便会死亡。因此,注意彻底煮熟食物,尤其是海产和贝壳类食物,便可预防。

(6) 健康教育,加强以预防肠道传染病为重点的宣传教育,提倡喝开水,不吃生的半生的食物,尤其是禁止生食贝类等水产品,生吃瓜果要洗净,饭前便后要洗手、养成良好的卫生习惯。

(7) 个人性的预防措施,锻炼身体,提高机体抵抗力。

注意个人卫生,勤洗手,防止病毒病原体的感染。

不吃生冷食品和未煮熟煮透的食物,减少到校外的餐厅就餐,特别是无牌无证的街边小店。

流行季节,少去人多的公共场所,杜绝传染渠道,减少感染机会。

家中有腹泻病人时,应积极治疗病人,并适当地隔离。

一有情况,立刻就诊,并报告所在单位、社区。

5）如何处理诺如病毒感染物

诺如病毒感染病人呕吐物/溢出粪便污染地方的处理方式：①安排其他人士远离被污染的地方；②在整个清理呕吐物的过程中，须戴上手套及口罩；③如果呕吐和腹泻发生的附近范围有未覆盖好的食物，应丢弃所有食物；④清理弄脏的床单和衣服前应先将固体污秽物移除，接着浸在1：49稀释家用漂白水（1份含5.25%次氯酸钠的家用漂白水加入49份清水中）内30分钟，然后才清洗。若未能实时浸洗，便应把它们放置在密封的袋内，并尽快处理；⑤用即弃抹布由外至内抹去呕吐物/溢出粪便，然后用1：49稀释家用漂白水（1份含5.25%次氯酸钠的家用漂白水加入49份清水中）清洗及消毒受污染的地方表面及附近广泛地方（最好消毒从呕吐物/粪便溢出边缘起2米内的范围），尤其是经常接触的地方，如门把手、扶手等；让漂白水在污染的地方表面停留15～30分钟，令病毒变成不活跃，然后再以清水清洗，并让表面自然风干；⑥切勿以拖把清理呕吐物；⑦完成消毒后，必须把清洁用具浸泡在1：49稀释家用漂白水（1份含5.25%次氯酸钠的家用漂白水加入49份清水中）30分钟，然后彻底冲洗才可再次使用；⑧所有清理工作完毕后，必须彻底洗手。

6）诺如病毒感染的治疗。

感染诺如病毒吃什么药？目前尚无特效的抗病毒药物，也没有可用于预防的疫苗，出现呕吐、腹泻主要是靠对症治疗或支持疗法。

（1）口服补液盐：轻症患儿口服WHO推荐的口服补液盐。严重病例，尤其是幼儿及体弱者应及时输液，纠正水、电解质、酸碱平衡失调。

（2）日常护理：应注意患者的饮食卫生，多吃新鲜、易消化、含钙高的食品，多喝水，少吃高脂肪食品，少吃冷食，同时注意患儿的保暖，并少去人群过于集中的公共场所。

（3）预防脱水：虽然此病大部分可以自行恢复，但医生提醒，脱水是诺如病毒感染性腹泻的主要死因，对严重病例尤其是幼儿及体弱者应及时输液或口服补液，以预防脱水、酸中毒及电解质紊乱。

（4）营养治疗：腹泻营养治疗原则是饮食上进行调整，停止进食高脂肪和难以消化的食物，以减轻胃肠负担，逐渐恢复消化功能，补充维生素和电解质对因治疗，切忌滥用抗生素。

**2. 手足口病**①

1）什么是“手足口”

手足口病是由多种人肠道病毒引起的常见传染病，以婴幼儿发病为主。大多数患儿症状轻微，以发热和手、足、口腔等部位的皮疹或疱疹为主要特征。少数患儿可能会出现中枢神经系统、呼吸系统损害，引发无菌性脑膜炎、脑炎、急性弛缓性麻痹、神经源性肺水肿和心肌炎等，个别重症患儿病情进展快，容易发生死亡。

少年儿童和成人感染后大多数不会发病，但能够传播病毒。引起手足口病的肠道病毒包括肠道病毒71型和A组柯萨奇病毒、埃可病毒的某些血清型。

① 摘自太平洋亲子网，有删减。

2) 手足口病的发病原因

引起手足口病的病原体主要为小RNA病毒科、肠道病毒属的柯萨奇病毒A组的2、4、5、7、9、10、16型等,B组的1、2、3、4、5型等;肠道病毒71型;埃可病毒等,其中以肠道病毒71型和柯萨奇病毒A16型较为常见。

肠道病毒适合在湿、热的环境下生存与传播,对乙醚、去氯胆酸盐等不敏感,75%酒精和5%来苏亦不能将它灭活,但对紫外线和干燥敏感。各种氧化剂(高锰酸钾、漂白粉等)、甲醛、碘酒都能灭活病毒。病毒在50℃可以被迅速灭活,但1moL浓度二价阳离子环境可以提高病毒对热灭活的抵抗力,病毒在4℃可以存活1年,在−20℃可以长期保存,在外环境中病毒可以长期存活。

3) 手足口病症状

(1) 一般症状表现,急性起病,潜伏期3～5天,有低热、全身不适、腹痛等前驱症。口腔黏膜出现散在疼痛性粟粒至绿豆大小水疱,手、足出现斑丘疹、疱疹,初起为斑丘疹,后转变为疱疹,圆形或椭圆形,3～7mm如米粒大小,较水痘皮疹为小,质地较硬,周围有红晕,疱内液体较少,在灰白色的膜下可以见到点状或片状的糜烂面。皮疹消退后不留瘢痕或色素沉着,如有继发感染常使皮肤损害加重。

除了手足口外,也可以在臀部及肛门附近,偶尔看到在躯干和四肢出现疱疹,数天后干涸、消退,皮疹无瘙痒,无疼痛感。

个别孩子可出现泛发性丘疹、水疱,伴发无菌性脑膜炎、脑炎、心肌炎等,可伴有咳嗽、流涕、食欲不振、恶心、呕吐、头痛等症状。

部分病例仅表现为皮疹或疱疹性咽峡炎。全病程约5～10天,多数可自愈,预后良好,无后遗症。

(2) 重症病例表现,少数病例(尤其是小于3岁者)可出现脑炎、脑脊髓炎、脑膜炎、肺水肿、循环衰竭等。

呼吸系统表现为:呼吸浅促、困难,呼吸节律改变,口唇发绀,口吐白色、粉红色或血性泡沫液(痰),肺部可闻及痰鸣音或湿罗音。

神经系统表现为:精神差、嗜睡、头痛、呕吐、易惊、肢体抖动、无力或瘫痪;查体可见脑膜刺激征、腱反射减弱或消失;危重病例可表现为频繁抽搐、昏迷、脑水肿、脑疝。

循环系统表现为:面色苍白,心率增快或缓慢,脉搏浅速、减弱甚至消失,四肢发凉,指(趾)发绀,血压升高或下降。

4) 手足口病传播途径

(1) 传播方式,手足口病传播方式多样,以通过人群密切接触传播为主。病毒可通过唾液、疱疹液、粪便等污染的手、毛巾、手绢、牙杯、玩具、食具、奶具以及床上用品、内衣等引起间接接触传播;患者咽喉分泌物及唾液中的病毒可通过飞沫传播;如接触被病毒污染的水源,亦可经水感染;门诊交叉感染和口腔器械消毒不合格亦是造成传播的原因之一。

(2) 易感人群,人群对引起手足口病的肠道病毒普遍易感,感染后可获得免疫力。由于不同病原型别感染后抗体缺乏交叉保护力,因此,人群可反复感染发病成人大多已通过隐性感染获得相应抗体,因此,手足口病的患者主要为学龄前儿童,尤以≤3岁年龄组发病率最高。据国外文献报道,每隔2～3年在人群中流行一次。

(3) 流行方式,手足口病分布极广泛,没有严格的地区性。四季均可发病,以春夏季多见,冬季的发病较为少见。手足口病流行期间,幼儿园和托儿所容易发生集体感染。家庭也有此类发病集聚现象。医院门诊的交叉感染和口腔器械消毒不严格,也可造成传播。此病传染性强,传播途径复杂,流行强度大、传播快,在短时间内即可造成大流行。

5) 手足口病治疗

(1) 普通病例治疗,加强隔离:避免交叉感染,适当休息,清淡饮食,做好口腔和皮肤护理。

对症治疗:发热、呕吐、腹泻等给及相应处理。

病因治疗:选用利巴韦林等。

(2) 重症病例治疗,请到医院接受治疗,遵医嘱配合。

6) 手足口病如何护理

(1) 隔离,一旦发现感染了手足口病,应及时就医,避免与外界接触,一般需要隔离2周。患者用过的物品要彻底消毒:可用含氯的消毒液浸泡,不宜浸泡的物品可放在日光下曝晒。房间要定期开窗通风,保持空气新鲜、流通,温度适宜。有条件的家庭每天可用乳酸熏蒸进行空气消毒。减少人员进出病者房间,禁止吸烟,防止空气污浊,避免继发感染。

(2) 饮食营养,如果在夏季得病,容易引起脱水和电解质紊乱,需要适当补水和营养。病者宜卧床休息1周,多喝温开水。患儿因发热、口腔疱疹,胃口较差,不愿进食。宜吃清淡、温性、可口、易消化、柔软的流质或半流质,禁食冰冷、辛辣、咸等刺激性食物。

(3) 口腔护理,患者会因口腔疼痛而拒食、流涎、哭闹不眠等,要保持口腔清洁,饭前饭后用生理盐水漱口,如果不漱口,可以用棉棒蘸生理盐水轻轻地清洁口腔。

可将维生素B2粉剂直接涂于口腔糜烂部位,或涂鱼肝油,亦可口服维生素B2、维生素C,辅以超声雾化吸入,以减轻疼痛,促使糜烂早日愈合,预防细菌继发感染。

(4) 皮疹护理,病者衣服、被褥要清洁,衣着要舒适、柔软,经常更换。

剪短指甲,必要时包裹双手,防止抓破皮疹。

臀部有皮疹的应随时清理患者的大小便,保持臀部清洁干燥。

手足部皮疹初期可涂炉甘石洗剂,待有疱疹形成或疱疹破溃时可涂0.5%碘伏。

注意保持皮肤清洁,防止感染。

小儿手足口病一般为低热或中度发热,无须特殊处理,可让患者多喝水。

体温在37.5~38.5℃之间的儿童,给予散热、多喝温水、洗温水浴等物理降温。

**3. 水痘**①

1) 什么是水痘

水痘是因为受到水痘—带状疱疹病毒初次感染引起的一种具有强传染性的急性传染病,主要的传播途径为呼吸道飞沫或直接接触,春季和冬季多发生。婴幼儿是好发人群,易感儿发病率可达95%以上,0~6个月以内宝宝具有来自母体的抗体,发病率较低,2~6岁学龄前儿童为发病高峰群体。

---

① 摘自太平洋亲子网。

2）出水痘的原因

儿童容易出水痘是和水痘自身传染性强、传播途径广以及儿童自身免疫力低下相关的。妈妈们不妨看看儿童容易出水痘的原因，从而采取相关措施，降低儿童出水痘的概率。

(1) 水痘具有很强的传染性。首先水痘是一种流行性病毒，传染性非常强，易感者接触正在出水痘的儿童后，92%都会发病。其次出水痘的儿童会成为传染病毒的主要传染源，在出疹前的1～2天以及出诊后的一周都有传染性。最后儿童与带状疱疹患者接触亦可发生水痘。

(2) 水痘的传播途径非常广。水痘主要是通过直接接触和唾沫传播的，就算是在近距离、短时间内也可通过健康人群间接传播，这种传播的途径意味着很难预防，儿童只要和出水痘的人群接触，而自身又没有种植疫苗，受感染的概率就非常大。

(3) 儿童自身免疫力低下。儿童免疫力低也是容易感染水痘病毒的原因之一。儿童自身的免疫系统还没有发育完善，很难抵抗得了水痘病毒的感染。

(4) 通过母体感染。一般来说6个月以内的宝宝是可以从母体获得抗体的，所以，这个时期的宝宝基本都不会生水痘。但也有个别情况，那就是孕妈妈在怀孕期间患上了水痘，这种情况下就有可能会感染给宝宝。宝宝出完水痘能后能够获得持久免疫，但还是有概率发生带状疱疹。

3）水痘的症状

水痘一般会伴有头痛、全身倦怠、发热等症状。在发病24小时内出现皮疹，继而变为米粒至绿豆大的圆形紧张水疱。

(1) 水痘病毒感染儿童后，大约经过2个星期的潜伏期，儿童会出现发烧、头痛、身体不舒服、食欲不振等方面早期的症状，这时候的症状非常像感冒，妈妈要注意辨别。一旦儿童是在春季或者是冬季里出现感冒的症状，妈妈们最好给儿童服用治疗感冒的药物，因为在水痘前期抗感冒药物对水痘病情也有一定效果。不过，一旦发现孩子不是感冒，而是有出水痘的迹象，要尽快带儿童到医院就诊，进行治疗。

(2) 出现上述症状后，然后皮肤分批出现丘疹、疱疹和结痂。数小时或者是1天的时间，儿童身上的皮肤会慢慢地出现具有特征性的丘疹，最初只是在腹部或者是背部出现犹如蚊子咬了似的红色小疹点，而且一般也仅仅有1～2个，数小时后就发展到手腕和腿部等处，一部分变成水泡(此时的水泡也由小米粒一般大涨到犹如绿豆般大)。

(3) 出疹24小时后，宝宝的脸上、背上、腹部、四肢等各个地方均会出现红疹点和水泡，一部分会开始结痂，持续一周左右痂皮脱落。皮疹躯干部最多，头面部次之，四肢较少，手掌、足底更少，看起来像是三种疹形并存。

(4) 被传染后的14～17天前后，开始出现38℃左右的发热症状，并持续1～2天，伴有头痛、流涕、咳嗽等症状。

4）水痘的预防

水痘的预防十分重要，因为一旦儿童患上了水痘，会非常难受。预防水痘的方法分为主动免疫、被动免疫和给宝宝喝板蓝根等几个方面。

(1) 主动免疫是指给儿童接种水痘疫苗。接种水痘疫苗是目前国内预防水痘最经济也是最有效的手段。儿童一旦接种完水痘疫苗，一般都可以保护儿童10年或者更久都不会出水痘。水痘疫苗是一种高度活性的减毒疫苗，适用人群是1岁以上12岁以下的健康儿童，注射完成后，2个星期左右儿童体内就可产生对抗水痘的抗体了。这里妈妈们需要注意的是，当儿童正在出水痘的时候，是不可以接种水痘疫苗的。

(2) 被动免疫是指儿童在接触水痘或带状疱疹后96小时内马上使用水痘带状疱疹免疫球蛋白，但是注射这种药物后，保护的作用十分有限，而且目前国内并无此药。

(3) 给儿童喝板蓝根，如果儿童已经接触了出水痘的患者，妈妈们用板蓝根煎水给儿童服用，对预防水痘也有一定的效果。具体方法是板蓝根30～60克，用水煎服，给儿童连续喝一周就可以了。

(4) 保持房间通风和尽量远离病源，平时要多给儿童的房间开窗通风，保持空气流通。春节和冬季是水痘高发的季节，建议妈妈们尽量不要带儿童去人多又不通风的公众场所。

5) 水痘的治疗

儿童出水痘，如果病情不是很严重，妈妈们可以选择一些药膏，比如甲紫、苯酚等涂抹在患处。但儿童的情况一旦严重，要马上带儿童去医院就诊。

(1) 皮肤破损者。儿童如果是皮肤破损，可以选择在患处涂10%甲紫等。

(2) 皮肤瘙痒者。儿童如果是皮肤瘙痒，可以选择在患处涂2%苯酚或炉甘石洗剂等。

(3) 疱疹破裂者。儿童如果是疱疹破裂，可以选择在患处涂搽新霉素软膏。

(4) 发热。儿童如果发热，建议用物理降温，不建议选择阿司匹林，因为这样会增加患上瑞氏综合征的危险。

(5) 皮肤有继发感染，或合并肺炎、败血症者。儿童如果有上述情况，可分别选用磺胺或抗生素等。

(6) 搔痒较为严重者。儿童如果痒得比较厉害，可考虑口服异丙嗪。

(7) 皮肤继发性细菌感染者。儿童如果有皮肤继发性细菌感染的情况，可以选用四环素软膏局部涂抹或抗生素等。

(8) 出水痘的儿童，除了要依据不同的情况，选择不同的药膏涂在患处外，选用一些抗病毒的药物进行治疗也是必不可少的。

利巴韦林：口服，肌注或静滴，7～10毫克/千克/次，每6小时1次，共7～10日。在1～2日内疱疹可变干，症状好转。

阿糖腺苷：10mg/kg·d稀释于葡萄糖中静脉滴注，对某些患儿有效。

无环乌苷(Acyclovir)：250mg/$M^2$·d分3次口服或静滴，共5～7日，在治疗3日后症状可改善。

(9) 树豆(又称木豆)+千里光煎水洗患处，一天一次，连洗一周。如无树豆，可用银花代替。

**4. 流行性感冒**

1) 什么是流行性感冒

流行性感冒简称流感，是由病毒引起的疾病，表现为全身酸痛、高热、眼结膜炎症等，全身症状较重，每年的9—11月是接种流感疫苗预防流感的最佳时机。流感可以通过空

气飞沫传播，如果要到人群聚集的地方，最好戴上医用口罩。一些免疫力的人群，特别是儿童，容易受到流感病毒的侵袭，家长们要细心照顾，增强他们的免疫能力。

病毒分为甲、乙、丙三型，其中甲型抗原极易发生变异，因此流感大流行均由甲型病毒引起，乙型和丙型呈局部小流行或散发，从感染病毒到发生症状，潜伏期数小时到 2 天。春季和冬季是流感的高发期，这个时期要做好防护措施，多吃点预防流感的食物，如绿豆、川贝冰糖炖雪梨、冬瓜子红糖水。

2）流行性感冒的症状

流感在学龄前儿童中的发病率可达 30%～40%，甚至更高。感染流感病毒后，体温会升高，升到 38℃以上，会伴随发热、咳嗽、嗓子疼和肌肉酸痛等症状，出现这些症状也不要太担心，但要避免和其他人接触，隔离治疗。如果体温在 37.6℃以上，要注意休息，不要到外面，防止病情加重或者交叉感染。

流行性感冒由病毒引起，具有较强的传染性，有些人得了流感后会食欲不振、恶心呕吐，还会出现便秘或者腹泻等胃肠道症状。如果发现有如下症状：高热、头痛、没有力气、全身酸痛，体温升高到 39～40℃，极大可能患上了流行性感冒，要马上取得治疗。如服用一些药物退热，隔离病人防止传染他人或令情况更严重，饮食方面多吃一些流质食物，如粥类，饭后用温开水漱口，注意保持口鼻清洁。

3）流行性感冒的传播途径

流感可以通过空气飞沫传播。当患有流感的人咳嗽、喷嚏以及大声说话的时候，病毒会伴随飞沫喷到周围空气中，正常人在呼吸之间病毒会侵入鼻黏膜而传染，通过尘埃及日常用品的间接接触传播也有可能。流感患者是主要的传染源，自潜伏期即有传染性，发病 3 天内传染性最强。因此患有流感的人不能到人群聚集的地方，应该被隔离开，防止传染他人，也防止交叉感染。

流感有多种类型，典型流感表现为高热，乏力，头痛，身痛，咽部干痛，可有鼻塞、流涕、喷嚏、干咳、咽部可见充血，肺部可闻干啰音。发热 3～4 日后热退，但上呼吸道症状及乏力可持续 2 周左右；轻型流感症状轻，发病 2～3 日；肺炎型流感主要发生于老幼体弱者；甲型 H1N1 流感早期症状与普通人流感相似，表现为发热、咳嗽、喉痛、身体疼痛、头痛等，有些还会出现腹泻或呕吐、肌肉痛或疲倦、眼睛发红等。如果出现不适，应该及时就医，避免延误病情。

4）流行性感冒吃什么药好

目前还没有针对流感的特效药物，但也不是完全没有药物能对抗流感，一些抗病毒的西药以及中草药对预防流感或者流感的初期有一定的疗效，一般需要在医生的指导下服用。表现为高热、头痛、全身酸痛的患者，可以用适当的 APC 或安痛定等；咳嗽严重的可以服用咳必消、止咳合剂等；而对继发性细菌感染者，可以用抗生素治疗及磺胺药日服。用磺胺药时，过敏的人要慎用；并发肺炎型流感患者，可酌情输液、吸氧，亦可用抗生素预防继发细菌感染。

在预防流感方面，注射流感疫苗是较好的选择，人们可以更为主动地预防流感。对于抵抗力本来就较差的老人、小儿，患有慢性心肺疾病、慢性肾炎、糖尿病、各类肿瘤的患者和各种免疫功能低下者，最好在流感季节来临之前接种疫苗。

5）流行性感冒的预防

要预防流行性感冒首先要提高身体免疫力，降低病毒入侵成功的概率。提高免疫力、进行体育锻炼是最简单直接的方法，除此之外，还可以食用一些预防流感的食物，如绿豆汤、川贝冰糖炖雪梨、冬瓜子红糖水等。而对于一些身体较为虚弱，免疫力低下的人群如儿童、老年人可以通过注射流感疫苗来获得更好的保护效果。预防流感应从身边小事做起，一起看看预防流感的方法有哪些。

（1）屋内或者办公室、幼儿园等应该经常开窗透换新鲜空气，保持室内空气流通。由于流感主要通过空气飞沫经呼吸道传播，消毒专家指出，通风是最好的消毒。

（2）流感高发期不要到人群聚集的地方，如果一定要出行也需要戴好口罩，注意个人卫生。搭乘大众交通工具时，尽量打开窗户让车内空气流通，防止病毒在空气中传播扩散。

（3）注意保暖，不要受凉。外出时建议戴口罩，以免外感风寒。

（4）可用中药板蓝根、贯众、大青叶、金银花各 15 克水煎服用（连服 3～5 日，儿童用量减半），有良好的预防效果。

（5）经常锻炼身体，提高抗病毒能力。在饮食方面，要做到均衡营养，摄取蛋白质、维生素等。

## 二、预防传染病传播的管理

**案例 7**

### 集体演出后多名幼儿患手足口[1]

南京一幼儿园集体演出后 12 个孩子同患手足口病。2010 年 6 月 29 日，南京 10 多位家长来到浦口区培尔幼儿园，称他们的孩子患上手足口病，怀疑是 6 月 6 日集体演出造成疾病暴发，要求园方负责。家长称：怀疑是幼儿园演出化妆共用口红惹祸。家长们介绍，6 月 6 日园方搞过一场集体表演，每个班的孩子都要出节目，在上台前老师给孩子们化妆，共用一套化妆品，很可能是因为共用口红，才造成孩子间交叉传染。家长间还有传言，最早患病的孩子 6 月 3 日就出现症状，可老师迟迟没有采取措施，反而加以隐瞒。

**案例分析**：由于幼儿园是人口密集的场所，在园内进行活动、游戏、进餐、睡眠各种活动，为预防传染病，幼儿园一般应从消毒的细节入手，严防传播。

**案例 8**

### 幼儿园卫生消毒制度

加强卫生消毒的管理，能够预防疾病，尤其是预防传染病的发生和传播，特制定此制度。

**1. 个人卫生消毒**

（1）园内儿童每人两巾，轮流使用，每天清洗并消毒一次，意外污染及时换洗，毛巾应

---

① 任立燕. 幼儿园安全管理与教育[M]. 北京：北京出版集团公司，北京少年儿童出版社，2013.

清洗干净后，在8:40左右送到厨房蒸15～20分钟，9:30左右保育员取回班中，并放置在阳光通风处晾晒，存放在干燥通风处，并用盖布盖好，毛巾挂放间距以互相间无重叠为适宜。

(2) 儿童被褥专人专用，每两周由家长带走换洗晾晒一次。被褥保持清洁、干燥，有污物时要及时更换拆洗。夏季凉席每周由家长带回清洁擦拭一次。疫情期被褥每周由家长带走换洗晾晒。

(3) 负责幼儿饮食的教职工，在分饭前要洗手，搞好个人卫生。保教人员在护理幼儿进餐前要求用流动水洗手并佩戴围裙、套袖、三角巾。值日生在教师的帮助下也要佩戴围裙、套袖。

(4) 坚持饭前洗手、吃油腻食物时饭后要洗手洗嘴(冬季搽润肤油)、便后洗手。进餐洗手后拿毛巾并挂回固定处。

(5) 保教人员周一检查幼儿指甲，如有长指甲，教师负责为幼儿剪指甲，并与家长沟通每周定期为幼儿剪指甲。

(6) 幼儿自带手绢个人专用，每日清洗，意外污染及时换洗。

(7) 幼儿值日生的围裙、套袖每周清洗一次。

(8) 幼儿外出不玩土，不随地大、小便(不限制大、小便)，不随地吐痰。

(9) 工作人员个人卫生。

① 应保持仪表干净整洁，勤洗头、洗澡、剪指甲、不染指甲、不留长指甲、不戴戒指、不佩戴长项链，毛巾、水杯、餐具专用。

② 上岗前或接触食品前要洗手。

③ 炊事员分餐前穿戴专用的工作服、工作帽。每周清洗两次(周三、周五)。保育员每餐后，将工作服由里向外翻折叠成方块于固定处存放。

④ 炊事员上岗前要衣帽整齐不露长发、不留指甲，坚持上灶前洗手，烹饪品尝时要另备小勺，严禁用操作工具品尝。如厕前脱掉工作服，便后用肥皂流动水洗手，严禁抽烟。在进入分餐间应二次更衣，戴口罩。炊事人员必须持三证上岗："托儿所、幼儿园工作人员健康证明书、餐饮行业人员健康胸卡和饮食行业人员培训胸卡"，并定期参加各类业务技术学习、培训。

(10) 成人、儿童洗手，坚持使用"六步洗手法"——①掌心相对，手指并拢相互搓擦；②手心对手背沿指缝相互搓擦，交换进行；③掌心相对，双手交叉沿指缝相互擦搓；④双手指相扣，互搓(以下简称洗手)。

**2. 环境卫生消毒制度**

(1) 实行按部门责任区清扫保洁制度，内外环境禁止三乱(乱吐、乱扔、乱倒)。

(2) 室内外环境每日一小扫，每周一大扫，应做湿性扫除。应保持整齐，物品摆放到位，每日检查各班卫生常规。周五检查各班卫生扫除工作主要包括玻璃、地面、厕所除臭、水池、桌椅、玩具柜、玩具、图书等，窗帘、钢琴布每学期洗一次，灯、空调每月底擦一次，每学期清洗内网一次。如不能开窗通风时，室内空气净化机对空气进行消毒，并每学期进行一次滤网除尘。

(3) 幼儿园所内不得吸烟。保持室内空气流通，冬季每半日通风一次，每次10～

15min，夏季室内有防蚊、蝇、鼠、蟑螂设施等。活动室、睡眠室配备温度计，冬季室温保持在18～20℃，低于18℃可以开空调，夏季室温不超过30℃。夏季开空调室内外温差为5～8℃，空调温度控制在26～28℃。

(4) 每日垃圾、污物及时清除，有专门容器集中存放，容器有盖。

(5) 儿童厕所要专用，儿童如厕大、小便后要及时冲刷，经常保持清洁、通风、无异味，无尿碱，厕所磁砖墙无污点污垢，厕所墩布专用并有明确标记，且与其他墩布分开放置。坐便器用后及时清洁消毒，做到一用一消(用易适康免洗快速手消擦拭消毒)。小便池、蹲坑做到清洁无污物、无异味，便器每天消毒用1∶2500二溴海因消毒液浸泡8分钟后冲洗干净。

(6) 各班桌椅、玩具柜、水碗柜、门把、饮用水水龙头、自来水水龙头要保持清洁，每日由保育员用1∶2500二溴海因消毒一次，各班床围栏每周清洁擦拭并用消毒液消毒一次。

(7) 各班地面保持清洁，每日湿式清扫，如有疫情在幼儿离园后保育员消毒液擦拭一次。

各班清洁用具专用(扫帚、墩布、抹布等)每次用后及时清洗干净、消毒、晾晒、悬挂，干燥存放。

(8) 幼儿玩具、图书表面要保持清洁，每周四由保育员用1∶2500二溴海因消毒液消毒一次，图书及不能擦拭的玩具每周在阳光下暴晒6小时。班内有传染病例要求每日幼儿用过的玩具消毒1遍。图书及不能擦拭的玩具每周在阳光下暴晒6小时。

(9) 梳子和拖鞋个人专用，每周家长带回家清洗。

(10) 幼儿小桌椅等儿童密切接触的物件，每日清洁一次。

(11) 盛放餐巾纸的纸盒、筒要干净，无污垢。

(12) 幼儿粘有大便或尿渍的衣物不能用洗衣机清洗。

**3. 饮食卫生消毒制度**

(1) 具有有效的餐饮服务许可证。

(2) 在幼儿饮水时，桌面保持清洁，如之前桌面有污染应做清—消—清处理。

(3) 接触幼儿饮食工作的人员，在操作前要用肥皂和流动水洗手。

(4) 水果在厨房用淡盐水浸泡10～15分钟后清洗干净。清洗干净后存放于专用白色筐内加盖布备用，中午保育员取回各班，削皮前教师应把手洗干净，削皮后不得在水中浸泡，并用盖布盖好。

(5) 工作人员与幼儿水杯、餐具专用，幼儿饮水杯每日在洗碗间清洗并用远红外线消毒柜消毒。消毒柜保持120℃并15分钟后自动断电。

早餐漱口后将水杯放回固定处，餐具一碗一盘一勺(中、大班用筷子)，由炊事员餐后统一清洗消毒(去残渣、洗涤灵清洗、清水冲、消毒柜消毒)。餐具的消毒设施齐全，有蒸箱或消毒柜，消毒的温度、消毒的时间必须达规定要求。餐具消毒后呈保洁状态，防止使用前的污染。筷子每学年更换，筷子和勺由保育员清洗送厨房消毒。

(6) 炊事用具及容器用后洗净消毒。洗刷用具和盛放餐具的容器，要每天进行刷洗，每周用物理消毒1次，蒸箱开锅后蒸10～15分钟。

(7) 炊事员洗手后准备餐具，饭菜及时加盖或专用布，盖布一天一洗、消毒，各班餐车

由保育员做到一餐一消毒，电梯由炊事员三餐负责消毒，炊事员工作服专用，操作时戴帽子、口罩，每周换洗两次，如厕前脱掉工作服、帽。品尝副食时用专用器械，剩余食物不倒回锅内，炊事员接触熟食时必须消毒双手，饭、菜、汤做熟后要及时加罩盖好，盖布上标出正反面，保育员负责盖布送回时对折保洁。

(8) 保育员做餐桌、餐车消毒，餐桌布及餐桌一餐一清洗消毒，消毒方法：第一遍清水去尘，第二遍消毒液擦拭，间隔8分钟后进行第三遍清水(覆盖面100%)擦拭。第四遍时，中、大班保育员指导值日生操作，保育员为每餐桌备好方形清水毛巾，教会幼儿擦拭，最后放置餐桌中间备用，值日生围裙和套袖每周清洗消毒，放在固定处备用。

(9) 伙房环境整洁，设施完善，杜绝交叉感染。均有食品进货单位卫生许可证，保健医验货后方可入库。非厨房工作人员禁止进入厨房。

(10) 清洁用具专用，面案、菜案、餐具橱和地面要经常擦拭保持清洁。物品摆放到位，有固定、专用存放垃圾的容器。有盖，垃圾不能外溢和滴漏。

(11) 有通风防蝇、防鼠、灭蟑螂设备。保证操作间无苍蝇。

(12) 生熟盆专用并有标志，做到生熟分开，熟盆一餐一消毒，存放处一天一擦消毒，擦锅擦板布分开专用；加工生熟食品所用的工(用)具分开，并有明显的标记。

(13) 接触生熟食品的人员应分开，如为一人承担则必须在接触熟食之前彻底清洁消毒双手。

(14) 伙房地面无油垢，墙壁无塌灰，玻璃无污垢，水池清洁。各种炊事器械，用后清洗干净，冷藏箱生熟分开专用。每月断电清擦一次，食品做到无毒、无害、无污染、无异物，外买熟食要加热后再吃，剩余食物放入冰箱或通风凉爽处保存，保存时要做到生熟分开，加盖防蝇设备，食用前必须加热。儿童不吃隔日剩饭菜、生酱油；水产品、蛋类、蔬菜类、肉类加工前，要清洗干净。对幼儿食品做到冬季保暖，夏季降温。

(15) 物品分类分架摆放，生熟食品分开，不能在同一冰箱内存放。生食在冰箱内存放不得超过2周。不得有过期、腐烂及变质食物。不放杂物和药品，库存食物不宜太多，做到隔墙离地，有防蝇、防鼠、灭蟑螂设备，每周检查投药情况。

(16) 采购定点进货，必须索证，食品和食品添加剂有说明书和商品标志，生产日期、批号、规格、主要成分、保质期限、食用或使用方法等。

(17) 餐桌每餐使用前消毒。水杯每日清洗消毒，用水杯喝豆浆、牛奶等易附着于杯壁的饮品后，应当及时清洗消毒。反复使用的餐巾每次使用后消毒。

**4. 公共环境卫生消毒**

(1) 园内大型玩具，每日早晨由传达室早班人员负责擦拭干净；全天阳光暴晒消毒。

(2) 玩具室玩具，每天阳光暴晒消毒，每周六由传达室白班人员负责刷洗干净，必要时用1∶2500的宏达海因消毒液擦拭后停留8分钟消毒，再用生活饮用水将残留消毒剂擦拭。

(3) 楼内公共区域卫生：每天上午和中午由传达室白班人员负责两次清洁擦拭工作；儿童密切接触的楼梯扶手、门把手、门帘等，每天中午1∶2500的宏达海因消毒液擦拭或喷洒(以喷湿为度)滞留8分钟消毒，再用生活饮用水过清的抹布将残留消毒剂擦拭干净。

(4) 清洁用具(如扫帚、墩布、抹布等)要专用，抹布、清洁手套、墩布有明确标记，抹布、笤帚等用后及时清洗干净，晾晒、干燥后存放；拖布清洗后应晾晒或拎干后存放。必要时用1∶1000宏达海因消毒液浸泡消毒(完全浸没)10分钟。消毒后用生活饮用水将残留消毒剂将残留消毒剂冲净后控干/晾干保存。

(5) 传达室卫生由传达室各时段当班人员负责，各当班人员要确保传达室内外环境整洁，有污物随时清理。园内公用卫生间每天由传达室白班人员负责清洁消毒，要求清洁无异味，有污物随时清理，每日用1∶2500宏达海因消毒液喷洒(以喷湿为度)、冲洗消毒，喷洒直流8分钟后再用生活饮用水过清的抹布将残留消毒剂擦拭干净。

日常消毒：1∶2500，8分钟。

疫情期消毒：1∶1000，4分钟。

(北京市朝阳区福怡苑幼儿园)

为了妥善应对幼儿园出现的传染病突发事件，幼儿园要拟定细致的传染病应急预案，预防传染病发生时能够妥善应对，把对幼儿的伤害降到最低。

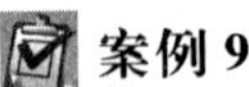

## 案例9

### 传染病应急处理安全预案

**1. 适用范围**

本预案适用于幼儿园内的传染病突发事件。

**2. 领导小组**

组长：×××(园长)

成员：×××(副园长)　×××(后勤主任)　(同时为幼儿园突发公共卫生事件报告人)

职责：全面负责指挥协调突发事件处置工作。

**3. 事故应急处理**

(1) 当班级教师发现疑似传染病患病幼儿时，立即将其送至保健室。保健医依据幼儿情况进行初步排查，对于传染病或疑似传染病患儿在隔离室实施暂时隔离，按电话联系册即刻通知幼儿家长，由家长带幼儿去医院进一步排查诊治，并将医院诊治结果电话反馈给保健医。

(2) 当幼儿园出现传染病或疑似传染病患儿，保健医立即上报园长。园领导接到报告后，迅速到达现场，进行协调指挥，同时启动幼儿园相应的传染病防控预案。

(3) 幼儿园全面加强各项卫生消毒工作，每天对公共场所进行全面消毒。检疫期内全园教师及幼儿不串班，幼儿园不接收和转出幼儿。

(4) 患病幼儿所在班级在保健医指导下重点完成各项卫生消毒工作。检疫期间本班无疑似病症的幼儿可以正常入班，但各项活动远离其他班级。

(5) 保健医和班级教师全面加强晨、午检，发现疑似病症幼儿及时就医，做到早诊断、早隔离、早治疗，尤其加大对患病幼儿所在班级的排查力度。

(6) 患病幼儿需居家隔离，每日由所在班级教师电话联系，及时了解其情况，痊愈后持二级以上医院证明方可返园。

(7) 报告人按时完成疫情上报工作，分别向服务中心综合办(×××××××××)、地

段保健科(×××××××××)以及海淀教委学前科(×××××××××)、海淀卫生局(×××××××××)报告。

(8) 幼儿园协助卫生部门对传染病疫情进行调查处理,并在其指导下执行关班等应急措施,配合做好各项终末消毒工作。

(9) 园领导、保教人员共同稳定幼儿情绪,做好家长工作,维护园内正常的生活秩序和工作秩序。

(10) 配合相关部门进行调查处理、善后处理工作,努力维护幼儿、家长利益,保证社会稳定。

**4. 疫情报告内容及时限**

当幼儿园发现传染病或疑似传染病病人时,报告人应当立即报出相关信息。其中:①发现甲类传染病和传染性非典型肺炎、人感染高致病性禽流感、甲型H1N1流感的病人或疑似传染病病人时,报告人应当在2小时内报出相关信息;②发现乙类传染病病人或疑似传染病病人时,报告人应当在6小时内报出相关信息;③发现丙类传染病病人时,报告人应当在24小时内报出相关信息。

同时,幼儿园协助卫生部门对本园发生的传染病疫情等突发公共卫生事件进行调查和处理,并接受教育行政部门与卫生行政部门对幼儿园传染病疫情等突发公共卫生事件的督促、检查。报告人发现传染病病人或传染病疑似病人时,不得隐瞒、谎报或缓报。

(兵器工业机关服务中心幼儿园)

## 三、预防传染病安全教育

关于传染病的预防,除卫生保健与保育人员做好消毒、预防等工作外,教师还要根据季节变化、传染病流行情况,有针对性地开展集体教育与日常提醒。下面与传染病预防有关的教学设计,可供大家参考。

## 教学设计

### 我会洗手(小班)

**活动目标:**

(1) 学习正确的洗手方法。

(2) 知道勤洗手的好处,让幼儿懂得洗手的重要性。

**活动准备:**

(1) 小手娃娃。

(2) 洗手步骤图。

(3) 脸盆、毛巾、洗手液。

**活动过程:**

(1) 出示"小手娃娃",以故事引出活动。

① 教师:小朋友,老师今天请来了一位小客人,猜猜看它是谁?

② 出示"小手娃娃",引导幼儿有礼貌地打招呼。

③ 认识小手的基本特征。

(2) 讲述故事《不爱洗手的娃娃》并提问:

① 妞妞为什么会肚子疼? 妞妞做完什么事情不洗手?

② 你要告诉妞妞什么?

③ 在什么时候你还要洗手?

(3) 引导幼儿学习正确的洗手方法:

① 请幼儿根据自己的已有经验讲述洗手的方法与步骤。

② 师幼小结: 洗手方法与步骤。

挽袖子—淋湿手—打洗手液—冲干净—甩一甩—擦一擦。

③ 教师出示洗手分布图讲解、示范洗手过程。

④ 请1～2名幼儿演示洗手。

(4) 根据图片,创编儿歌。

(5) 教师引导幼儿到盥洗室洗手。

(任艺)

## 预防传染病(中班)

**活动目标:**

(1) 帮助幼儿懂得有关传染病的常识和预防措施。

(2) 培养幼儿预防传染病,增进健康的意识和行为。

**活动准备**: 预防传染病的方法。一些关于传染病的图片。红眼咪咪的故事。

**活动过程:**

1) 以故事引出活动

教师: 今天老师带来了一个好听的故事,想和小朋友们一起分享,请你们认真听,听完了故事,我还要你们回答我的小问题。

(1) 教师有表情地讲述故事。

### 红 眼 咪 咪[①]

有一只小花猫叫咪咪,它有一双漂亮的大眼睛。一天,咪咪在草地上玩皮球。忽然,一阵风吹来,一粒灰沙吹进咪咪的眼睛里,眼睛可真难受。它连忙用手去揉,用脏手帕去擦,揉呀揉,细菌钻进了眼睛;擦呀擦,眼睛越来越疼。妈妈见了说:"哎呀! 咪咪的眼睛怎么变成白兔的红眼睛了?"没过几天猫妈妈的眼睛也红了,这是怎么回事? 怎么办才好呢?

(2) 讲完故事后提问。

教师: 故事讲完了,那么故事讲了一件什么事情呢? 为什么咪咪会得红眼病呢? 为什么咪咪妈妈的眼睛也红了呢?

教师小结: 原来咪咪的眼睛进沙子了,它用脏脏的小手去揉眼睛结果眼睛发炎了,变红了,得了红眼病,红眼病是一种很强的传染病,所以红眼病传染给了妈妈!

2) 引导幼儿讨论避免传染病的方法

教师: 红眼病会传染给别人,那我们要怎么样预防自己不得红眼病呢?

---

① 故事选自5068儿童故事网。

教师小结：我们要记住不要用脏的小手去揉眼睛，用干净的毛巾去擦。如果得了红眼病，应在家休息，避免和别人接触，等病好了才能上幼儿园。得了红眼病后要及时到医院治疗，点眼药水，用干净的手帕擦眼泪，不到公共场所去。

3）讨论其他的传染病

教师：刚刚我们说了红眼病，红眼病是一种传染病，那你们还知道哪些传染病呢？为什么会得这样的病呢？

教师：传染病真是可怕！而且我们的生活中到处都存在着传染病，我们都可能得传染病！那我们要怎么样预防呢？（教师播放一些图片，引导幼儿认真观看）

教师小结：我们生活中应该多通风，勤洗手，不要去人多的地方，如果要去人多的地方，也要戴上口罩，我们还要注意自己的卫生。

4）结束活动

教师进行总结。

（余碧洋）

## 思考题

（1）假如你所在的班级有幼儿感染了诺如病毒，在班级集体午餐时有呕吐现象，你将如何处理，如何提高全班幼儿的预防意识？

（2）幼儿园要组织春游了，幼儿需要自备水和午餐，你对此有哪些要求和引导？

# 第六章
# 幼儿园日常生活安全管理与教育

### 学习目的

了解幼儿教师工作的各个环节工作流程及安全隐患。

### 学习重点

了解幼儿园日常工作中的隐患，能够有的放矢地组织活动和开展安全教育。

### 引言

幼儿教育是养成教育，这种养成教育包含了习惯与意识的培养，而习惯与意识的培养，更多的是在日常，“一日生活皆教育”就是对此最好的诠释，安全教育更是如此，不能脱离实践、脱离幼儿一日生活去教育，要重视一日生活的教育契机，在一日生活中提高教师的安全意识，培养幼儿的安全意识与初步自我保护能力。在本章，根据幼儿在园的一日环节，编者将详细介绍各环节的安全隐患、注意事项等，提高教师的安全意识，促进新职教师快速适应工作需要。

## 第一节　幼儿入园环节的安全管理与教育

在入园环节，虽然时间很短，但是既有餐前准备，也有户外锻炼，还有幼儿的物品收放以及盥洗等，琐碎的事情很多，牵扯的空间比较广泛，是安全事故多发环节，需要教师格外注意。下面详细分析幼儿入园环节安全隐患及对策。

## 一、“手递手”入园有偏差

**案例1**

**老人的不舍也伤人**

早晨，5岁的亮亮（化名）被奶奶送到了幼儿园，奶奶舍不得孩子，在孩子进入教学楼的过程中，三番五次和孩子说再见，亮亮不断地回头看奶奶，边回头边往前走，结果没有看到台阶，摔在了台阶上，磕破了膝盖。

这里的“手递手”不是字面意思，家长拉着孩子的手交到教师的手里，这样的方式不便于培养孩子的自主发展，“手递手”是指家长送孩子入园时要在园门口处打开卡，并确定幼儿园工作人员（门卫、保健医或行政人员）已经注意到孩子入园，孩子在园一日生活已经开始。实际工作中，常常有些家长送孩子过于匆忙，没有做到家长与幼儿园的“手递手”，孩子没有入园，或悄悄跟着家长又溜出幼儿园，或像案例中的情况，老人的不舍引发了孩子的伤痛，针对这些情况，要做好以下四方面的工作。

（1）要加强对家长的提醒与安全教育，提高家长的安全意识。

（2）对幼儿进行安全教育，让幼儿知道入园环节的要求。

（3）加强幼儿园门卫管理，确保入园幼儿的安全，留意入园幼儿不随意外出。

（4）建立行政值班制度，明确站位，幼儿入园所经路线要无死角站岗值班。

## 二、部分家长与教师攀谈引发安全事故

幼儿集中入园时，会出现家长与教师攀谈现象，这样的现象在小班幼儿刚入园时会更频繁，家长也许是以此缓解自己内心的焦虑，殊不知入园环节中每名教师都有分工，家长占用教师的时间会使教师无暇顾及班上幼儿，容易引发安全事故。针对这样的情况，要做好以下三方面的工作。

（1）新生家长会上要明确给家长说明幼儿一日环节中教师的工作内容，让家长了解班级工作内容，并提出不能在入园环节攀谈的要求。

（2）教师在日常教育中积极鼓励幼儿入园后独自进班，避免家长进入班级。

（3）根据教师工作时间分配，明确教师接待家长时间，在此时间家长可以与教师沟通幼儿发展、学习等方面的情况。

## 三、幼儿穿着不当与随身携带不适宜物品

**案例2**

**“杀人”的帽衫**

一个秋日的下午，某幼儿园大班户外活动期间，教师组织幼儿玩大型玩具，到了集合的时间发现少了一名幼儿，便四处寻找。最后发现此名幼儿悬挂在大型玩具高出的一个栏杆处，此位置比较靠近场地的拐角处，不宜被发现，孩子被自己穿的帽衫带子勒住脖子

导致窒息，经抢救无效，宣布死亡。事后，幼儿园调取了户外监控录像，发现此处成为监控中的盲区，而教师在幼儿游戏的过程中，没有及时进行周边巡视，只是在固定的站位环视视线之内的孩子，而没有及时发现这名幼儿。经事后医院做出检验报告，“幼儿系长时间被帽衫的带子勒住脖颈，导致窒息身亡”。

**案例分析**：现在幼儿的服装丰富多样，但是，并不是所有的服装都适合幼儿在园穿戴，像案例中提到的“带带子的帽衫”，对幼儿来说，就是不适宜的。那么幼儿入园应该穿什么样的服装呢？详细幼儿入园着装注意事项请看下文。

小贴士

**幼儿入园着装注意事项**[①]

**1. 便于运动**

①服装的大小应合身，便于孩子的活动玩耍，服装的造型应简洁明快，服装可以宽松些，不然会影响孩子血液循环和生长发育，使孩子们的活动受到阻碍；②不宜穿有带子、帽子的上衣，女孩子不宜穿拖地长裙，避免玩滑梯中出现意外事故；③建议幼儿多穿运动鞋，户外奔跑安全，不宜穿皮鞋、露脚趾凉鞋、未过膝的短裙短裤，避免擦伤膝盖。

**2. 便于孩子自己穿脱**

服装要便于孩子自己穿脱，让孩子们从小学会自理生活。所以家长为孩子选择服装时应考虑：①尽可能在前面开襟，钮扣、拉链在幼儿能看到和摸到的地方；②便于分辨前后，最好有口袋和装饰图案；③小班幼儿的鞋子应选择不系鞋带的，因为系鞋带动作过难，幼儿不易掌握，鞋带过长、过松都会影响到幼儿的活动与安全。若买回了有鞋带的鞋子，可把鞋带换成松紧带，既免去了幼儿系鞋带之苦，也便于孩子自己穿脱。

**3. 适合幼儿集体生活**

服装的式样与衣料的花色、质地不宜过于精致，背带裤就很不适合幼儿集体生活时穿着。在集体活动时，不应穿带有响声的服饰，以免分散教师和小朋友的注意力。

另外，在幼儿入园晨检环节，教师要注意检查幼儿是否带危险物品，如豆子、花生米、小纽扣、小别针、小卡子、玻璃球、小珠子、小刀等，这会引起误食、误伤等意外事故；还要注意幼儿是否随时携带录音设备，避免引起不必要的家园纠纷。

## 四、幼儿用药交代不明

幼儿在园用药必须严格按照保健室的统一管理，严格按照准入机制执行，而且，可以在幼儿园内使用的药物，必须清晰填写用药单，写清楚时间、次数、用量等信息，避免引发误服事故。保健医同意的药物，家长把药物与用药单一起交给教师，教师要妥善保管药物，不能让其他幼儿误服，按时按量指导幼儿服用，并做好服用观察。需要格外提醒的是，作为教师，不能私自与家长进行幼儿用药的交涉，避免发生意外事故。

---

① 本部分内容摘自育儿网，有补充。

小贴士

**幼儿服药时教师的安全注意事项**

(1) 当家长为幼儿带药时，教师应将药品存放在幼儿摸不到的班级药袋内，内服药和外用药分开存放，以防拿错、用错。

(2) 给带药幼儿服药前，教师必须仔细核对"儿童带药登记表"上幼儿的姓名、药名，服药剂量和时间、服用方法是否相符，并监督幼儿服药过程，以免幼儿自己误服或服过量，服用后立即准确记录。

(3) 全天对服药幼儿密切观察，离园时向家长详细介绍情况，如有大瓶装的剩余药品应交给家长带回。

(兵器工业机关服务中心幼儿园)

### 五、教师分工配合不当引发事故

在入园环节，两名教师要有明确的分工，并做好配合与相互补位，避免个别幼儿被忽视，出现关注漏洞，而引发安全事故。例如，在晨练环节，教师在操场带着全体幼儿锻炼，保育员在做餐前消毒，这时，常常会有个别幼儿自己单独在睡眠室玩玩具，发生这样的情况，保育员要对这样的幼儿个别关注或引导他去与小朋友一起锻炼。

除上述问题外，教师在接待幼儿来园环节还要注意幼儿的情绪与身体状况(是否愉快、发热、流涕，身上有没有伤等)，常常也会出现因为家长关注不足导致幼儿带病入园的情况，耽误了最佳治疗期，影响孩子的健康。留意孩子的健康状况，也能避免离园环节家长与教师纠缠不清。

## 第二节　进餐环节的安全管理与教育

**案例 3**

**不爱吃菜的豆豆**[①]

某日幼儿园的午餐是清炒小白菜和土豆炖牛肉，豆豆(化名)最不爱吃绿叶菜了，教师只好一小口一小口地喂他吃，吃着吃着豆豆被几片菜叶噎住了，吐又吐不出来，咽也咽不下去，折腾得面红耳赤，好半天才呛出来。豆豆眼泪汪汪地对教师说不想再吃了，教师只能劝着她再多吃一口就行了。吃完午饭豆豆蒙着头就睡了，本来蒙头睡觉是不被允许的，但因为天气太冷，教师也就没有追究。到了起床的时候，其他的小朋友都起来了，可豆豆一点动静也没有。教师掀开他的被子一看，吓出了一身冷汗。豆豆脸色铁青，已经奄奄一息。教师赶紧送豆豆到医院抢救，方才脱离危险。原来，豆豆是含着饭睡觉的，满嘴的饭噎着了孩子，加上又蒙着被子，教师一点都没有察觉。

① 任立燕.幼儿园安全管理与教育[M].北京：北京出版集团公司，北京少年儿童出版社，2013。

## 案例 4

### 5 岁男童吃撑致亡[①]

早上，5 岁的小万（化名）吃了妈妈买的糯米鸡，又饮了一杯牛奶，然后就跟着妈妈去幼儿园了。

中午吃饭时，林老师说小朋友不能浪费食物，一定要把饭菜吃完，小万是个乖孩子，老师说什么就是什么，于是大口大口把饭吃完了。中午 12:10 的时候，林老师就叫孩子们回去睡午觉，唱完 3 首儿歌，林老师就要求小朋友要进入睡眠了，可林老师发现小万还在玩，就呵斥他几声。小万跟老师说他睡不着，肚子还饱饱的，林老师说小朋友一定要睡午觉，不然不会长高，之后，小万趴在枕头上最终进入睡眠。

下午 2:30 的时候，大部分小朋友已经午睡醒了，陆续回到教室，林老师见小万还没醒，以为迟睡的原因，因此并未叫醒他，等到 20 分钟后，林老师过去叫小万的时候，发现怎么叫他都没有反应，于是上前摸他的额头，才发现小万嘴唇发黑，嘴巴和鼻子里都有黑色污物，已经停止了呼吸，随后两位老师合力把小万抬往医务室，不久又让司机开车送往医院，等去到医院抢救时，孩子已经抢救不回来了。医生诊断结果显示：孩子午餐时吃撑了，还没消化就直接入睡，导致孩子因食物倒流，堵塞气管致死。

**案例分析**：以上两个案例均由饮食引发的安全事故，幼儿园一般都包含一日三餐，由于幼儿自理能力弱，教师要照顾好每名幼儿，所以经常会在进餐环节发生各种各样的小插曲，如果幼儿在做不安全的事，教师可能很难发现，可见安全隐患随时就会引发，要及时采取措施，防止意外伤害的发生。以上案例中的共同点是幼儿熟睡后食物堵住咽喉或气管而发生窒息，甚至造成死亡等严重后果。从案例中也发现在进餐环节中，一方面是幼儿已经吃饱吃不下去了，但是老师还坚持要幼儿再吃或进行喂饭、饱食后，教师未带领幼儿安静散步等活动就强迫幼儿入睡。另一方面有些幼儿咀嚼能力较弱，蔬菜中的粗纤维不容易嚼烂，难以下咽，或者是不喜欢某种蔬菜的特殊味道，造成幼儿偏食或是将不爱吃的饭菜含在嘴里，这些都是非常危险的安全隐患。

此案例的启示是，进餐中和进餐后的观察和整理工作至关重要。在进餐过程中教师要分工明确，以便照顾到每个幼儿。进餐中可为幼儿播放轻柔的音乐，帮助幼儿安静下来，营造一个安静、温馨的进餐环境，进餐中不催饭；提醒幼儿咽下最后一口饭后再起身做别的事情，避免含饭做事；幼儿进餐完毕后擦嘴、漱口，做好餐后的清洁卫生后，养成好习惯；教师要带领幼儿散步 10～15 分钟；幼儿午睡时，教师做到“一听”“二看”“三摸”“四做”。“一听”是听听幼儿的呼吸是否正常，“二看”是看看幼儿的神态，严密注视幼儿的举动有无异常，发现问题，及时处理，“三摸”就是摸摸幼儿额头的温度，“四做”就是对个别踢被子、捂着头睡觉的幼儿及时做护理。

## 案例 5

### 瞬间的烫伤

某幼儿园保育员在中午进餐前，到幼儿园食堂端碗，由于多数幼儿跟着主班教师在户

① 案例选自搜狐网。

外活动还没回来。保育员带着两位值日生小朋友提前回来。保育员怕两名幼儿乱走，随即带着孩子进入食堂里面，两个幼儿走进食堂后，正好经过食堂工作人员刚刚放置的热水盆，一名幼儿脚滑了一下，随即摔倒在热水盆边上，胳膊伸进了盆中。教师发现后立即把孩子救起，用凉水擦拭降温，孩子哭泣不止，随后被送往医院就医。由于进行了及时降温，幼儿的皮肤组织创伤面不是很大，但是需要进一步的治疗和恢复后，才能知道是否会留下伤疤。此件事情发生后，园方对此位保育员和食堂工作人员进行了严肃处理，并对受伤幼儿进行了赔偿。

**案例分析**：幼儿园内部有很多空间涉及安全隐患，食堂重地更应该引起园方和教师的高度重视。根据上述事件，可以看出事情的发生是完全可以避免的。严格规定保育员工作流程及环节内容，按照相关要求和程序进行工作，不得将幼儿带进不安全场地。惨痛的教训警示我们：任何时候都不能放松对幼儿的关注与看护，因为危险瞬间就可能吞噬孩子的生命！

### 案例 6

**进餐少一人**

某班进餐过程中保健医巡班，发现有一个孩子在睡眠室坐着看书，保健医问："你为什么不去吃饭呢？"小朋友说："老师还没喊我。"在保健医与教师的沟通中发现，为了避免餐前盥洗环节过于拥挤，教师采取随机分组的方式引导幼儿盥洗，因为当时这名幼儿在图书角取书，被教师忽视，因此没有被点到名字，在其他幼儿进餐时，这名幼儿还在等待教师提出进餐要求然后去盥洗进餐。如果不是保健医巡班发现了这名幼儿，这名幼儿将错失最佳进餐时间，影响身体健康，很有可能还会引起家园纠纷。

**案例分析**：保障每一名幼儿心情愉快地进餐，这是幼儿在园进餐的基本要求，而教师却因为一时的疏忽险些让孩子错失最佳的进餐时间。在班级管理上，教师之间要相互配合、相互补位，在每一环节中，教师要清晰流程和标准，确保安全、顺畅地组织一日活动。

从上面的案例可以看出，在进餐环节，涉及餐前盥洗、值日生指导、分餐以及进餐常规指导等，会有多种安全隐患，特此，很多幼儿园对进餐环节的安全管理进行了细致的研究与推敲，避免发生意外。

## 小贴士

**指导幼儿进餐的安全注意事项**

(1) 进餐前、后半小时不组织幼儿进行剧烈活动。

(2) 帮助幼儿养成餐前用香皂洗手的良好卫生习惯。

(3) 教育幼儿不接近过热的饭、菜、汤，以防烫伤。夏季稀粥、菜汤等教师要先进行降温，并固定放置在班级分餐车上。

(4) 指导幼儿正确使用勺或筷子，不拿着餐具走动、打闹，不含咬餐具。

(5) 不在进餐时批评幼儿，让幼儿保持愉快情绪，告诉幼儿进餐时不要大声说笑，防止食物误入气管发生意外。

(6) 幼儿进餐时教师要巡视，帮助幼儿养成良好的进餐习惯，多关注年龄小和能力弱的幼儿，给予适当照顾，防止发生如“带骨头的食物卡伤幼儿”等意外。

(7) 指导幼儿进餐教师要佩戴头巾、围裙和套袖，且教师在带班过程中，不戴戒指、项链等饰品，避免掉落物品被孩子误食，影响健康。

(兵器工业机关服务中心幼儿园)

# 第三节　区域游戏环节的安全管理与教育

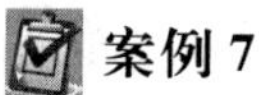

**案例 7**

### 区域游戏时间奔跑磕伤

一天早上小朋友们都在活动区玩，晨晨小朋友选择了表演区，游戏刚开始没多大会儿，她就跑过来问了教师一个问题，教师为她做了解答后，她很高兴地跑回到表演区，教师提醒她：“小心点，走着回去，别跑。”话音刚落，只见晨晨重重地摔在了地上，教师赶紧跑过去把她扶起来，她用手紧紧捂住自己的嘴，教师轻轻打开她的手一看，血流的满嘴都是。

教师立刻先用清水帮晨晨清洗了嘴，进行简单地处理后，又带她去了保健室，保健大夫进行了进一步的消毒处理，孩子的血止住了，但是下巴处肿了一大块，于是给她进行了冰敷，同时给她的家长打了电话……晚上教师又主动给晨晨妈妈打了电话，说明事情的原委，晨晨妈妈表示非常抱歉给幼儿园和老师添麻烦了，并愿意和幼儿园一起帮助孩子建立自我保护的安全意识和能力。

**案例 8**

### 幼儿揪窗帘引发的事故

小班开学不久，区域活动时间，有几个小朋友离开了教师的视线，跑到睡眠室揪窗帘，在这个过程中一名幼儿脸部和头部受伤。事故发生后，教师回忆事情的前因后果，发现教师们忽视了新开放的睡眠室的表演区，这几名小朋友到睡眠室进行玩耍，结果睡眠室里面没有教师，这几个孩子发现窗帘没有全部拉开，就去揪旁边的拉绳。因为几个小朋友一起用力揪拽，窗帘坠下，以至一个小朋友脸部被划伤。

区域游戏时间是幼儿自由自主自选的时间，因此，也是幼儿比较开心甚至兴奋的时间，并且，此时班级的所有区域对幼儿都是开放的，无形中会增加很多安全隐患，对教师的观察指导是很大的考验。因此，区域游戏时教师对安全的关注，应该是全面性的对班级安全隐患的警觉。一方面教师要清晰班级的各种安全隐患，并随机提醒和指导，另一方面，教师可以组织集体教育活动，让幼儿清晰班级的安全隐患并主动规避。

## 一、幼儿活动室的各种安全隐患及预防措施

班级的各种安全隐患大体可以分为三类，常见的尖利物品、玩具的安全隐患、幼儿不宜接触的物品的安全摆放。这些物品的安全隐患及防御措施，具体详见下文。

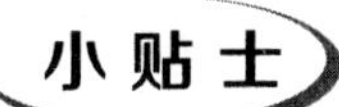


### 班级物品中的安全隐患及防御

(1) 指导幼儿使用剪刀、铅笔、筷子等尖利物品的安全注意事项。

① 为幼儿准备专用安全剪刀、专用筷子等用品。

② 提示家长为幼儿准备铅笔时,只削一端且不宜削得过尖,放在铅笔盒或笔袋中,防止扎伤。

③ 指导幼儿正确使用剪刀的方法。传递剪刀时,把握柄的一端递给对方。

④ 指导幼儿拿筷子、握笔时的正确姿势和方法,坐姿要端正、身体不歪斜、不扭动,筷子头和铅笔尖要向下,不要指向自己或他人,防止扎伤。

⑤ 为幼儿提供相对宽敞的活动空间,以防幼儿相互拥挤碰撞发生意外。

⑥ 提醒幼儿不含、咬铅笔。不用剪刀、铅笔打闹,用完后要放回原处。

(2) 为幼儿选择玩具的安全注意事项。

① 依据《北京市幼儿园玩具配备目录》为幼儿选择安全、卫生、环保的玩具。

② 玩具形状、大小应符合幼儿年龄特征。小班幼儿的玩具不应过小,防止如珠子、扣子、棋子、硬币等小物品,误入幼儿口、鼻、耳发生意外。

③ 选购毛绒玩具时一定要检查缝合部分,以免松脱、开缝。

④ 发声玩具的音量要适宜,声音柔和不刺耳。

⑤ 为幼儿选择能操作、多变化、多功能的玩具材料或废旧材料,鼓励幼儿拆装或动手自制玩具前,教师要对收集的原材料进行筛选检查,保证安全,经清洗、晾晒、消毒后才能使用,防止把有毒和有病菌的材料带进玩具中来。

(3) 班级物品摆放安全注意事项。

① 班级所有的物品教师要分门别类,分区域放置。区域设置要科学合理,便于幼儿活动和自由取放,给孩子创设一个开放、温馨、有序的环境。

② 帮助幼儿养成良好的生活常规习惯,提示幼儿来园入班,先洗手挂毛巾、杯子放进自己的杯格里,每次玩完玩具后要放回原位。

③ 班级幼儿生活、卫生及洗消用品按园内统一规定放在固定吊柜内,并贴有相应标识,教师和幼儿用品要严格分开存放。

④ 消毒剂及清洁用品教师要随用随取,用完后应置于洗消柜内的专用盒中,防止幼儿触及。开水壶、暖水瓶应放在固定柜内,防止幼儿靠近造成烫伤。

⑤ 鱼缸、花盆的放置应平稳不宜过高。垂吊花盆应固定牢靠,且不宜过重。

⑥ 家长为幼儿所带药品,教师应放入班级药袋内,置于幼儿触摸不到的地方。

(兵器工业机关服务中心幼儿园)

除此之外,教师还应该关注班级用电的安全,在建筑标准中有明确规定,幼儿园班级的电源插座距离地面不低于1.8m,所以,为了幼儿安全,教师不得在班级中私自拉接电源盒,而且,教师不应该在教室充电和使用手机,这些基本的常识教师在带班过程中也要注意。

## 二、以集体教育活动方式开展班级安全教育

为了让幼儿对班级的安全隐患高度重视，教师可以组织集体教育活动的方式，让幼儿通过共同游戏、集体探究等方式发现安全隐患所在，并集体制定防患措施。这样的教育活动一般在新开班小班或者班级新搬家的情况，在共同学习的过程中了解班级安全隐患，提高幼儿在后续活动中的安全意识与自护能力。

## 教学设计

### 寻找教室里的危险（小班）

**活动目的：**

（1）初步懂得要注意安全，保护自己，知道不做危险动作。

（2）通过寻找班里的危险，有一定预防危险的意识。

**活动准备：**安全行为与危险动作的图片若干、危险物图片若干、教室中的危险物品若干。

**活动过程：**

1）通过教师讲述，引起幼儿对安全问题的重视

（1）教师讲述小朋友的危险行为，与幼儿共同讨论，并引起幼儿对安全问题的重视。

（2）出示安全行为与危险动作的图片，让幼儿清楚什么是安全行为，什么是危险行为。

教师："图片上的小朋友在干什么？你觉得他们这样玩好吗？可能会发生什么事？"（会摔跤、会打痛、会从玩具架上掉下来等。）

教师："那你觉得应该怎么玩，小朋友才不会发生这样的事呢？"（引导幼儿大胆交流。）

（3）出示一些物品，幼儿根据生活经验，进行危险物品和安全物品的分类。不玩危险物（如鞭炮、玻璃）；正确使用玩具、工具（如剪刀）；不追逐打闹等。

（4）出示一些教室中的危险物品，如剪刀、小刀等。

2）寻找教室里不安全的因素

（1）幼儿在教室中自由寻找教室中的不安全因素。

教师：刚才我们看了那么多不安全的东西，那么现在教师想请小朋友找一找，在我们的教室里哪些地方是不安全的，是小朋友应该注意的。

（2）幼儿表达寻找结果（门，桌子角柜子角，小刀，带电物品）。

（3）找到不安全的地方后，教师组织幼儿为教室中不安全的地方贴上红色警告标记，提醒幼儿注意。

3）延伸活动

过渡环节继续引导幼儿寻找教室中的不安全因素，并共同讨论保护自己的方法。

**活动反思：**

在此次活动中，我发现幼儿自我保护意识还是很强的，在教师的引导下他们很快能从教室中发现不安全的因素，并懂得预防危险的办法。

此次活动幼儿兴趣很高，能积极举手回答问题，但由于幼儿的年龄特点，使得幼儿发现的问题比较集中，例如：一个幼儿说门会掩手，再叫其他幼儿回答，仍然是回答门会掩手。此次课的目的是让幼儿能发现更多的危险因素，出现了这种状况，于是教师通过语言引导幼儿发现更多的问题，并叫个别能力较强的幼儿回答，目的是让幼儿明白不要重复回答一个答案，希望他们能发现更多的问题。

在全体幼儿和教师的共同引导下，幼儿发现了很多危险因素，并为它们贴上了危险标记，此环节幼儿最为感兴趣，能准确地贴好标记，此环节能加深幼儿对危险因素的防范意识。

活动中，当幼儿遇到感兴趣的话题时，秩序很难维持，他们迫不及待地想说出自己的想法和发现，需要教师多次维持纪律，因此在今后的课程活动中，教师还需继续建立课堂常规，引导幼儿遵守纪律。

对于小班的幼儿，此次活动还是很有必要的，了解班级内的不安全因素，是幼儿今后幼儿园生活愉快的保障，在户外活动中，还应当让幼儿继续发现操场上的不安全因素，引起幼儿的关注，并可以延伸到社会上的不安全因素，扩展幼儿预防危险的经验。

（谷筝）

## 安全使用尖利物品（中班）

**活动由来**：生活当中有些玩具和物品有尖利的部位，如剪刀、大头针、图钉等。尤其是剪刀，幼儿会经常使用，练习剪纸，在使用过程中有时会出现拿着剪刀在房间走动；拿着剪刀挥动手臂；给别人递剪刀把剪刀尖冲着人；等等，通过对尖利物品的认识和了解，开展此次安全教育活动，与幼儿共同总结，从小养成良好的安全意识，养成安全使用物品的习惯。

**活动目标**：

（1）了解生活中一些尖利物品的作用，知道使用不当时会伤害身体。

（2）知道尖利物品的正确使用方法，不做危险的事情。

（3）有安全自我保护意识。

**活动准备**：

（1）经验准备：幼儿知道生活中有哪些尖利物品、生活中有使用这些物品的经验。

（2）物质准备：剪刀、刀子、钉子、图钉、钢笔尖等图片；尖利物品的操作方法的视频及讲解。

**活动过程**：

1）从图片中找出生活中尖利的物品

（1）猜谜语引出尖利的剪刀，通过观察知道剪刀是一种比较危险的工具。

（2）观看图片，说出物品名称。

（3）观察、比较说出这些物品的共同特点。

（4）教师小结：这些物品有尖儿、锋利。

2）分组讨论找出尖利物品进行分类

（1）通过小组讨论的方式，从图片中找出生活中其他的尖利物品。

（2）引导幼儿运用观察、比较法说出他是怎么判断出来的。

(3) 教师进一步引导幼儿总结出这些物品都是有尖儿的、很锋利的。

(4) 引导幼儿围绕特定的话题进行讨论：这些物品的用途、对我们有什么帮助？

(5) 教师小结：了解这些尖利物品的作用，在生活中能够帮助人类做事情。

3) 观看视频了解带尖物品的正确使用方法

(1) 观看多媒体视频动画，了解带尖物品的正确使用方法。

(2) 问题讨论：运用想象法设想如何处理自己遇到的危险。

4) 结合生活经验分享生活中怎样保护自己

(1) 结合生活经验进行交流，回忆自己都使用过哪些尖利的物品？

(2) 说一说你是怎么使用的？

(3) 运用回忆法引导幼儿回忆发生在他们自己或者周围人身上的一些伤害事故，说说自己的感受。

(4) 引导幼儿了解使用不当对自己造成的伤害，并学会如何保护自己。

(5) 教师小结：在生活中使用尖利物品时，运用正确方法，学会保护好自己。

**活动反思：**

开展安全教育活动，对幼儿进行《正确使用尖利的物品》的教育活动，从目标是否达成、教育环节设计得是否适宜和教育策略的运用上来看，活动完成得较好，幼儿在原有水平上得到了一定提升。

通过回忆讨论的方式，引导幼儿了解生活中尖利物品的作用。请幼儿回忆、回答他们收集到了哪些物品是尖利的，又利用多媒体方式观察收集的图片。引导他们根据生活经验来分析、判断这些尖利的物品是干什么用的？"它们的出现为我们的生活带来了哪些方便？"幼儿们根据生活经验了解了这些物品的作用，带给人们很多好处，但使用不当，会造成伤害。

采用播放视频动画的形式，使幼儿了解这些物品的正确使用方法。通过观察动画片里大哥哥不对的行为，提出：他们这样做对不对？为什么不对？会对自己造成什么伤害？应该怎么做？实现"用适宜的方式引导幼儿了解尖利物品的正确使用方法"的教学重点。通过多种途径引导幼儿感受正确使用尖利物品的重要性及使用时要学会保护自己，让他们懂得要按照正确的方法使用尖利物品的重要性。

引导幼儿结合生活经验进行交流、分享，学会在使用的过程中保护自己。提出"你们在生活中有没有使用过尖利物品"时，激起了幼儿们讨论的一个小高潮，有的说没用过，有的说用过牙签，有的说用过大头钉等，因为这些东西都是他们平时生活中看得见、摸得着的、所熟知的，说明这个提问在这里提出比较合适，能够激发起孩子们参与活动的主动性。在这个问题后再补充一个问题"你是怎么用的"。通过讨论，孩子们会再一次强调怎样安全地使用尖利物品、保护自己，同时也为他人介绍了正确的使用方法，更加完整、有价值。

从活动完成的整体上来分析，预设的活动目标基本上完成了，活动的各个环节设计得比较适宜，通过看图片、看视频动画的形式自然过渡，但教学的重点和难点还要把握好，有些问题的提出方法是否适宜还有待推敲，在今后设计教育活动时还需更加严谨、科学。

（李延萍）

# 第四节 过渡环节的安全管理与教育

**案例 9**

### 小便池边摔倒的浩浩

浩浩正踮起脚尖在男孩小便池尿尿，这时候有另外两个女孩从他身边经过，三个人在狭小的空间有了无意的肢体碰撞，没站稳的浩浩倒在了小便池上，小鸡鸡的包皮拉了0.5～1cm长的口子。教师赶紧把孩子送到医务室，保健医问明情况立刻上报园长并联系家长将孩子送到儿童医院急诊。在急诊室大夫确诊包皮外伤，注意清洗和消毒，几天就能好。急诊室外浩浩的爷爷奶奶哭天抢地，不停地咒骂教师，说孩子的“命根子”没了，教师要断了他们家的香火。

**案例 10**

### 幼儿洗手时被烫伤

2017年5月22日，某幼儿园三岁多的小朋友去盥洗室洗手，被幼儿园盥洗室擦手毛巾架旁边的一个电饭锅里面的沸水烫伤，大腿至小腿大面积的烫伤极其严重，医生明确说以后会留下疤痕。

在过渡环节，有的幼儿小便洗手，有的幼儿饮水，还有的幼儿在玩手头和桌面玩具，涉及的空间和物品、设备较多，也是安全事故高发的时段，需要教师之间密切配合、相互补位、共同关注。本部分首先从幼儿园管理的角度详细介绍过渡环节组织的注意事项，然后以一个具体案例给大家介绍过渡环节的组织。

## 一、过渡环节的注意事项

**小贴士**

### 幼儿盥洗与饮水过程中的注意事项

**1. 幼儿盥洗时安全注意事项**

(1) 盥洗时教师根据盥洗室的大小组织幼儿分组进行，防止拥挤。

(2) 教育幼儿盥洗时不玩水、不浸湿衣服和地面，注意安全。

(3) 幼儿如厕时，男、女孩要分开，教师要跟随，教育幼儿不在盥洗室停留、打闹。

(4) 提示幼儿便后整理好衣裤再走出盥洗室。

(5) 帮助年龄小和自理能力差的幼儿穿、脱衣裤，为能力弱的幼儿擦净大便并及时洗手，防止交叉污染。

(6) 教师要随时保持盥洗室地面清洁干爽，防止幼儿滑倒摔伤。

(7) 秋冬季为幼儿提供温水洗手，热水器使用前由专人进行检修，统一调试水温适宜

后，方可供幼儿使用，防止烫伤。

**2. 幼儿饮水时安全注意事项**

(1) 教师要全天为幼儿提供足量、温度适宜的饮用水。

(2) 教会新入园幼儿认识自己的水杯，做到专人专用。

(3) 鼓励幼儿随渴随喝。

(4) 教育幼儿接水时按顺序排队，不要边走边喝水。

(5) 教育幼儿不喝生水，饮水时不打闹、不说笑。

（兵器工业机关服务中心幼儿园）

## 二、过渡环节的合理组织

过渡环节的组织会因为班额大小、教师教育风格有一定的差异性，但无论如何组织过渡环节，都要保障幼儿安全、有序、愉悦地完成如厕、盥洗、饮水，以保障孩子的身体健康。现在，很多教师采取借助音乐组织过渡环节的方式，让幼儿自主有序地完成上述内容。

在过渡环节使用音乐有两种作用，一方面音乐作为幼儿活动的提醒，培养幼儿跟随音乐主动做事情的习惯，促其自我管理；另一方面，音乐可以影响幼儿的情绪，让幼儿在轻松愉快的氛围中活动，因此，音乐的选择十分重要，过渡环节的音乐不能过于活泼，也不能过于低沉，应该选择舒缓、优美、轻松的音乐。

下面以案例的方式给大家介绍一则过渡环节的组织，以供参考。

**案例 11**

### 区域游戏后过渡环节的组织

9:40 到了，主班教师站在活动室与盥洗室交接的位置播放音乐《小玩具要回家》的音乐，并观察幼儿收放玩具，配班教师在活动室内指导幼儿把各区域的玩具材料收放整齐。此音乐结束后，值日生站在主班教师的位置，等待与主班教师一起看幼儿的盥洗情况。《小玩具要回家》的音乐结束，紧接着活动室里陆续响起了四首轻缓短暂的音乐，时长均等、节奏轻缓、愉悦。跟随者音乐（四首音乐代表四个小组的幼儿，幼儿跟随属于自己组的音乐去盥洗饮水），一组组的幼儿轮流去盥洗室，小便、洗手、喝水，其中，值日生监督幼儿便后裤子是否掖好、手是否洗干净，帮助幼儿把袖子落下来等，并对在盥洗室打闹、喧哗的幼儿进行纪律提醒。

洗手完毕的幼儿排队去饮水桶接水，然后端着水杯回到自己的座位上喝水，喝水完毕送回水杯。喝完水与等待喝水的幼儿可以玩班级的桌面、柜面玩具，如象棋、五子棋等棋类玩具与其他玩具。值日生跟随最后一组的幼儿去盥洗喝水，配班教师维持活动室里的幼儿秩序，与幼儿一起游戏，主班教师关注全局，关注幼儿的饮水量，并指导值日生的工作。当最后一首音乐结束，全体幼儿都回到自己的座位上，等待新的活动。随后，主班教师组织幼儿开始新的活动，配班教师在盥洗室清理地面、台面、便池等处的卫生，然后给主班教师配课。

（常燕玲）

# 第五节　户外活动的安全管理与教育

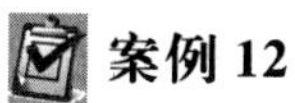 **案例 12**

**大型玩具太近引发的磕伤**

下午三点，小朋友欢呼雀跃地来到操场进行户外活动。年轻的教师正在组织幼儿玩平衡木和攀爬架。平衡木和攀爬架并列摆放，位置比较靠近。教师没有注意到这点，当乐乐从攀爬架上下来时，一个踉跄摔到了平衡木上，马上口里鲜血直流。教师吓慌了，抱起孩子往医务室跑。保健医赶紧让孩子漱口，看清乳牙磕掉了，牙龈破了。教师马上跟班级教师带乐乐上医院。家长也赶来了，孩子要马上缝针，看到孩子因为固定要五花大绑，教师的眼泪止不住地往下流。

**案例 13**

**滑梯附近玩耍磕断牙**

户外集体游戏后，淘淘选择了玩滑梯。教师站在滑梯旁看着正在游戏的小朋友们。此时，小雪站在滑梯栏杆处看着玩布尾巴的小朋友们捉尾巴。可可小朋友和淘淘从滑梯通道下跑了过来，教师嘱咐到："小心，慢慢走，不着急"。就在这时，淘淘小朋友一不小心，脚没踩好就脸朝滑梯台阶磕了一下。教师闻声赶了过去，淘淘坐在滑梯上，手捂着嘴，大哭起来。教师连忙检查淘淘的面部，发现孩子的嘴里流血了。这时，配班教师立即把淘淘送到了保健室进行处理。同时，我们立刻联系了淘淘的妈妈，向妈妈说明了淘淘没看好脚踩空，磕到了嘴部，保健医建议到医院进行进一步诊断。妈妈马上赶到了幼儿园，在教师的陪同下带领幼儿进一步看医生。经过诊断幼儿一颗门牙断裂。

户外活动中幼儿运动量大，运动速度快，因此也是安全事故高发的环节，事故可能会因为器械、器材引起，也可能会因为组织不妥引起，还有可能与幼儿的着装有关。因此，户外运动的安全管理，既包含对场地、器材的管理与检查，也包括教师组织的科学有效，为确保安全，教师可以在开学初组织集体教育活动，让幼儿清晰户外活动的隐患，提高幼儿的安全意识。

## 一、幼儿园户外活动场地的管理与检查

在幼儿园制度建设与日常管理中，户外活动场地都是不可或缺的一环，既要在制度建设上高度重视、明确责任，也要在日常管理中加强管理，防患未然，下面两则案例，一则是幼儿园活动场地安全制度，一则是户外场地使用的注意事项，前者在制度上明确管理，后者在细节上落实管理，有很大的参考价值。

## 案例 14

### 幼儿园活动场地安全制度

为确保幼儿活动场地的安全和使用，保护公共财产不受损失，保障正常的教育教学秩序和幼儿的人身安全，在幼儿园制定的各项安全措施的基础上，根据幼儿活动的实际情况，特制定此制度。

**1. 幼儿活动场地的安全与保护**

(1) 我园的幼儿活动场地是幼儿园资产所属，要合理分配和使用；做到人人爱护、人人保护公有财产和设施。

(2) 增强对幼儿活动场地的保护意识，消除各种不安全因素；随时排除安全隐患现象的存在，确保幼儿一日活动的安全。

(3) 定期检查幼儿活动场地是否符合安全卫生要求，对出现的问题及时处理解决，保证幼儿的正常活动。

(4) 做到幼儿活动场地专人专管，定期检查。

**2. 幼儿活动的安全**

(1) 幼儿教学活动必须以幼儿"健康第一"为原则，必须做到安全第一。

(2) 在幼儿教学活动中必须严格执行教学常规，加强安全教育，严禁幼儿违规活动。

(3) 教育幼儿重视自我保护，教会幼儿自我保护的方法。

(4) 教师对所教授课的认识要全面，要有严格的预防和防范措施，合理运用保护；合理运用教学方法。

(5) 根据幼儿的年龄、性别等客观因素，合理安排幼儿活动内容。

(6) 充分了解每位幼儿的体质状况或特殊疾病，给予必要的照顾和指导。

(7) 幼儿活动中一旦发生伤害事故，应及时采取必要措施，使幼儿的伤害程度降到最低。

（北京市朝阳区泛海幼儿园）

## 案例 15

### 幼儿户外大型活动场地安全使用注意事项

幼儿户外大型活动通常包括：玩各种大型玩具、组织郊游、文艺汇演、运动会、家长开放日活动等。这些活动具有规模较大、涉及人员多、场地多为户外、不确定因素较多等特点，区别于日常安全管理，安全隐患较大。因此了解组织各种户外大型活动的安全常识，先期制定详尽的活动方案及有效的安全防护措施，并在实施的各环节中落实，是保障幼儿人身安全、成功组织实施的有效保证。

**1. 户外活动时幼儿着装安全注意事项**

(1) 结合季节气候情况，提示家长为幼儿准备适宜的户外活动服装，应以宽松、舒适、透气、吸汗、便于运动的服装为宜。冬天戴帽子、手套。

(2) 衣服应简洁合体，无绳、链等装饰物，幼儿纽扣要扣齐，防止衣服角等处剐在器械

上发生意外。裤腿不要太长，防止在活动中踩住裤腿造成摔伤。

(3) 鞋应轻便、大小要合脚，活动前教师提醒穿皮鞋或凉鞋的幼儿，更换运动鞋或旅游鞋，帮助幼儿将鞋带系好、系紧，防止幼儿活动时扭伤或绊倒。

**2. 组织幼儿玩大型玩具时安全注意事项**

(1) 每天早上，安全维保人员对园内大型玩具进行安全检查，发现隐患立即停止使用，及时维修。上、下午幼儿户外活动前，园内保洁员对大型玩具进行清洁擦拭，确保其安全卫生。

(2) 活动前教师应仔细检查活动场地及大型玩具安全，清除活动场地的危险物及障碍物，防止幼儿活动时绊倒跌伤。

(3) 清点幼儿人数，检查幼儿着装确认安全，同时检查幼儿手、口袋，避免携带小树枝等危险物品。

(4) 教师示范讲解活动规则及安全要求，提醒幼儿用正确的方法有秩序地进行游戏，在器械上不互相推挤、不打闹。

(5) 活动时两位教师做好分工，各负其责，活动中不论在器械上或器械下的幼儿，都要在教师的视线范围之内，教师不得随意离开幼儿。

(6) 教师要观察每一位幼儿的活动和情绪，防止幼儿间发生冲突出现相互推挤等现象。科学合理地安排幼儿的活动强度、密度。要根据幼儿年龄特点，掌握活动时间，遵循动静交替的原则，防止幼儿由于运动过量发生意外。

(7) 教师要做好幼儿的照顾和保护，特别是照顾好动作不灵活等能力较弱的幼儿，防止发生意外。

(8) 活动结束后带领幼儿做放松运动，舒缓幼儿情绪。

(9) 清点幼儿人数，检查幼儿着装，冬季活动后要及时回到室内，防止幼儿着凉；夏季尽量在树荫下活动，避免受热中暑。

**3. 组织郊游活动安全注意事项**

(1) 遵循安全第一的原则，班级大型活动设想方案须先上报，经园领导批准后，方可组织进行。

(2) 活动前教师和家委会成员共同策划、协调沟通完善活动方案，提出本次活动的要求及安全注意事项。

(3) 教师事先对活动现场进行踩点，全面了解场地、环境安全、行车路线、交通工具、设施、设备、消防、疏散通道等情况，尽可能在可预见范围内采取必要的安全防范措施，认真排查各种安全隐患，并有应对突发情况的第二套备选方案。

(4) 在活动的前几天，要用书面形式提示每一位家长，让家长明确安全要求，协同做好幼儿教育工作。根据季节性、郊游的时间及地点，提示家长为幼儿选择适宜的服装、鞋帽等。

(5) 活动前和活动中，向幼儿进行安全教育，增强幼儿的安全意识和自我保护能力，如遵守交通规则、不单独行动、不触摸危险设施、不吃陌生人给的食品，不随意采摘或食用野果、蘑菇等，减少来自幼儿自身原因引起的安全事故。

(6) 活动时安排保健医及行政后勤人员随行，随时进行现场管理、提供保健等后勤安全保障，防止发生意外。

(7) 活动结束，教师清点幼儿人数，与家长做好交接，组织幼儿随家长有序撤离场地。

**4. 组织大型汇演安全注意事项**

(1) 活动前，对家长进行宣传，取得家长的积极配合。

(2) 以班级为单位，划分场地位置，安置幼儿和家长。

(3) 教师组织幼儿有秩序地排队入场，严防挤压、推搡事故发生。

(4) 检查确保活动中内容、形式、活动场地、器材、道具的安全。

(5) 演出过程中，注意调控幼儿的情绪，防止过于兴奋发生意外。

(6) 场地周围安排行政后勤人员进行安全维护，发现问题，现场及时处理。

**5. 组织大型运动会安全注意事项**

(1) 教师要依不同年龄班的特点、身心发展规律和幼儿平时锻炼的实际水平，确定适宜的运动会项目。

(2) 运动会开始前，应确认幼儿身体健康，适宜运动。

(3) 合理划分活动区域，确保活动场地、游戏道具、器械安全卫生。

(4) 教育幼儿遵守游戏规则，使游戏能顺利安全地进行。

(5) 对家长进行宣传，取得配合。遵守运动会要求，不随意出入活动场地，以免拥挤发生意外。

(6) 教师分工明确，保证在场幼儿及观众席幼儿的秩序及安全。

(7) 安排行政后勤人员在场地周边进行巡视，发现安全隐患，及时处理。

(8) 一旦发生意外，迅速启动园内应急预案，做好组织、引导、疏散工作。

**6. 家长开放日活动安全注意事项**

(1) 请家长在园门口先刷接送卡，保安人员依据当天班级家长开放日活动安排时间表，确认家长身份后允许入园。

(2) 教师要确认幼儿活动场地、道具材料卫生安全。

(3) 做好家长宣传，让家长熟悉活动流程并了解相关安全要求，有秩序地进入班级参与活动。

(4) 提示家长中途若要带幼儿提前离园，请事先告知班级教师。

(5) 活动前、后，教师都要清点幼儿人数。

（兵器工业机关服务中心幼儿园）

## 二、幼儿户外玩具的使用与教师看护

### （一）关于幼儿户外玩具的使用办法和注意事项

关于幼儿户外玩具的使用办法和注意事项，详情如表 6-1 所示。

**表 6-1 幼儿户外玩具的功能、使用方法和注意事项**

| 名称 | 功能 | 使用方法 | 注意事项 |
| --- | --- | --- | --- |
| 穿越墙 | 训练幼儿的钻、爬技能，增加身体的灵敏性与协调性 | 1. 托班和小班的孩子，不宜在此设备上从事翻越的动作，但可以爬过贴近地面的大洞；<br>2. 中班以上的孩子，不仅可以爬过小洞，还可以翻越墙体，教师可以鼓励孩子以不同的方式穿越墙体 | 1. 不同年龄阶段的孩子请根据不同的使用方式来完成动作；<br>2. 穿越墙只能同时容纳四个孩子活动，请控制活动人数；<br>3. 多人同时游戏时，请保持好秩序，不得争抢；<br>4. 孩子在活动时，请勿将头伸入较小的洞内；<br>5. 孩子活动不能脱离教师的视线，教师可以用手扶持孩子完成活动；<br>6. 孩子每次活动时间不可太长，以孩子微微出汗为宜 |
| 滑梯 | 玩滑梯能锻炼孩子的全身肌肉，发展孩子的运动能力，增加其平衡能力与协调性 | 幼儿可以在滑梯上活动，活动方式是自上而下自然滑下 | 1. 按秩序活动，每次只允许一位孩子滑下，不得争抢；<br>2. 滑下的孩子应及时离开滑梯口，避免被碰撞；<br>3. 不得从滑梯的高处跳下；<br>4. 孩子活动不能脱离教师的视线，教师可以用手扶持孩子完成活动；<br>5. 孩子每次活动时间不可太长，以孩子微微出汗为宜 |
| 秋千 | 发展孩子的动态平衡能力，在运动中，孩子需要保持身体重心的平衡，这样可以增强其前庭器官的机能 | 秋千是托班、小班、中班、大班孩子都适宜的一种活动，但在摇摆幅度上，应注意孩子的年龄差异 | 1. 孩子只能坐在秋千上摇动，不可站立在秋千的坐板上；<br>2. 教师在推动秋千时，用力不可太大，摇动幅度前后不超过 45 度；<br>3. 注意秋千前后有无行人，避免发生碰撞；<br>4. 不可让孩子单独活动，应在教师的配合下完成；<br>5. 孩子每次活动时间不可太长，注意孩子的自身感受 |
| 接力方台 | 综合性地训练孩子的平衡协调能力，纠正孩子的感统失调 | 1. 托班和小班的孩子可以在方台上单独活动，速度要慢；<br>2. 中班和大班的孩子可以在方台上开展接力活动，由 2～4 个孩子共同完成 | 1. 注意让孩子保持平衡，对于托班与小班的孩子，教师应适当用手扶持；<br>2. 注意清理方台周边的树枝，避免刮到孩子；<br>3. 及时检查设备有无毛刺，特别是钻桶部分，应保持设备表面光滑安全；<br>4. 孩子活动不能脱离教师的视线；<br>5. 孩子每次活动时间不可太长，以孩子微微出汗为宜 |
| 平衡木 | 促进幼儿身体两侧肌肉力量的协调发展，发展其平衡能力，促进其感知觉发展 | 1. 托班和小班的孩子应选择性地在平衡木上活动，转身平衡木不宜小班及小班以下孩子活动；<br>2. 中班和大班孩子可按秩序从头到尾走不同的平衡木 | 1. 控制场地人数，平衡木区域同时活动人数不得超过 10 位；<br>2. 注意周边环境，不要碰到墙体、铁栅栏上；<br>3. 保持适中速度，不要让孩子在平衡木上奔跑；<br>4. 孩子活动不能脱离教师的视线，教师可以用手扶持年龄小的孩子完成活动；<br>5. 孩子每次活动时间不可太长，以孩子微微出汗为宜 |

续表

| 名称 | 功　　能 | 使用方法 | 注意事项 |
| --- | --- | --- | --- |
| 攀登架 | 训练幼儿的攀、爬技能，发展孩子的平衡能力，促进空间知觉的发展，增加孩子自信心 | 1. 此设备不适合小班及小班以下孩子活动；<br>2. 中班孩子在攀爬时不宜过高，到达各类攀登架的中央即可；<br>3. 大班孩子可以攀爬到攀登架的三分之二处，不宜太靠近顶部；<br>4. 孩子在攀爬时要注意四肢的配合 | 1. 每根爬架、爬杆和爬绳同时只适合一个孩子活动，请勿多人同时活动；<br>2. 攀爬时不可爬到顶部，要保持手中有稳固的抓握物；<br>3. 帮助孩子系好鞋带，穿戴严实，避免衣物钩挂或损伤皮肤；<br>4. 不得从攀登架的高处跳下，同样要攀爬而下；<br>5. 孩子活动不能脱离教师的视线，教师可以用手扶持孩子完成活动；<br>6. 孩子每次活动时间不可太长，以孩子微微出汗为宜 |

（兵器工业机关服务中心幼儿园）

### （二）教师看护幼儿活动注意事项

教师看护幼儿在户外活动时，有许多事项需要注意，在此分四部分给大家介绍。

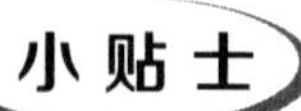


**幼儿上下楼梯时安全注意事项**

（1）组织幼儿有秩序上下楼梯，靠右侧行走，如图 6-1 所示。

图 6-1　幼儿上下楼梯

（2）指导幼儿一手扶着楼梯扶手，不要双手提握物品上下楼，防止发生摔伤。

（3）教育幼儿注意力要集中，不左顾右盼，一级一级上下楼梯，在楼梯上不拥挤、不争抢、不打闹。

（兵器工业机关服务中心幼儿园）

## 幼儿户外活动前教师的准备工作与注意事项

(1) 检查幼儿衣着：帽子不挡眼睛、围巾不拖地、拉链拉好，是否携带了不安全饰物，排除不安全着装行为，鞋子大小合适，检查戴眼镜的幼儿眼镜上是否有固定绳。在活动过程中，一旦发现幼儿的着装有可能影响其安全，教师要采取防范措施，绝不能有“等一会儿”的想法。

(2) 检查场地安全。

(3) 检查活动器材有无损坏。

(4) 户外活动前对幼儿进行安全教育。活动前和幼儿一起分析容易出现的危险情况，并共同讨论应该怎样玩才不会出现危险。如先和幼儿一起分析容易出现的危险情况，应该怎样玩玩具，不应怎样玩，怎样做才对，怎样做不对，让幼儿了解游戏规则，提高他们的安全意识，避免不安全事情的发生。

(5) 带领幼儿做好热身活动。

(6) 活动开展前，教师应提活动要求。如在绿色垫子上玩，有问题找教师，同伴间要相互谦让等。

（王颖）

## 幼儿户外活动中教师的看护要点

(1) 户外活动时，保育员应积极配合教师组织幼儿有序地进行活动。

(2) 活动中教师之间要合理站位，确保孩子在教师的视线范围之内，相互配合。

(3) 根据幼儿的年龄特点选择适宜的户外玩具。如小班选择软的、轻的，易于幼儿操作的玩具。

(4) 幼儿之间发生争抢、有矛盾时教师要及时进行制止、并询问原因。

(5) 幼儿兴奋点较高时，教师要及时进行提醒，稳定其情绪。

(6) 引导幼儿知道累的时候或是出汗多的时候要休息一下。

(7) 密切关注幼儿身体状态，特别关注体弱儿和肥胖儿。

(8) 尊重幼儿生长发育规律，活动量适宜，注意合理搭配与协调，避免过长的剧烈运动。

(9) 引导幼儿自我检查、相互检查、帮助幼儿学会发现危险，排除不安全因素。

(10) 教师在游戏中要做好安全防护。如玩攀爬架时，地面要铺好垫子。

(11) 教师如发现户外场地或者设施器材方面有破损或存在安全隐患，要立即停止游戏，并及时上报。

（王颖）

## 幼儿户外活动后教师的看护要点及安全教育

(1) 组织幼儿回教室盥洗喝水，进行安静活动，如讲故事、读书等。

(2) 结合活动情况对幼儿进行安全教育，必要时增加安全教育课程，注重在活动中培养幼儿的自护能力。

(3) 根据需要设计安全标志，强化安全意识。如不要用手摸的标志，不要拥挤的标志，不要头朝下滑，不准攀爬等标志。

（王颖）

## 三、针对户外活动开展安全教育

为保障幼儿安全，在组织幼儿户外活动前，要开展必要的安全教育活动，或者在户外活动中发现了典型的安全隐患，有必要围绕发现的问题设计教育活动，提高全体幼儿的安全意识与自护能力。

## 教学设计

### 安安全全滑滑梯（小班）

**活动目标：**

(1) 学会用正确的方法滑滑梯。

(2) 初步培养幼儿的安全意识。

**活动准备：**

(1)小黄猫、小黑猫头饰若干；

(2) 毛绒玩具小熊；

(3) 照相机。

**活动过程：**

1) 导入活动

黄猫妈妈："今天天气可真好，宝宝们，妈妈带你们出去玩。看！那是谁？（小黑猫和黑猫妈妈)他们在干什么？（滑滑梯)"

2) 互动学习

(1) 观看情境表演，向幼儿介绍滑梯及其玩法。

① 黑猫妈妈是怎样教小黑猫玩滑梯的？（坐稳，双手扶好)为什么要这样玩？

② 人多的时候应该怎样玩滑梯？

小结：玩滑梯人多时要先排好队，一个跟着一个，不拥挤推拉。从楼梯这边上去，两手扶好了，一层一层地往上爬。眼睛看好楼梯，爬到顶，坐稳后，两只手扶着滑梯两边，两条腿并拢，再滑下来。

(2) 第一次玩。

幼儿练习玩滑梯，教师指导幼儿按正确的方法玩滑梯。

① 黄猫妈妈：刚才我们看了小黑猫滑滑梯，你们会不会像它那样玩？

② 表演故事"小熊受伤了"。

a. 教师边讲边用小熊演示：小熊头朝下趴着滑，被摔伤了。

b. 讨论：小熊为什么会受伤？怎样溜滑梯会出现危险？（可用小熊演示一些不正确的玩法。)

c. 小结：上滑梯要排队，不能拥挤，在滑梯上不能打闹。爬登和滑下要保持适当距离，不能背后推人。手上或口袋不可有坚硬的东西。

(3) 第二次玩。

黄猫妈妈：孩子们，你们想不想再玩一遍？这次，你们玩的时候，妈妈给你们每个人拍张照，看谁滑得好(及时纠正幼儿不正确的动作，鼓励幼儿用正确的方法玩滑梯)。

3) 结束活动

组织幼儿排队回班，出示幼儿滑滑梯照片，让幼儿判断对错。

教师总结：小朋友们一定要注意安全，安全滑滑梯，这样小朋友们玩得也开心，老师和家人都放心，我希望小朋友不管做什么游戏都要讲究规则，不要乱，不要拥挤，也不要急，确保小朋友们都健健康康的玩游戏。

**活动反思：**

小班幼儿刚刚入园，对于幼儿园的一切都是充满了好奇和兴趣，尤其是操场上各种各样的大型器械玩具，滑梯就是孩子们最喜欢的玩具之一，他们每天都会吵着要滑滑梯。由于小班幼儿年龄较小，规则意识没有完全建立，四肢运动不协调，在玩的过程中自我保护意识比较差，不能很好地把握什么事情能做、什么事情不能做，对一些可能会造成的伤害缺乏防范意识和应对能力，也使得滑滑梯存在一定的危险，容易导致意外事故的发生。因此在户外游戏中，安全是重中之重，在玩滑滑梯前，教师一定要给幼儿讲清楚游戏的要求，告诉孩子们如何正确地去和小朋友们一起上、下滑梯。

本次教育活动中，教师通过示范讲解、故事演示、讨论等方法，使幼儿学会了滑滑梯的正确玩法，懂得了不正确的玩法会发生危险，从而培养了幼儿的安全意识。

(曹晶华)

## 体育活动中的安全(大班)

**活动目标：**

(1) 学会在体育活动中自我保护的方法，不受伤。

(2) 培养幼儿遵守规则的意识，保护自己和他人。

**活动过程：**

(1) 教师结合本班实际户外活动(区域活动、体育课)中的情况与幼儿进行讨论。

① 总结近期主要活动，引出户外区域活动和体育课活动中发生的问题。

② 哪些行为在户外活动中是危险的？会发生危险的动作有哪些？

③ 这样做的后果是什么？不这样做的好处又是什么？

(2) 全班分成两组，将安全方法进行记录并汇总。

教师：请小朋友们说说在运动中保护好自己的方法有哪些？

(3) 幼儿在户外活动中遵守规则过程中的实际感受。

① 教师结合幼儿总结的方法，带领幼儿体验在户外活动中遵守规则时的注意事项和感受。

② 教师与幼儿一同遵守活动中感受规则的作用，请幼儿充分感受。

**活动反思：**

本节活动的设计是针对大班幼儿行动特点及我班幼儿的实际特点出发的，目的是让孩子们能够在没有成人保护的情况下，自己也能够很好地进行活动和运用自我保护的方法，保护好自己的同时也不让他人受到伤害。巩固并强化大班幼儿对于规则的意识，学会自我保护的方法，养成保护他人的习惯。

(支辰音)

# 第六节　午睡环节的安全管理与教育

**案例 16**

**可怕的螺母**

2008 年 6 月，某幼儿园中班发生了一件意外安全事件，那是进入初夏比较炎热的一天，幼儿吃完午饭，像平时一样餐后进行安静活动，有的幼儿看书，有的幼儿操作手头玩具，等待午睡的时间到来。餐后散步完毕后，教师提示幼儿说："请小朋友们先去小便，再上床。"幼儿如厕完毕，一个个走到自己的小床上躺好了。午睡巡视过程中，教师发现小乖辗转反侧睡不着，就马上走过去问，孩子支支吾吾指着床边上的螺丝处。教师发现上面只有螺钉而没有了螺母。教师一面稳定幼儿情绪，一面让孩子张开嘴巴，看是否卡在了喉咙里。此时幼儿告诉老师好像是咽进去了！教师急忙抱起孩子奔向医务室，并立刻上报给值班园长，保健人员观察孩子情况后，即刻送孩子就医，并通知家长到场。经过拍摄 X 光片后发现，确实有一枚螺母进入了孩子的体内，由于体积不大，没有卡在孩子的喉咙处，但需要经过密切观察等待孩子经体内排出。

**案例 17**

**大头儿子的苦恼**

2014 年 7 月，某市公立幼儿园在幼儿午睡期间发生了一起意外事件。在教师巡视午睡过程中，发现有幼儿小声哭泣，寻着哭声走去，教师发现了幼儿豆豆的头卡在了床围栏里（由于幼儿园的床都是木质结构床体，床的围栏都是有规律的缝隙），迷迷糊糊的豆豆对老师说：我睡着睡着，不知不觉头就卡进了围栏。教师安抚孩子情绪的同时，立刻通知了幼儿园保健医和园长，大家试图让孩子转动脑袋，把头转出来，但是孩子有些害怕，而且不能转动。此时孩子的头已经被卡了 15 分钟。园长果断决定，锯掉床围栏的其中两根木条，孩子的头顺利出来了，脖子上有些红，其他都没有大碍。事后，家长也表示孩子的头比一般孩子要大一些，所以容易卡在里面。同时，幼儿园决定由床的生产厂家负责把所有围栏进行切割调整，避免此类事件发生。

午睡是幼儿园比较容易出现安全隐患的环节，虽然教师能够加强巡视和观察，但各种问题仍时有发生。同时，作为当班教师，不光要巡视幼儿的睡眠情况，幼儿的睡眠姿势也需要教师进行提示和调整，发现幼儿的姿势有碍健康和接近危险，应该及时帮助幼儿调整，保证幼儿的健康与安全。

很多教师对于幼儿午睡不够重视，趁幼儿午睡有的趴在桌子上打盹，有的看手机，还有的教师备课或做文案工作，这都是不合理的，因为幼儿午睡时看似安静，却有诸多隐患，教师要不断巡查，对个别幼儿进行指导。关于如何巡视午睡，请看下面的小贴士。

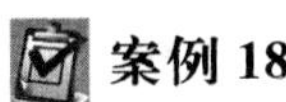

小贴士

**教师巡视午睡的注意事项**

(1) 午睡前,教师提前为幼儿摆放好床铺,并检查有无不安全的情况。

(2) 关上窗户、拉上窗帘,避免睡眠室光线过强与空气对流。夏季、冬季依据室温,可以提前打开空调,但不能低于26℃,为幼儿营造安静适宜的睡眠环境。

(3) 检查幼儿有无携带小物品上床,防止幼儿发生误吞等意外。

(4) 教育幼儿不要站在床上穿、脱衣服,防止发生摔碰伤。

(5) 教育幼儿懂得正确睡眠姿势对健康的好处,帮助纠正幼儿不正确的睡眠姿势和坏习惯。

(6) 幼儿入睡期间,教师要随时观察每一位幼儿的睡姿及体温,发现异常及时处理。特别关注有高热惊厥史的幼儿,防止幼儿惊厥发生意外。

(7) 幼儿起床后,教师要进行午检,观察幼儿情绪、面色、体温是否有异常,检查幼儿衣着是否整齐。

(兵器工业机关服务中心幼儿园)

# 第七节 离园环节的安全管理与教育

**案例 18**

**接完孩子聊天导致孩子磕伤**

9月30日晚上,幼儿园离园环节让家长进班取被褥,因为马上面临国庆小长假,一些平时比较要好的家庭在接完孩子后聊起了自己的国庆旅行计划,三位妈妈在楼门口聊得热火朝天,孩子们手拉手跑到操场上玩户外玩具,小朋友们一起玩起了转筒滑梯,玩着玩着就不按常规方式玩了,有的从下面往上爬,有的从下面往下滑,致使几个小朋友撞在一起,其中一个小朋友撞在了滑梯口上,磕破了额头。

**案例分析**:离园环节人多嘈杂、幼儿也往往比较兴奋,容易出现磕碰、摔伤、走失等意外事故,对此幼儿园要加强管理,确保离园环节的有序,保证每个幼儿平安回到父母身边。

下面介绍一个有12个班级、360余名幼儿有序离园的流程,以便教师们借鉴。

**案例 19**

**幼儿离园环节基本流程介绍**

我所在的幼儿园有12个班级,其中小、中、大班各有3个,另外有3个混龄班,每天五点开始幼儿离园,按照年龄班按以下顺序离园,大班、中班、混龄班、小班,这样的顺序安排源于全园幼儿统一时间点进晚餐,年龄大的幼儿进餐及餐后离园准备速度最快,所以按照年龄从大到小顺序依次离园,每个年龄段安排4~5分钟,全园360余名幼儿离园大致需要 12～15 分钟。

我园一直采取的是全园统一安排离园，班级准备好后，把幼儿排队带到楼门口，准备家长接孩子回家。家长在园北大门外等候，门外管理人员在北门口管理，准备好的班级告诉门卫管理人员，门卫管理人员请相应班级的家长持卡刷卡进园，家长进园后在楼门口附近站成并列的两列队伍等候幼儿，这样的方式便于教师迅速地从队伍中找到手中幼儿的家长，判断孩子家长是否按时来园，幼儿接送的先后顺序取决于幼儿排队的先后顺序（这样家长就不会在进园的时候争先恐后奔跑），教师依次把幼儿送到家长的手里，接到幼儿的家长从幼儿园西门顺次离园（进园出园两个门口，这样家长都是单行，保障安全），在西门有门卫人员管理，确保没有闲杂人员进园，并且监护每名幼儿离园都有家长陪伴。与此同时，在幼儿离园的路线上，有多名行政人员值班，确保全程无死角，保护每名幼儿的离园安全。

有需要与教师沟通的家长，带领孩子在旁边等候，等教师送完全班幼儿，与家长进行个别沟通。对于家长迟到的幼儿，本班教师春季、夏季、秋季在操场看护、阴雨天气或冬天在传达室等候。

（常燕玲）

在幼儿离园环节，除按照流程组织好本班幼儿顺次离园外，教师还要处理好上兴趣班幼儿的离园问题、与晚接班教师交接家长未来园幼儿的值班问题以及家园沟通问题。最值得教师注意的是，一定谨防幼儿走失，避免冒领，如果有陌生人来接幼儿，一定要与家长核实，若是有家长委托他人接送孩子，必须确认无误才能交接。

## 第八节　幼儿园对幼儿一日生活中安全的监管与检查

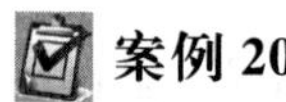

### 案例 20

#### 隐瞒是不可原谅的

幼儿欢欢在一次体检的时候被查出心脏有杂音，保健医写成了“杂心”。家长不依不饶，找到园长投诉，说在小班的时候出现过脚骨骨折，幼儿园保健医生当时说没事。然后家长带着孩子去医院，发现骨折了。班级教师自己买了慰问品去看望孩子，并且个人给孩子退了当月伙食费。班级交接本上一直写的是扭伤而非骨折，事假而非病假。家长质疑幼儿园的管理和保健医的水平。

根据家长反映的问题，幼儿园认真查实，在查实情况后针对保健医生和班长进行批评教育，并且她俩在全园大会上做检讨。并加强了保健医对未来园幼儿的追访制度的落实，重视交接班记录的如实填写。该班班长深刻反省当时因糊涂大胆包庇班级教师，应该如实上报孩子的病情。保健医生反思工作不可随意马虎，对幼儿的病情诊断不能妄下结论，幼儿的事情就是大事。

**案例分析**：这个案例说起来让人嘘嘘，感叹教师的胆大和无知，但类似这样的事情却

时有发生。因此，幼儿园管理者一方面要加强日常进班巡查，检查教师带班情况，同时留意是否有安全隐患，及时发现问题、解决问题；另一方面，幼儿园要做好监控设备的使用与管理，确保教师工作无死角留痕，这既是对教师的监督，也是对教师的保护，出现安全问题时，便于核实情况与分清责任。

下面是一则幼儿园监控录像管理制度，有参考意义，监控录像必须有效管理、合理使用，否则会引起不必要的纷争，甚至牵涉司法纠纷。

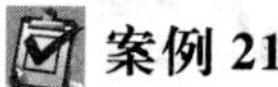

**案例 21**

### 幼儿园监控录像管理制度

为有效做好幼儿园监控设备管理，保护幼儿身心健康且便于多种渠道掌握工作状况，现制定左家庄幼儿园监控录像管理制度如下。

(1) 园长、保教主任、后勤主任、教科研主任是监控系统的操作人员，其他人员严禁操作监控系统。

(2) 各职能部门在实地巡视检查工作的同时，每周至少一次查看录像，并做好记录。

(3) 查看监控过程中发现问题及时处理解决并告知园长。

(4) 幼儿园监控录像不可任意调出查看，如遇家长或其他人员有调阅需求时，须有公安部门两人以上陪同查看。

(5) 重要情况使用专用录像机复制后由职能部门负责人做好保管工作备查。

(6) 任何人不得擅自向公安部门以外的单位及个人提供录像信息。

(7) 不得擅自删除、修改监控系统的运行程序及记录。

(8) 公安部门需要调阅记录时需提供相关证明时、园长批准，由相关人员协助调阅。

（北京市朝阳区左家庄幼儿园）

## 思考题

(1) 为便于幼儿一日生活的安全便捷，你觉得幼儿入园着装应该注意什么？作为带班教师，为保障一日工作顺利开展与幼儿安全，您认为教师着装应该注意什么？

(2) 当你所在班级的幼儿出现意外情况，比如磕伤？你的处理流程是什么？

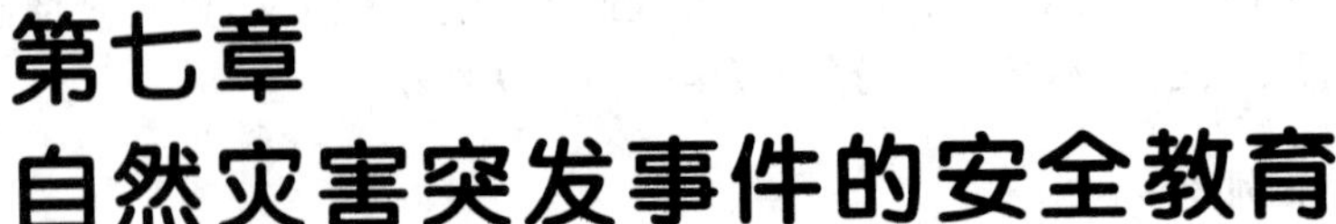

# 第七章 自然灾害突发事件的安全教育

## 学习目的

掌握自然灾害类突发事件的应对措施。

## 学习重点

对幼儿开展地震、雷雨、雾霾等自然灾害的应对教育方法。

## 引言

自然灾害类突发事件主要包括台风、暴雨、冰雹、沙尘暴、高温等气象灾害，地震、滑坡、泥石流等地质灾害，海啸等海洋灾害以及森林火灾和生物灾害。我国自然灾害种类多、频度高、分布广、损失大。由于特有的地质构造条件和自然地理环境，我国是世界上遭受自然灾害最严重的国家之一。

从幼儿的角度出发，幼儿生活实际中需要的自然灾害教育一般包括地震、雷雨、雾霾等，本章将详细介绍这些方面的安全教育。

## 第一节 地震的基本常识与安全教育

教师做好自然灾害安全教育的前提是了解各种自然灾害的基本常识，在此基础上结合幼儿实际情况设计教学。因此，在本章开篇介绍各类自然灾害的基本常识。

## 一、地震的基本知识

 **案例1**

**汶川地震基本情况**

2008年5月12日(星期一)14时28分04秒,根据中华人民共和国地震局的数据,此次地震的面波震级达8.0Ms、矩震级达8.3Mw(根据美国地质调查局的数据,矩震级为7.9Mw),地震烈度达到11度。地震波及大半个中国及亚洲多个国家和地区,北至辽宁,东至上海,南至中国香港、中国澳门及泰国、越南,西至巴基斯坦均有震感。

"5·12"汶川地震严重破坏地区超过10万$km^2$,其中,极重灾区共10个县(市),较重灾区共41个县(市),一般灾区共186个县(市)。截至2008年9月18日12时,"5·12"汶川地震共造成69 227人死亡,374 643人受伤,17 923人失踪,是中华人民共和国成立以来破坏力最大的地震,也是唐山大地震后伤亡最严重的一次地震。①

**案例分析**:汶川地震是距离我国最近的一次大地震,数据显示,对人民的生命安全造成了巨大的影响,很多人至今还生活在失去亲人的创伤中。在灾害面前,只有了解它,才能把它带来的影响降到最低。

在此部分,详细介绍地震的类型、震级、危害预防与应对等基本知识。

### (一)地震的类型与震级

地震又称地动、地振动,是地壳快速释放能量过程中造成振动,期间会产生地震波的一种自然现象。从地震的起因角度来谈,可以把地震分为以下五类。

**1. 构造地震**

这类地震发生的次数最多,占所有地震的90%以上。是由底下深处岩石破裂、错动而引起的,以地震波的形式急剧释放长期积累的能量。

**2. 火山地震**

此类地震占所有地震的7%左右。是由火山作用(如岩浆活动、气体爆炸等)引起的地震。

**3. 塌陷地震**

这类地震是由地下岩洞或矿井顶部塌陷引起的地震,规模小、次数少,往往发生在溶洞密布的石灰岩地区或大规模地下开采的矿区。

**4. 诱发地震**

由水库蓄水、油田注水等引发的地震,仅发生在某些特定的水库区或油田地区。

**5. 人工地震**

地下核爆炸、炸药爆破等人为引起的地面振动。

地震的震级是根据地震时释放的能量的大小而定的,一次地震释放的能量越多,地震级别越大。地震震级分为九级,一般小于2.5级的地震人无感觉,2.5级以上人有感觉,5级以上的地震会造成破坏,下面详细说明。

---

① 以上数据来自百度百科。

(1) 一般将小于1级的地震称为超微震。

(2) 大于等于1级且小于3级的地震称为弱震或微震,如果震源不是很浅,这种地震人们一般不易觉察。

(3) 大于等于3且小于4.5级的称为有感地震,这种地震人们能够感觉到,但一般不会造成破坏。

(4) 大于等于4.5级且小于6级的称为中强震(如"9·7"彝良地震),属于可造成破坏的地震,但破坏程度还与震源深度、震中距等多种因素有关。

(5) 大于等于6级且小于7级的称为强震(如"8·3"鲁甸地震、"2·6"高雄地震)。

(6) 大于等于7级且小于8级的称为大地震(如"8·8"九寨沟地震、"4·14"玉树地震、"4·20"雅安地震、"7·18"俄罗斯堪察加半岛地震)。

(7) 8级以及8级以上的称为巨大地震(如"5·12"汶川地震、"3·11"日本地震)。

### (二) 地震的危害

地震时,地震波从地内向地面传来,纵波首先到达,横波接着产生大振幅的水平方向振动,这是造成地震灾害的主要原因。

地震灾害包括直接灾害与次生灾害。地震造成的直接灾害有人员伤亡、财产损失、建筑物破坏、地面破坏、山体滑坡、海啸等,而且,地震的直接灾害发生后,紧接着就会引发次生灾害,如火灾、水灾、毒气泄漏、瘟疫等,很多时候次生灾害造成的伤亡和损失比直接灾害还大。

### (三) 地震的预防与应对

**案例2**

**《一个灾区农村中学校长的避险意识》[①]节选**

地震来临时,他正在绵阳办事。大地震动,他站不稳,只好与学校的总务长互相抱着。手机打不通,电话断了,第一波震荡过去后,他立即驱车往地处重灾区的学校赶。车开得飞快,路上他一句话也不说。他惦记着学校那栋没有通过验收的实验教学楼,心里最怕的是那栋楼出事。

20世纪80年代中,那栋楼建设时,学校没有找正规的建筑公司,断断续续地盖了两年多。到后来,没有人敢为这栋楼验收。

新的实验教学楼盖好了,教师和学生谁也不愿意搬进去,哪个都知道没有人敢验收的楼,建筑质量是什么样的成色。

后来,他当领导了,下决心一定要修这栋楼。

1997年,他把与这栋新楼相连的一栋厕所楼拆除了。因为他发现,厕所楼的建筑质量很差,污水锈蚀了钢筋。他怕建筑质量不高的厕所楼牵连同样质量可疑的新楼,要求施工队重新在一楼的安全处搭建了厕所,这样,虽然高层教室上课的同学上厕所不太方便,但是,孩子们安全。

---

① 案例摘自新华网,作者为朱玉、万一、刘红灿,节选。

1998年，他发现新楼的楼板缝中填的不是水泥，而是水泥纸袋。他生气，找正规建筑公司，重新在板缝中老老实实地灌注了混凝土。

1999年，他又花钱，将已经不太新的楼原来华而不实、却又很沉重的砖栏杆拆掉，换上轻巧美观结实的钢管栏杆。接着，他又对这栋楼动了大手术，将整栋楼的22根承重柱子，按正规的要求，从直径为37cm的三七柱，重新灌水泥，加粗为50cm以上的五零柱，他动手测量，每根柱子直径加粗了15cm。

这栋实验教学楼，建筑时才花了17万元，光加固就花了40多万元。

学校没有钱，他一点点向教育局要，领导支持，他修楼的钱就这样左一个5万元、右一个5万元的化缘而来。

教学楼时刻要用，他就与施工单位协调，利用寒暑假和周末，蚂蚁啃骨头般，一点点将这栋有16个教室的楼修好。

对新建的楼，他的要求更是严。楼外立面贴的大理石面，只贴一下不行，他不放心，怕掉下来砸到学生，他让施工者每块大理石板都打四个孔，然后用四个金属钉挂在外墙上，再粘好。用建筑外檐装修的术语讲，这叫“干挂”。

因此，即使是如前些天的大地震，教学楼的大理石面，没有一块掉下来。

他知道，教学楼不建结实，早晚会出事，出了事，没法向娃娃家长交代。

他不能让这样的危险降临在自己学生的身上。于是，他从2005年开始，每学期要在全校组织一次紧急疏散的演习。

学校会事先告知学生，本周有演习，但娃娃们具体不知道是哪一天。等到特定的一天，课间操或者学生休息时，学校会突然用高音喇叭喊：全校紧急疏散！

每个班的疏散路线都是固定的，学校早已规划好。两个班疏散时合用一个楼梯，每班必须排成单行。每个班级疏散到操场上的位置也是固定的，每次各班级都站在自己的地方，不会错。

教室里面一般是9列8行，前4行从前门撤离，后4行从后门撤离，每列走哪条通道，娃娃们早已被事先教育好。孩子们事先还被告知的有，在2层、3层教室里的学生要跑得快些，以免堵塞逃生通道；在4层、5层的学生要跑得慢些，否则会在楼道中造成人流积压。

学校紧急疏散时，他让人计时，不比速度，只讲评各班级存在的问题。

刚搞紧急疏散时，学生当是娱乐，半大孩子除了觉得好玩外，还认为多此一举，有反对意见，但他坚持。

后来，学生教师都习惯了，每次疏散都井然有序。

他对教师的站位都有要求。教师不是上完课甩手就走，而是在适当的时候要站在适当的位置，他认为适当的时候是：下课后、课间操、午饭晚饭，放晚自习和紧急疏散时——都是教学楼中人流量最大的时候；他认为适当的位置是：各层的楼梯拐弯处。

教师之所以被要求站在那里的原因是，拐弯处最容易摔，孩子如果在这里摔了，教师毕竟是成人，力气大些，可以一把把孩子从人流中抓住提起来，不致让别人踩到娃娃。

每周二都是学校规定的安全教育时间，让教师专门讲交通安全和饮食卫生等。他管得严，集体开会时，他不允许学生拖着自己的椅子走，要求大家必须平端椅子——因为拖

着的椅子会绊倒人，后面的学生看不到前面倒的人，还会往前涌，所有的踩踏都是这样出现的。

那天地震，他不在。学生们正是按着平时学校要求、他们也练熟了的方式疏散的。地震波一来，教师喊：所有人趴在桌子下！学生们立即趴下去。

教师们把教室的前后门都打开了，怕地震扭曲了房门。

震波一过，学生们立即冲出了教室，教师站在楼梯上，喊："快一点，慢一点！"

教师们说，喊出的话自己事后想想，都觉得矛盾和可笑。但当时的心情，既怕学生跑得太慢，再遇到地震，又怕学生跑得太快，摔倒了——关键时候的摔倒，可不是玩的。

那天，连怀孕的教师都按照平时的学校要求行事。地震强烈得使挺着大肚子的女教师站不住，抓紧黑板跪在讲台上，但也没有先于学生逃走。唯一不合学校要求的是，几个男生护送着怀孕的教师同时下了楼。

由于平时的多次演习，地震发生后，全校师生，2200 多名学生，上百名教师，从不同的教学楼和不同的教室中，全部冲到操场，以班级为组织站好，用时 1 分 36 秒。

学校所在的安县紧临着地震最为惨烈的北川，学校外的房子百分之百受损，90 多位教师的房子都垮塌了，其中 70 多位教师，家里砸得什么都没有了。

他从绵阳疯了似的冲回来，冲进学校，看到的是这样的情景：8 栋教学楼部分坍塌，全部成为危楼。他的学生，11 岁到 15 岁的娃娃们，都挨得紧紧地站在操场上，教师们站在最外圈，四周是教学楼。

他最为担心的那栋他主持修理了多年的实验教学楼，没有塌，那座楼上的教室里，地震时坐着 700 多名学生和他们的教师。

教师们迎着他报告：学生没事，教师们都没事。

他后来说，那时，他浑身都软了。55 岁的他，哭了。

他叫叶志平，是安县桑枣中学校长，四川省优秀校长。

**案例分析**：一位校长，面对危险建筑，从"化缘加固"到"疏散演习"，居安思危，把预防工作细致地做在了日常，大地震面前，以全校的有条不紊、临危不惧保护了每一名师生的生命安全。这个生动的事例告诉我们，地震虽然突发且不可预知，但却是可以预防的。

**1. 地震前兆**

虽然地震现在仍然不能被精确预报，但是，也会有一些前兆发生在地震前，这些前兆是一种异常现象，岩体在地应力作用下，在应力应变逐渐积累、加强的过程中，会引起震源及附近物质发生如地震活动、地表的明显变化以及地磁、地电、重力等地球物理异常，地下水位、水化学、动物的异常行为等。概括性称这些与地震孕育、发生有关联的异常变化现象为地震前兆(也称地震异常)。

(1) 地下水异常。地下水包括井水、泉水等。主要异常有发浑、冒泡、翻花、升温、变色、变味、突升、突降、泉源突然枯竭或涌出等。人们总结了震前井水变化的谚语："井水是个宝，前兆来得早。""无雨水质浑，天旱井水冒。""水位变化大，翻花冒气泡。""有的变颜色，有的变味道。"

(2) 动物异常。许多动物的某些器官感觉特别灵敏，它能比人类提前知道一些灾害

事件的发生，地震前的动物异常表现有牛、马、驴、骡惊慌不安、不进厩、不进食、乱闹乱叫、挣断缰绳逃跑、蹬地、刨地、行走中突然惊跑；猪不进圈、不吃食、乱叫乱闹、拱圈、越圈外逃；鸡不进架、撞架、在架内闹、上树；等等。

(3) 电磁异常。震前家用电器如电视机、日光灯、手机等出现失灵现象，如手机信号减弱、电子闹钟失灵等。

(4) 气象异常。地震之前，气象也常常出现反常。主要有震前闷热，人焦灼烦躁，久旱不雨或阴雨绵绵，黄雾四散，日光晦暗，怪风狂起，六月冰雹（飞雪）等。

**2. 地震防护**

地震发生时，如果采取正确的避险和自救互救方法，就能减少伤害。

## 小贴士

### 避震原则①

(1) 不要惊慌。在大地震来临时，要保持镇静，避免惊慌。要克服“惊呆”和“惊逃”两种不良反应。地震时严重伤亡的众多事例，大多是慌忙向外奔跑所致。

(2) 伏而待定。要保持镇静，迅速躲到附近最安全的地方，这是从历史的经验和血的教训中总结出来的。

(3) 定后转移。在主震之后相对平静的一段时间内，迅速离开藏身之处，转移到更安全的地方。

### 居家避震注意事项②

地震时恰好在家，应遵守6个字避震：一判断；二躲避；三疏散。

一判断：判断是近震还是远震。如果是远震，看着晃动几秒钟，再去打听这次地震发生在哪里、有多大。如果是近震，首先感到上下剧烈颠动，就要立刻采取行动，绝对不能迟疑。

二躲避：迅速躲在坚固的床沿旁边，卫生间、小厨房、小储藏间、内承重墙的墙角、墙根、已经固定好的大衣柜的旁边。躲避时，要用随手物件保护头部、捂住口鼻，以免砸伤大脑或被泥沙烟尘呛住。躲避的姿势：身体尽量全区缩小、卧倒或蹲下，随手用物件护住头部、捂住口鼻，另一手抓住一格固定物（墙角或桌角）。如果没有任何可抓的固定物和保护头部的物件，则应该采取自我保护的姿势，头尽量向胸部靠拢，闭口，双手交叉放在脖后，保护头部或颈部。

三疏散：摇晃一停止，要立刻离开住所，疏散到空旷安全地带。注意：地震时，不要采取以下6种行为。

(1) 不要乘电梯。地震时电梯可能严重变形危及生命，或断电无法逃生。

(2) 不要到阳台上。建筑物如果受损，阳台是最容易毁坏的地方。

(3) 不要到窗户或外墙边。建筑物如果受损，窗户和外墙是容易毁坏的地方。

---

①②摘自中国新闻网。

(4) 不要找衣物或贵重物品。生命宝贵，逃生要紧。

(5) 不要在床上或地中央。这属于危险地带。

(6) 千万不要跳楼。事实证明，跳楼的伤害很大。

### 户外避震注意事项[①]

地震发生时，如果您恰好在户外，避震要注意以下事项。

(1) 在室外活动的人们，要迅速环顾四周，根据所处的位置，快速转移到安全地带，要远离建筑物，特别不要进入建筑物取物或救人。

(2) 在街道上的行人，要迅速离开电线杆、路灯、变压器、烟囱、高大建筑物等危险设施、设备和围墙、狭窄通道等。

(3) 在过街桥或立交桥下的行人，要迅速远离桥下，跑到开阔的地方，或根据实际情况，选择近处有利地点躲避。

(4) 行使中的司机，要采取紧急制动措施，缓慢地逐渐刹车，停靠在路边或宽阔地，车上的乘客要抓住车中的座椅，或就地蹲下，抓住其他牢固的物件。

(5) 江河面上的船只，要立即停止航行，或者马上就近靠岸。

(6) 在山区的人们，要远离陡崖，密切注意山崩、滑坡、泥石流。当出现这些迹象时，千万不能在其前面往山下跑，应立即横向撤离。

(7) 处在石化、煤化、天然气等易爆、有毒的设施附近的人们，要迅速离开，朝污染源的上风处迎风奔跑，当遇到毒气泄漏，要用湿毛巾捂住口鼻，向逆风方向奔跑；当遇到易燃气体泄漏，要用湿毛巾捂住口鼻，地震停止后，向逆风方向跑去，同时切忌使用明火，以防爆炸燃烧。

(8) 遇到火灾的人们，要趴在地上，用湿毛巾捂住口鼻，待地震停止后，逆风向(或垂直风向)匍匐前进，转移到安全地方。

**3. 震后自救**

**案例 3**

### 小学生唱着《国歌》等待救援[②]

在汶川大地震中，都江堰小学三年级的许中政和同学也无一例外地被压在了废墟底下。一个明亮的教室晃了几下，没等他们反应过来是怎么回事，一下子变成了一个黑暗的世界，这对于只有 9 岁大的许中政来说，也许连想都没想过。

一时间，恐怖笼罩在整个废墟底下，哭泣声、呻吟声充斥着几个幼小的心灵。但就在不经意间，一声声铿锵有力的国歌声飘进了许中政的耳朵，他随着哼唱起来，一声、两声、三声……不知何时，他的同学也跟着唱起来了，顿时一座废墟充满了生机。在国歌陪伴下 28 小时的漫长等待后，他们终于走出了这座废墟。

---

① 摘自中国新闻网。

② 本案例来自于中央电视台汶川地震特别节目。

**案例分析**：汶川地震的救援中，留下了激励人心的一幕幕，这一幕小学生齐唱《国歌》等待救援的场景让人激动而欣慰，一曲义勇军进行曲，给了在绝境中的小学生们以力量、勇气，他们乐观积极地等待，直面困苦不畏惧。地震时，这种被压在废墟下的场景频频出现，我们一定要掌握一定的自救或自我保护的方法，科学、乐观地等待救援。

(1) 不要惊慌。震后也许生存在周围一片漆黑、只有极小的空间里，此时一定不要惊慌，要沉着，树立生存的信心，相信会有人来救，要千方百计保护自己。

(2) 改善环境。地震后，往往还有多次余震发生，处境可能继续恶化，为了免遭新的伤害，要尽量改善自己所处环境，避开身体上方不结实的倒塌物和其他容易引起掉落的物体；扩大和稳定生存空间，用砖块、术棍等支撑残垣断壁，以防余震发生后，环境进一步恶化，扩大生活空间，保障足够空气。此时，如果应急包在身旁，将会为脱险起很大作用。

(3) 自我保护。在这种极不利的环境下，首先要保护呼吸畅通，挪开头部、胸部的杂物，闻到煤气、毒气时，用湿衣服等物捂住口、鼻。

(4) 寻求救助。如果找不到脱离险境的通道，尽量保存体力，用石块敲击能发出声响的物体，向外发出呼救信号，不要哭喊、急躁和盲目行动，这样会大量消耗精力和体力，尽可能控制自己的情绪或闭目休息，等待救援人员到来。如果受伤，要想法包扎，避免流血过多。

(5) 维持生命。如果被埋在废墟下的时间比较长，救援人员未到，或者没有听到呼救信号，就要想办法维持自己的生命，以坚强的、乐观的精神支撑生命，如果有防震包，里面的水和食品一定要节约，尽量寻找食品和饮用水，必要时自己的尿液也能起到解渴作用。

## 二、地震安全教育

居安思危、防患未然，是我们应对地震这一不可预知、突如其来的自然灾害的主要方式。这一预防包括地震疏散演习、地震安全教育等，并常备防震安全包等，总之，只有做足准备，才能临危不惧。

### （一）定期开展地震应急演习

地震因为其特殊性，其疏散方式与消防演习不同——自救方式、躲避方法、疏散注意事项、救援方法等方面都有不同，因此不能以常规的消防演习代替地震演习，应该根据地震灾害的特殊性，设计适宜的演习方案，定期演习，提高教师与幼儿的安全意识与自护能力。

**案例 4**

**幼儿园地震应急演练方案**①

**一、演练目的**

通过地震应急演练，使全园师生掌握应急避震的正确方法，熟悉震后我园紧急疏散

① 本案例来自于“安全管理网”，有改动。

的程序和线路，确保在地震来临时，我校地震应急工作能快速、高效、有序地进行，从而最大限度地保护全园师生的生命安全，特别是减少不必要的非震伤害。同时通过演练活动培养幼儿听从指挥、团结互助的品德，提高突发公共事件的应急反应能力和自救互救能力。

**二、演练安排**

(1) 内容：应急避震演练，紧急疏散。

(2) 对象：全体幼儿和教职工。

(3) 时间：2011 年 5 月 12 日午睡时。

**三、演练准备**

(1) 演练前让教师熟悉应急避震的正确方法，分析幼儿园应急避震的环境条件，对幼儿阐述地震应急演练的重要意义，讲明演练的程序、内容、时间和纪律要求，以及各个班级疏散的路线和到达的区域，同时强调演练是预防性、模拟性练习，并非真正的地震应急和疏散，以免发生误解而引发地震谣传。

(2) 演练前对疏散路线必经之处和到达的"安全地带"进行实地仔细检查，对存在问题即使进行整改，消除障碍和隐患，确保线路畅通和安全。

**四、演练要求**

(1) 不要惊慌，听从指挥，服从安排。

(2) 保持安静，动作敏捷、规范，严禁推拉、冲撞、拥挤。

(3) 按规定线路疏散，不得串线。

**五、组织机构**

(一) 领导小组

组长：园长。

成员：全体教职工。

信号员：副园长。

(二) 教室室内指导组：各班教师和保育员

(1) "地震警报"发出后，教师指导幼儿进行室内避震，纠正幼儿的不正确动作和姿势。

(2) "地震警报"解除后，全体教师带领幼儿迅速而有秩序地疏散到指定的"安全地带"(幼儿园操场)。

(3) 班级教师要自始至终跟队，密切关注演练现场，维护活动纪律，防止意外发生。

(三) 疏散线路沿线工作

(1) 合理调节幼儿疏散的进度，特别是防止过度拥挤造成踩踏事故。

(2) 处理幼儿疏散过程中的偶发事件。

**六、演练程序**

(1) 信号员发出"地震警报"。

(2) 保育老师或上课教师(演练时为班小组长)立即停止授课，转而成为教室演练负责人，立即告知孩子"地震来了，不要慌"，并指挥幼儿迅速抱头、闭眼，躲在各自的课桌下或课桌旁，尽量卷曲身体，降低身体重心，并尽可能用书包保护头部；最后一排幼儿面向

墙,蹲在墙角处。演练时间为1分钟。

(3) 1分钟后,进行检查并记录不足之处。

(4) 2分钟后信号员接触铃声。

(5) 幼儿复位,教师告知幼儿,地震已过,现在撤离教室,进入紧急疏散演练环节。

(6) 幼儿在教师带领下有秩序地从楼梯向下撤离,并按照预定的疏散路线,迅速撤离到事先指定的地点。抱头蹲下。

(7) 各班班主任报告各班人数及受伤人数。

(8) 信号员对幼儿进行地震宣传教育。

(9) 宣布演练结束,各班依此退场,返回教室。

幼儿园避震演练,如图7-1所示。

(a) (b)

图7-1 幼儿园避震演练

### (二) 开展地震自救的集体教育活动

对于地震的基本知识的普及,可以采取集体教育活动的方式,让幼儿知道地震来了怎么办?如何自我保护?如何自救?甚至对于大班的幼儿,因为其观察能力的发展,可以了解一定的地震的前兆。

## 教学设计

### 地震了怎么办(小班)

**活动目标:**

(1) 了解地震的基本知识及地震造成的危害。

(2) 帮助幼儿掌握地震发生时自我保护的方法,掌握逃生技巧。

**活动准备:**有关地震知识的录像短片。

**活动过程:**

1) 观看地震知识的录像片段,了解地震造成的危害

(1) 通过短片让幼儿了解,由于地球不断运动,逐渐积累了巨大的能量,在地壳某些脆弱地带造成岩层突然发生破裂或震动,这就是地震。

(2) 教师提问：刚才你们看到了什么？地震会给我们带来什么危害呢？

幼儿自由讲述：地震时，地面会剧烈震动、裂开大缝，房屋倒塌，家里的东西都被压坏了，有时我们的生命也受到威胁，地震的确给我们带来很大的危害。所以今天我们一起来学习一些避震的知识。

2）帮助幼儿掌握一些地震发生时自我保护的方法

(1) 小朋友们，如果发生了地震，我们该怎么做呢？

(2) 教师对正确的做法进行小结：

① 当你在室内的时候，可以躲在墙角、厕所等容易构成三角支撑的地方以及结实坚固的家具底下或旁边。用身边的坐垫、枕头等柔软物保护头部。选好躲藏处后，正确的避震姿势为：蹲下，低头，闭眼或用手保护头部。还可以用湿毛巾捂住嘴、鼻子以防吸入灰尘和毒气。千万不要跑到阳台或窗户旁边，要远离玻璃门窗，或是悬挂物下。

② 如果是在室外，应该尽快跑到开阔的地方。要远离楼房、围墙、树木、广告牌等，更不要躲到地下通道中或高架桥下面。不要坐在汽车里，要到空旷的广场避难。

③ 千万不能跳楼或者进电梯。

④ 如果被埋，不要惊慌，要想办法保护自己。可以设法敲击能发出声响的物体，向外发出求救信号。

3）教育幼儿在发生地震时，不慌张，及时躲避，运用逃生技巧

地震虽然很厉害，但是小朋友不能慌张。在地震发生时，地面开始摇动后，还是有一小段时间可以用来躲避，如果在这段时间内躲到安全的地方，就不会受到伤害。

**活动反思：**

小班的幼儿对于地震相关的自我保护知识都不清楚，但是地震却是现今比较容易出现的自然灾害，小朋友们应该从小掌握初级的地震自我保护的知识。

（李硕）

## 小贴士

### 防震包物品清单①

地震的突发性很强，往往使人措手不及，防不胜防。因此，家庭在平时要准备一个防震包，以解震后的燃眉之急。防震包用帆布旅行袋最好(20～35L 背包一个)。一般应放置在靠近门口的地方，而且每个家庭成员都要知道。防震包所装物品数量不能太多，以方便携带。

防震包一般必须存放的物品应该如下。

**1. 求救装备类**

(1) 口哨(呼救用，求救必需品)。

(2) 红光激光笔一支(若在夜晚可以打开当作指示遇险地点，光线有一定的透射力)。

---

① 此信息来自于百度百科，有改动。

(3) 瑞士军刀一把(被掩埋后气闷难受,可以自己挖一挖周边的土,空间扩大点,或者挖个透气孔。不过要仔细观察和分析四周的土方压力,不要随便乱挖)。

(4) FM 收音机(可以收听外面的情况,保证自己不会与世隔绝)。

(5) 手摇充电器(这个应该可以配多个转接接头,保证你的手机和收音机短时间工作)。

(6) 手摇手电筒。

(7) 常用手机备用电池一块(保证充满电)。

(8) 户外恒温袋一个(折叠起来就豆腐块大小的东西,但是能保证短时间内体温不流失。这个东西价格在 20 元左右,户外店都有卖)。

(9) 可伸缩的杯子(最坏的情况是,如果水喝完了,你可以用来接自己的尿液喝)。

(10) 铁锤。

(11) 打火机、火柴。

(12) 生活用品:一至二件衣服、口罩、雨衣、工作手套、卫生纸等。冬天还要考虑御寒用的棉衣或毯子。

(13) 防水证件袋一个(里面放上一些零钱,你最重要的存折,证件的复印件)。

**2. 食品类**

(1) 1 升装水(若有空位可多装一小支水,水是求生最重要的资源)。

(2) 小袋葡萄糖粉剂和盐(可补充能量)。

(3) 专业户外能量棒 5 条(一条可以撑一天,带少了可以每天吃一点)。

(4) 巧克力棒 5 条(高热量食品,帮助抵抗饥饿。也可以准备一些你喜欢的零食,葡萄干都行)。

(5) 压缩饼干,方便面,面包,肉鱼类罐头。

**3. 药品类**

(1) 消炎药品(抗生素):盘尼西林,阿莫西林,罗红霉素,诺氟沙星。

(2) 绑扎类:绷带(纱布)一卷(受伤失血要用绷带扎在伤口的上端防止继续失血),大小创可贴若干,棉花一袋。

(3) 消毒类:酒精,消毒水,碘酒。

(4) 跌打损伤类:云南白药若干支(止血,内服、外敷都可以的良药)。

(5) 感冒退烧类:泰诺、康泰克。

(6) 肠胃类:保济丸、小檗碱。

**4. 个人信息类**

应该准备一个户外紧急救援小胶囊,铁质的(地震过后一般会下雨,所以铁胶囊可以很好地保护你的个人信息),里面放写清楚个人信息的纸条(在纸条上写上名字,紧急联络人和电话号码,血型,过敏禁忌证,社会保险号码等),便于医护人员开展紧急救援使用。

# 第二节 雷雨极端天气的应对与安全教育

**案例5**

**北京"7·21"特大暴雨**[①]

2012年7月21日至22日8时左右，中国大部分地区遭遇暴雨，其中北京及其周边地区遭遇61年来最强暴雨及洪涝灾害。截至8月6日，北京已有79人因此次暴雨死亡。根据北京市政府举行的灾情通报会的数据显示，此次暴雨造成房屋倒塌10 660间，160.2万人受灾，经济损失116.4亿元。此次暴雨造成北京受灾面积16 000km$^2$，成灾面积14 000km$^2$，全市道路、桥梁、水利工程多处受损。

**案例分析**：雷雨是空气在极端不稳定状况下所产生的剧烈天气现象，它常挟带强风、暴雨、闪电、雷击，甚至伴随有冰雹或龙卷风出现，因此往往造成灾害。为避免雷雨造成的损失，需要了解雷雨的基本常识，并以适宜的方式开展幼儿安全教育。

## 一、雷雨天气基本常识

下面主要介绍不同场合的避险常识。

### （一）户外遭遇雷雨天气的避险常识

**案例6**

**雷雨天气爬山被"击毙"**[②]

2009年6月13日下午2时，5名游客爬箭扣野长城时遭遇雷雨天气，其中一对夫妇当场被雷击而身亡，另3人受惊过度，被困野长城上。事发后，怀柔区雁栖镇西栅子村村民配合区政府等多部门上山将3被困者救出。据怀柔区委宣传部相关人员介绍，两名死者为一对去年刚结婚的夫妇，同为27岁。其中，女方姓陈，为北京大学在读博士生，其丈夫姓魏，为国家知识产权局工作人员。其他3人都是魏某的同事。

**案例分析**：这则事故的发生让人十分惋惜，为避免户外旅行（尤其是爬山）遭遇雷雨天气，最基本的做法是，外出前要查看天气预报，避免意外事故的发生。如果在日常户外活动中遭遇了雷雨天气，避险要慎重。

（1）可以选择一家大型超市或其他比较大型的公共场所避雨，千万不要贸然赶路，也不要选择到一些临时搭建的工棚避雨，因为临时建筑在雷雨中也是危险的，倒塌会砸伤避雨的人。

（2）避雨不要站在门口、走廊、广告牌、路牌附近，避免风力过大有坠落，意外砸伤。

（3）不在大树下避雨，不要用金属柄的雨伞，不接打手机，金属饰品绝缘保存，尽量不

① 本案例摘自百度百科。

② 本案例来自《新京报》。

戴在身上，避免雷击。

(4) 不在水体边(江、河、海等)与山顶、楼顶停留。

(5) 不触摸防雷的接地线。

### (二) 居家避雨注意事项

(1) 雷雨天气居家是最安全的选择。在家时要留意家用电器，因为雷雨天气会引发电路故障，尽量不使用大功率家用电器，如果是天线接收电视信号，也不要看电视，尽量不使用手机。

(2) 准备好手电筒、蜡烛等照明用具，因为雷雨天气常常引发断电，避免措手不及。

(3) 不使用太阳能热水器洗澡。

上述这些雷雨天气的注意事项，教师也可以传递到家庭，尤其是暑假来临前，做好家长的雷雨天气安全提醒，提高家长的安全意识。

## 二、雷雨天气应急措施

从前述雷雨天气基本常识可以看出，雷雨天气有可能给人们的生活造成很大的影响，为此，幼儿园的管理者要做到未雨绸缪、防患未然，制定详细的雷雨天气应急预案，只有这样才能做到临危不乱，避免伤害和损失。

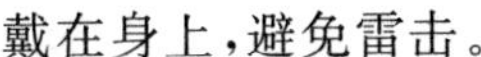

**案例 7**

**幼儿园预防雷雨天气安全应急预案**

春季和夏季是雷雨天气的高发季节，虽然雷雨天气是很正常的自然现象，但是雷雨天也容易发生各种事故，对环境和人的生命安全也会造成很大的危害，为最大限度减小雷雨天气对人员和生产设备的影响，特制定雷雨天气的应急预案。

**一、防雷雨天气的安全工作领导小组**

(1) 指挥小组组长：(园长)×××。

组员：(领导班子成员)×××、×××、×××、×××。

职责：全面检查协调本园教师、家长和幼儿的情况，及时调整大风天气的应急措施，如人员的安排，清扫雨水的工具，对雷雨天带来的各种安全隐患的排除和清理等应急工作。

(2) 信息组组长：×××(书记)；组员：×××(主任)；×××、×××(资料员)；×××(财务人员)及各班班长。

职责：及时了解天气预报，告知全园师生以及注意事项。根据需要，拟定告家长书，向家长宣传雷雨天带孩子出行的注意事项和防雷电、防积水的自我保护方法。

(3) 应急小组组长：×××(工会主席)；组员：×××(保教主任)；×××、×××(保健医)以及门卫、保安、所有行政人员和全体教师。

职责：对雷雨天气引发的突发性的人员受伤，保健医及时对受伤人员第一时间进行紧急处理并与就近医院联系，门卫、安保人员和行政人员对因雷雨天气引起的下水道障碍和路段障碍做到及时疏通和清理。

## 二、各岗位根据职责采取措施的具体部署

各岗位职责、责任人、措施落实如表 7-1 所示。

**表 7-1 各岗位职责、责任人、措施落实**

| 职责范围 | 责任人(岗位) | 措施落实 |
|---|---|---|
| 根据雷雨天气的严重情况,面向全园的人、物的整体协调和现场指挥 | 园长 | 负责召开关于雷雨天气的安全工作领导小组会议,传达上级相关文件与会议精神,部署、检查落实防风的安全事宜 |
| 信息的疏通和传达 | 书记 | 1. 保证通信的畅通,随时进行交流与沟通天气的变化<br>2. 做好向家长宣传雷雨天气出行时应注意的安全和指导,以书面形式告知家长,拟定大风天气告家长书<br>3. 做好上传下达的工作 |
| 1. 安检维修<br>2. 物品准备<br>3. 人员分工 | 后勤主任 | 1. 请专业人员检查维修园所避雷设施和下水管道的检查和疏通<br>2. 防滑垫不短于 10m×2,竹丝扫把 4 把,雨伞捅 4 个,接水桶若干,备用雨伞若干<br>3. 安排专人检查室内门窗<br>4. 消防物资检查<br>5. 预警通知 |
| 1. 检查维修<br>2. 家长引导<br>3. 安全保卫 | 门卫<br>户外保洁 | 1. 公共区域门窗、屋顶安全检查<br>2. 关闭全园通道口大门<br>3. 户外垃圾、杂物清扫处置<br>4. 灭火抢险<br>5. 清扫室外积水<br>6. 室外主要通道、室内入口铺放防滑垫,放置安全警示标志<br>7. 放置雨伞捅 2~4 个(视家长进园人数)备用雨伞及登记本准备<br>8. 入离园大门安保,对家长引导、安保防护<br>9. 备用物资的备用查点、收纳、报修 |
| | 保安 | 协助门卫和户外保洁做好以上的安保和防护工作 |
| 室内公共区 | 室内保洁 | 1. 关闭多功能厅、东西楼梯两侧窗户<br>2. 备吸水干墩布 2 把,室内入园通道地面随时除湿<br>3. 行走通道有雨水的情况要及时清理,并摆放(小心路滑)的警示牌 |
| 入离园引导 | 后勤人员<br>人事 | 入离园引导、避开雷电活跃时间 |
| | 保健医三名 | 1. 入园晨检,安全引导提示<br>2. 意外时紧急救治送医 |
| | 财务两名 | 入离园时段进出口人员引导,安全提示 |
| | 电教员、资料员 | 1. 幼儿园内通道引导及安全提示<br>2. 户外玩具收整(资料) |

续表

| 职责范围 | 责任人(岗位) | 措施落实 |
|---|---|---|
| 师幼安全 | 保教主任<br>科研主任<br>班级教师 | 1. 雷电安全教育,暂停户外活动<br>2. 关闭并远离门窗<br>3. 拔掉所有电器设备电源(空调、计算机等)<br>4. 严禁接打手机、看电视<br>5. 听候指挥引领幼儿安全离园 |
| | 相关人员 | 1. 相关场所自检报修,关闭门窗<br>2. 教职工个人防雷电安全教育 |

**三、注意事项**

(1) 各个部门和班级要加强平时的检查,如班级的水、电、门窗,食堂的煤气、水、电和门窗,发现问题及时报修,减少和避免雷雨天气造成的危害。

(2) 门卫和户外保洁平时在巡视和打扫户外卫生的时候随时检查建筑、房顶、树木以及室外的玩具是否牢固,发现问题及时汇报维修。

(3) 遇到突发的雷雨天气,门卫和户外保洁在孩子来园之前对园所环境进行清理,确保家长幼儿的出入安全,并摆放警示标志。

(4) 教师加强对幼儿和家长在雷雨天气户外的一些教育和注意事项的宣传。

(北京市朝阳区清友实验幼儿园)

## 三、应对雷雨天气的安全教育

在夏季雷雨天气高发季节来临时期,以集体教育活动的方式开展安全教育是十分必要的,以此增强幼儿对雷雨天气的科学认识,并促进其学会自我保护。

## 教学设计

### 防雷电(中班)

**活动目标:**

(1) 教育幼儿学会如何防雷电。

(2) 在成人的提示下,初步了解一些防雷电的方法。

**活动准备:**

模拟大树一棵;模拟电线杆一根、电线一条;房子一座;故事;小熊手偶;音乐《下雨了》。

**活动过程:**

1) 导入

今天,小熊小朋友邀请我们到他家去做客,现在我们出发吧。

2) 躲避雷雨、闪电的情景

教师:描述两段“故事”情景。

(1) 刚走到半路上,突然传来一阵雷雨闪电的声音(用录音机播放音乐)“孩子们,下雨了,打雷啦,赶快躲”,仔细观察孩子们躲在哪里。

(2) 雨停了，继续走，来到了小熊的家里坐下，他妈妈热情招待我们。

3) 围绕刚才躲避雷雨、闪电的情景进行提问

(1) 刚才我们在半路上遇到什么事情啦？(幼儿讨论，教师小结)

(2) 今天小可爱也遇到了和我们同样的事情，现在，我们一起来看看他是怎样做的？

(3) 观看课件《如何防雷电》。

(4) 围绕课件内容与幼儿展开讨论。

① 故事里的小可爱是躲在哪里避雷雨闪电的？

② 故事里的小哥哥又是躲在哪里避雷雨闪电的？

③ 小可爱、小哥哥，谁做得对呢？

4) 教师小结

(1) 不可以跑到大树下躲避雷雨、闪电。

(2) 不可以躲在高危的地方。如不可以躲在电线杆下，高压电等危险的设施附近。

(3) 可以在商场或公共设施避雨，等雨停了再走。

(吴菲)

## 第三节　雾霾天气的应对与安全教育

**案例 8**

**雾霾，2013 年度关键词**

2013 年，“雾霾”成为年度关键词。这一年的 1 月，4 次雾霾过程笼罩 30 个省(区、市)，在北京，仅有 5 天不是雾霾天。有报告显示，中国最大的 500 个城市中，只有不到 1% 的城市达到世界卫生组织推荐的空气质量标准，与此同时，世界上污染最严重的 10 个城市有 7 个在中国。

2014 年 1 月 4 日，国家减灾办、民政部首次将危害健康的雾霾天气纳入 2013 年自然灾情进行通报。

从以上数据可以看出，雾霾已经对我们的生活造成了严重的影响，也被国家高度重视，那么，什么是雾霾？雾霾对我们有哪些影响呢？我们又该如何应对雾霾天气？

### 一、认识雾霾

雾霾，是雾和霾的组合词。雾霾常见于城市。中国不少地区将雾并入霾一起作为灾害性天气现象进行预警预报，统称为“雾霾天气”。雾霾是特定气候条件与人类活动相互作用的结果。高密度人口的经济及社会活动必然会排放大量细颗粒物(PM2.5)，一旦排放超过大气循环能力和承载度，细颗粒物浓度将持续积聚，此时如果受静稳天气等影响，极易出现大范围的雾霾。

霾是由空气中的灰尘、硫酸、硝酸、有机碳氢化合物等粒子组成的。它也能使大气浑浊，视野模糊并导致能见度恶化，如果水平能见度小于 10 000m 时。与雾相比，霾对人的

身体健康的危害更大。由于霾中细小粉粒状的飘浮颗粒物直径一般在 0.01$\mu$m 以下，可直接通过呼吸系统进入支气管，甚至肺部。所以，霾影响最大的就是人的呼吸系统，造成的疾病主要集中在呼吸道疾病、脑血管疾病、鼻腔炎症等病种上。同时，灰霾天气时，气压降低、空气中可吸入颗粒物骤增、空气流动性差，有害细菌和病毒向周围扩散的速度变慢，导致空气中病毒浓度增高，疾病传播的风险很高。

## 二、应对雾霾

雾霾天气会让人身体不适，尤其是幼儿，当我们面临雾霾天气时，应该从哪些方面多加留意，呵护幼儿身心健康呢？看看专家怎么说？

### 小贴士

**雾霾天气中婴幼儿生活的注意事项**[①]

第一，要注意房间通风的时间。很多人知道要开窗通风，特别是很多家长晚上开空调带孩子睡觉，更要注意通风，但雾霾天气下不主张早晚开窗通风，最好等太阳出来再开窗通风。

第二，要注意卫生，保湿。要保证房间的卫生，雾霾天气下卫生很重要，否则极易引发呼吸道疾病，清理卫生不给病菌以滋生之地；其次要保湿，保证房间相对的湿度，让漂浮的粉尘易于沉淀和吸附在地面，尽量使用湿的抹布擦拭干净灰尘，以免被吸入呼吸道。

第三，要减少户外活动。在雾霾天气时最好不要带孩子进行户外活动，尤其早晨空气质量特别差，要等能见度高的时段进行，地点以树多草多的地方为好；另外也不要带孩子到人多的地方活动，人多容易交叉感染，引发疾病。

第四，要给宝宝合理饮食，饮食宜清淡，多吃蔬菜，多喝水。能够生成空气负离子的负离子维C机是人们有效净化空气的良好选择，多吃胡萝卜、豆芽、西红柿、海带、卷心菜，确保维生素的摄入量，对雾霾也有不错的预防作用。多喝水，补充维生素D。PM2.5通过呼吸作用进入人体后，呼吸道首当其冲受到影响。多喝水是预防患上呼吸道疾病的要诀；另外要给孩子多吃清肺的食物，如黑木耳粥、猪血菠菜汤等；由于雾天日照减少，儿童紫外线照射不足，体内维生素D生成不足，对钙的吸收大大减少，严重的会引起儿童生长减慢，要注意维生素D的补充。

## 三、开展关于雾霾的安全教育

孩子生活的环境不可避免地会出现雾霾天气，让幼儿了解雾霾的危害与预防措施，对于保护其身体健康、增强自护能力有十分重要的意义。下面一则教案是一名大班幼儿园教师设计的关于雾霾的安全教育，以供参考。

---

① 此信息源于太平洋亲子网。

## 教学设计

### 雾霾来啦！（大班）

**活动目标：**

（1）了解雾霾对人体的伤害及基本的自我防护。

（2）知道灾害天气对人们生活及健康的影响，关注人类共有的生存环境，懂得保护环境的重要性，树立环保意识。

（3）了解雾、霾，能分清雾和霾。

**活动准备：**雾和雾霾的对比图片；PM2.5的示意图；雾霾危害人体图片；适合雾霾天气多吃的食物图片。

**活动过程：**

1）导入

教师："小朋友们，你们可以说出雾和霾的区别吗？"

幼儿猜想并回答。

2）了解雾、霾，分清雾和霾

教师小结：

（1）观看雾是指在相对高的温度下，空气中形成的几微米到100$\mu$m，肉眼可见的微小水滴（或冰晶）的悬浮体，是一种自然的天气现象。出现雾时空气潮湿，空气相对湿度高。

（2）霾是悬浮在空气中肉眼无法分辨的大量的几微米以下的颗粒，使水平能见度小于10km的天气现象。出现霾时空气则相对干燥，空气相对湿度通常在80%以下。

3）引出PM2.5，认识PM2.5

教师："什么是PM2.5？"（幼儿回答）

教师小结：是测量雾霾程度的单位名称，PM2.5值越高雾霾越严重。

4）雾霾的来源

雾霾产生的主要来源，是日常发电、工业生产、汽车尾气排放等过程中经过燃烧而排放的残留物，大多含有重金属等有毒物质。

5）雾霾的危害

（1）教师出示雾霾危害人体图片、出示雾霾的应对措施。

教师："小朋友们如何避免雾霾对我们的伤害呢？"

幼儿：思考并回答。

（2）教师小结。

① 避免晨练，减少外出。采用室内锻炼代替室外锻炼。

② 外出戴口罩。如果不得不出门时，最好戴上防护口罩。出门后进入室内时，要及时洗脸、洗手、漱口、清理鼻腔。

③ 患者坚持服药。呼吸病患者和心脑血管病患者更要坚持按时服药，以免发病。

④ 注意调节情绪。心理脆弱、患有心理障碍的人在这种天气里会感觉心情异常沉重，情绪低落，可以在家看看喜剧或听相声等，要让自己高兴起来。

⑤ 饮食清淡多喝水，多吃豆腐、雪梨。这样不仅可补充各种维生素和无机盐，还能起到润肺除燥、祛痰止咳、健脾补肾的作用。少吃刺激性食物，多吃些梨、枇杷、橙子、橘子等清肺化痰食品。

（吴菲）

## 四、加强雾霾天气应急管理

除教师根据雾霾天气基本常识开展相关教育活动外，幼儿园应该加强雾霾天气的应对管理，总体规划和部署，确保幼儿的身体健康。下面这则案例是幼儿园空气重污染应急预案，教师从中可以学习到处理雾霾天气的一些方法，并了解幼儿园的管理，适应幼儿园的日常教育工作。

**案例 9**

### 幼儿园空气重污染应急预案

为应对空气重污染，保护幼儿园儿童身体健康，中共北京市朝阳区委教育工作委员会、北京市朝阳区教育委员会、北京市朝阳区政府教育督导关于印发《朝阳区教育委员会空气重污染应急预案(2016 年修订)》的通知(以下简称《通知》)，结合本园实际情况制定本预案。

**一、应急机构与职责**

1. 组长：园长、书记

职责：接受朝阳区教育委员会空气重污染应急工作领导小组办公室指令，向全园宣布进入预警状态，启动幼儿园预案；负责幼儿园应对空气重污染工作的整体指导、协调及预警状态下突发事件的处理；与上级的沟通、汇报等。

2. 副组长：工会主席、保教主任

职责：预警状态下指导各班进行幼儿园居家及在园整体活动的开展；向全体前勤教师发布各种信息的通知通告；预警状态下幼儿出勤信息汇总以微信形式向组长汇报。

3. 组员：后勤主任

职责：预警状态下食堂订货数量的修改或取消；预警等级标志及通告栏制作及运作；预警状态下后勤人员的信息传达。

4. 组员：办公室主任

预警状态下幼儿园行政人员的通知、信息的及时传达；在组长指导下向上级汇报应急状态下各项工作进展及相关数据。

5. 组员：保健医

负责预警状态下班级空气净化器使用检查、体育锻炼的监督与检查；根据幼儿出勤人数灵活调整当日食谱。

6. 组员：各班班长

职责：预警状态下各班幼儿班级活动的组织及居家一日活动安排与家长指导，班级来园幼儿及居家幼儿信息统计与汇报。

7. 组员：资料室成员

职责：园内应对空气重污染的相关措施宣传、信息上报及材料收集、整理。

**二、幼儿园预警信息发布与解除**

幼儿园接到朝阳区教育委员会空气重污染应急工作领导小组办公室发布的空气重污染预警或解除指令后，通过微信、电话方式转达给幼儿、教师、家长，告知启动的预警级别，

及应对措施。预警发布联系图如图7-2所示。

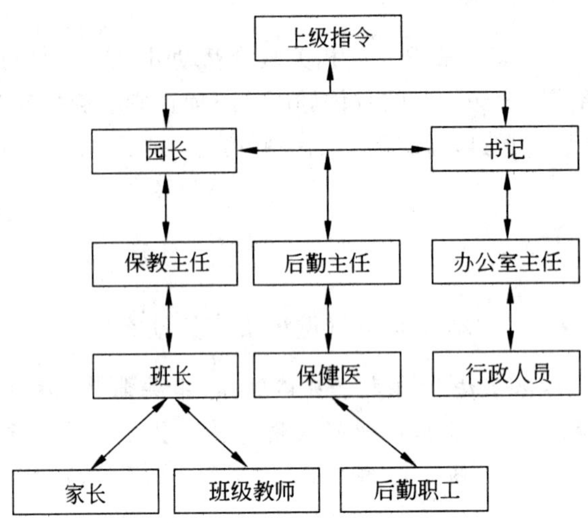


图7-2 预警发布联系图

注：本图设置为双向箭头，意思是本传达是一个有传达、有回馈的信息传达图。

当消息传达至班级教师时，教师应马上回复班长“通知收到，遵照执行”，当信息传达至家长时，家长应马上回复本班班长“通知收到，遵照执行或通知收到，申请来园”，信息收集全后，班长应在第一时间回馈保教主任“全部教师已知”“全部家长已知”，保教主任第一时间回报园长“全体教师及家长已知”。

**三、不同预警级别的应对措施**

1. 预警级别：预警四级(蓝色)

应对措施：减少户外体育运动。

活动要求：

教师给予幼儿活动项目的指导，不做肺活量大的运动。

教师带领幼儿相对减少户外体育活动，同时制订班级室内运动的计划，结合音乐游戏、集体音乐律动和集体操组织幼儿室内活动。

室内活动时关闭窗户，开启空气净化器。

2. 预警三级(黄色)、预警二级(橙色)

应对措施：停止户外活动。

活动要求及时间方式：

(1) 活动地点：室内、大厅、楼道、乐器探索区、多功能厅。

(2) 活动内容：多功能厅体育课、集体操、集体音乐律动、音乐游戏、区域自选游戏(以有身体运动内容的表演区/乐器探索区为主)等。

(3) 活动时间：上午、下午各1小时。

(4) 活动要求：①结合幼儿年龄特点、幼儿园建筑结构特点、以确保幼儿安全为前提下在班级内或者教学楼内开展运动锻炼；②关闭窗户，开启空气净化器。

3. 预警级别：预警一级(红色)

应对措施：停课。

预警状态下班级负责制，向家长告知预警停课状态下家园联系渠道，停课期间要对孩子进行电话追踪，及时掌握幼儿生活情况及健康状况等。

(1) 居家生活指导，按幼儿园作息安排幼儿在家有序进行一日生活。

(2) 居家游戏指导：根据幼儿年龄特点及课程进度为幼儿选择适宜的亲子游戏内容。包括亲子音乐游戏、亲子娱乐游戏和手指操等。

(3) 居家安全指导，不外出，不去公共场合，不触摸电源、不玩火，不给陌生人开门、幼儿在家要有成人陪同，确保幼儿安全。

(4) 红色预警期间，幼儿园停课在家学习，按照“停课不停学”的原则，各班班长通过班级微信群、QQ群、短信、电话等途径发布幼儿自主学习内容，学习期间可向老师电话咨询。

(5) 在家期间，家长要确保孩子安全，取消一切户外活动。如果家中确实无人看管，由家长提出来园申请、签字交给班上老师，再由班长签字并统计本班来园幼儿人数。

(6) 每天上午10:30前通过“朝阳区教委空气重污染应急指挥平台”上报。

红色预警期间平台上报流程：①由各班班长在上午9:00之前向保教主任上报停课在家幼儿人数，在园幼儿人数；②再由保教主任在上午9:30向主园长和书记上报，准确统计当天及次日幼儿到校信息；③园长、书记每天上午10:30前通过“朝阳区教委空气重污染应急指挥平台”上报。

(7) 根据《通知》要求制定本园《检查情况表》，向综合协调组上报本园指令接收、预案执行、信息反馈、干部教师坚守岗位、应急值班等环节的落实情况。

**四、工作要求**

(1) 提高认识，强化落实。全校的教职员工要提高对空气重污染严重性的认识，扎实落实各项应对措施，最大限度减低空气污染对师生身体健康的影响。

(2) 教职员工要在平时做好应急教学指导的资料库、数据库等建设工作，充分预备，随时可启用。

(3) 假期各班班长要24小时开机，与主任、班级教师及家长保持联系，确保信息畅通。

(4) 红色预警状态下，各班教师要积极值班，支持家长的工作，不得以任何理由劝孩子不来园，一旦发现将深入追究。

(5) 建立应急指导小组人员微信群，及时共享上级指令、幼儿出勤等各方面信息，方便各方面工作的及时调整；建立教师微信群，主任与班长教师及时在群内沟通，必要时打电话直接联系。各班建立家长微信群，及时传达信息。

(6) 教职工要学习预案，经常演练。

（北京市朝阳区清友实验幼儿园）

## 五、开展丰富多彩的室内运动

如今，各幼儿园都密切关注雾霾预警情况，根据预警选择户外活动的时间，在春冬雾霾高发季节，常常出现持续多日幼儿不能户外活动的情况，如果因此幼儿失去了运动的机会，将影响其身心健康，因此，很多教师开始探索丰富多彩的室内运动，增强幼儿的体质。

下面这则案例，是室内安全运动会的案例，既满足了幼儿的室内运动需要，也进行了多方面的安全教育，设计巧妙，值得借鉴。

**案例 10**

## 幼儿安全运动会的设计与实施
## 2016 年室内安全运动会活动方案

**一、活动背景**

安全工作是幼儿园重中之重。对幼儿进行安全教育，提高幼儿安全意识和自我保护的能力是幼儿园安全工作的重要组成部分。在过去，我们对幼儿的安全教育多以集中教育活动、体验性活动和环境教育等形式为主，这些教育在一定程度上发挥了相应的作用。但在实践中我们也发现，幼儿对于安全知识了解较多，但在遇到实践问题时，综合运用各种保护自己能力的能力还有所欠缺。因此有必要为幼儿创设能够综合运用自己的各种安全知识、各种能力（包括身体动作技能）保护自己的机会，让幼儿在实践体验中从“知”到“行”。

同时，随着天气渐冷，空气对流变少，雾霾渐渐多起来。户外活动受阻的频率也加强。为了让孩子们喜欢运动，并且能够在特殊天气时得到锻炼，在运动中健康快乐地成长，教师把室内体育锻炼作为工作重点，并根据本学期即将进行的体能测试项目精心编排了适合小朋友们的室内体能游戏。

综上所述，我们将安全教育内容与幼儿室内运动会相结合，在体育游戏中渗透安全教育，锻炼体能，培养幼儿保护自己的能力。我们希望通过让每一个孩子在积极地参与中表现自我的快乐，增强他们的自主性、自信心，并在室内运动会中进行游戏的体验，展示小朋友和教师的风采。

**二、活动时间**

2016 年 11 月 15 日 8:30—10:30。

**三、活动地点**

幼儿园室内。

**四、活动目的**

幼儿：

(1) 在实践运用中进一步增强幼儿的安全意识和自我保护的能力。

(2) 让幼儿感受室内体育游戏活动的乐趣，提高幼儿对室内体育游戏的认识。通过室内游戏有针对性地增强体能素质，同时锻炼幼儿勇敢、不怕困难的意志品质。

(3) 增强幼儿的竞争意识、合作意识，提高幼儿遵守游戏规则的自觉性。

教师：

(1) 增强教师对特殊天气的应变能力。

(2) 通过教师互相交流增强教师设计室内体育游戏的能力，丰富室内游戏的多样性。

(3) 提高教师开展对幼儿安全教育的能力。

**五、活动责任及分工**

(1) 总负责：保教主任。

(2) 场地、环境布置：各班教师及体育教师。

(3) 游戏负责人：救火大行动——殷思思；营救小勇士——张宏浩；钻进防空洞——邢智帷；穿越火线——朱书男爸爸；我是小小消防员——杨京蕊；拯救小动物——孟庆丽；穿山越岭——范韵华；听铃声快跑——郝佳雪；练瑜伽——王琪；安全游戏大闯关——邓瑞红；穿越安全岛——杨平；解救小动物——崔婧琳；安全标志我知道——何宇佳；大声呼救——胡玉杰；拯救小鸟——杨鸣；森林救火队——佟研；火灾逃生——辛震。

(4) 班级巡场、拍照：资料员及各班教室。

(5) 材料备场：各班教师。

音响：电教员　　照相：外请　　摄像：外请　　兑奖：电教员

(6) 会场秩序、协调：邢娜、林莉、许岩岩。

**六、活动安排**

8:30 幼儿下楼到大厅集合。每班幼儿站两队，教师站在队尾。

(一) 准备部分

① 唱国歌。

② 讲述背景。

③ 教师代表发言。

④ 幼儿代表发言。

⑤ 园长(主任)发言。

⑥ 介绍安全要点。

(二) 基本部分

① 幼儿回班做操(向前冲)。

② 幼儿站队，教师摆场地发放兑换卡。

③ 幼儿按照兑换卡显示，到各个场地进行安全体育游戏，完成后由负责教师加盖印章。

(三) 结束部分

结束项目，幼儿凭兑换卡上的印章有序兑换礼物。兑换完礼物后回班。

(四) 安全注意事项

(1) 本次活动教师要注意幼儿活动区域的安全，确保游戏安全。

(2) 教师注意根据需要提醒孩子饮水。

(3) 注意上下楼的安全，特别是年龄较小的小朋友，巡场教师要确保在楼梯和楼道的每一名幼儿的安全。

(4) 在运动过程中，教师要注意保护好幼儿安全，如发生小朋友跌倒摔伤，及时由保健医处理。并按上报程序进行上报。

(北京市朝阳区枣营幼儿园)

## 室内安全主题运动会总结

为了增强幼儿安全意识与自我保护能力，应对雾霾天气变化，枣营幼儿园于 2016 年 11 月 15 日组织全园幼儿进行了“安全大挑战室内运动会”。本次运动会的特点在于所有

的运动均设在室内进行。与安全内容相结合,设计了丰富、有趣、将安全教育与体育运动结合成一体的室内游戏。旨在通过此次活动给幼儿带来一种全新的运动方式,在活动中锻炼幼儿跑、跳、钻、爬、滚、平衡等诸项体能,在实践演习中增长大声呼救、看安全标志逃生等安全知识。如《救火大行动》在体能方面发展幼儿跨跳、双脚连续跳障碍能力,在安全方面增强幼儿防火意识,知道消防栓能灭火。再如《安全标志大闯关》游戏,即发展了幼儿的柔韧训练,增强韧带和肌肉的伸展能力,又增进幼儿对安全标志的认识和巩固。幼儿钻防空洞游戏,如图 7-3 所示。

图 7-3 幼儿钻防空洞游戏

在室内运动会中,幼儿园邀请家长志愿者作为楼道及大厅的安全提示人员。大中班幼儿能够使用游戏卡片,自主地到各个场地进行游戏活动。对于遇到的困难,幼儿能够主动向周围的同伴、教师、家长志愿者提出问题,寻求帮助。对于鼓励幼儿自己想办法解决问题这一环节,幼儿园在游戏卡片上有意进行了一个"疏忽"处理,即没有在卡片上标出游戏所在的具体班级,目的就是让幼儿在问题出现时,能够想办法解决问题。教师在这一环节中留下的隐性教育,让幼儿解决问题的自主性有了明显的提升。孩子在游戏过程中能够主动地表达自己的需求。小班幼儿能够在老师及哥哥姐姐的带领下勇敢地参与各个游戏。整个游戏过程,孩子们积极主动,敢于表达和尝试。

活动后,家长志愿者们对通过运动会发展幼儿体能、增强幼儿安全教育的整合活动形式非常认可。

## 各班室内运动会安全游戏集

### 小一班运动会游戏:跳

**游戏名称**:救火大行动。

**游戏目标**:

(1) 通过跨跳、双脚连续跳障碍发展幼儿跳的能力。

(2) 增强幼儿的防火意识,提高幼儿对安全知识的认识。

(3) 培养幼儿学会遵守游戏规则,听从指挥,锻炼孩子们的快速反应能力。

**游戏准备**:跨跳栏 6 个(两组)、画板两个、"灭火器"2 个。

**玩法**：今天小朋友们都是消防员，前面的圈里就是失火的地方，你们要到达那里进行灭火。老师为你们设计了一条路线，可以很快地到达火灾现场。

**游戏难度**：

易(小班)：跨跳矮障碍，到达现场喷水灭火。

难(中、大班)：双脚跳过高障碍到达现场喷水灭火。

**游戏名称**：营救小勇士。

**游戏目标**：

(1) 发展双脚跳跃能力和躲避障碍物的反应速度。

(2) 培养幼儿游戏中的勇敢精神和协调能力。

(3) 通过地震躲避碎石营救小朋友，提高安全知识。

**游戏准备**：跳跳棉、两人三足绑带、不同高矮三角形板 3 个、娃娃数个、1 个帐篷。

**玩法**：今天你们是小勇士，穿过前方“碎石”，就能营救因地震倒塌房物里的被困的小娃娃，你们要通过地震现场去救那些小娃娃。老师为你们设计了一条路线，可以很快地到达地震现场。

**游戏难度**：

易(小班)：直接用跳跳棉跳到目的地，营救小娃娃。

难(中、大班)：绑好绑带双脚连续跳并绕过“碎石”，到达现场后救起“娃娃”放到指定的地点跑回。

(郭天晓)

## 小二班运动会游戏：钻

**游戏名称**：钻进防空洞。

**游戏目标**：

(1) 通过游戏，幼儿练习钻的动作。

(2) 通过演习防空的情景，增加幼儿对防空警报的认识。

**游戏准备**：防空警报.mp3。

小班准备：钻筒、小号呼啦圈×5、呼啦圈捆绑钻圈×1。

中大班准备：呼啦圈捆绑转圈×2、小拱门×3、呼啦圈×8。

**游戏玩法**：

① 小班玩法：呼啦圈摆一竖排，先双脚并齐跳呼啦圈，然后钻过呼啦圈捆绑钻圈，“穿过重重险阻”最后钻过大钻筒，“钻进防空洞”。

② 中大班玩法：呼啦圈一个两个一个两个顺序摆放，先双脚并齐开合跳呼啦圈，然后钻过 3 个小拱门，最后穿越两个呼啦圈捆绑钻圈，“穿越重重险阻，进入防空洞”。

**游戏名称**：穿越火线。

**游戏目标**：

(1) 通过游戏，练习幼儿钻的动作。

(2) 通过演习着火的情景，了解遇到火灾要弯腰前进。

**游戏准备**：

① 小班准备：垫子×2、小拱门×2、毛毛虫钻筒。

② 中大班准备：垫子×2、皮筋×3、椅子×3、小拱门×3、呼啦圈捆绑转圈×1。

**游戏玩法：**

① 小班玩法：先手膝着地爬过垫子“钻出火场”，再弯腰钻过两个小拱门，最后钻过毛毛虫钻筒，“逃离火场”。

② 中大班玩法：先从垫子上匍匐前进钻过皮筋，再钻过三个小拱门，最后穿过一个呼啦圈捆绑转圈，“钻出火场”。

（隗晓娜）

## 小三班运动会游戏：翻滚

**游戏一**

**游戏名称：**我是小小消防员。

**游戏目标：**

(1) 听到哨声能够及时做出相应的反应。

(2) 通过游戏发展幼儿大肌肉及全身协调能力。

(3) 通过游戏知道身上起火后，如何自救。

**游戏准备：**垫子3块、消防帽。

**玩法：**

① 从起点出发，听到哨声从垫子上滚动，滚到终点戴上安全帽跑回起点。

② 大班可以用前滚翻代替滚动进行游戏。

**游戏二**

**游戏名称：**拯救小动物。

**游戏目标：**

(1) 通过游戏发展幼儿身体的协调能力及翻滚能力。

(2) 通过游戏，引导幼儿完成并体验游戏的快乐。

**游戏准备：**小动物玩偶若干、垫子3块、筐4个

**玩法：**幼儿从起火点(起点)抱一个小动物玩偶滚过垫子，将小动物玩偶放在终点的筐里，然后跑回起点。

中大班可用前滚翻代替滚动游戏。

（要斌）

## 中一班运动会游戏：大肌肉综合

**游戏一**

**游戏名称：**穿山越岭。

**游戏目标：**

(1) 通过游戏练习幼儿蹲走、爬、钻、平衡多方面的能力。

(2) 能够在游戏中克服困难，增加幼儿的坚持性和挑战性。

**游戏准备：**皮筋或绳子若干，教师大椅子2把，荷叶、指压板若干。

**玩法：**每队第一位幼儿蹲着走过2.5米“地洞”(用皮筋两头绑在床上)，翻过“小山”(大椅子或者垫子)，走过小河(荷叶)和小桥(指压板或平衡路)，走到终点获胜。

**游戏规则**：

(1) 小班绕过小山，直接走过小河和小桥。

(2) 大中班蹲着走过地洞时，不要碰到线。

**游戏二**

**游戏名称**：听铃声快快跑。

**游戏目标**：

(1) 能够听到长铃响时，快速有序地朝安全方向逃离。

(2) 通过游戏，幼儿练习绕S形路线跑和直线跑的动作。

**游戏准备**：障碍物10个，椅子两把，毛巾若干块，起点、终点线各一条，手动铃铛一个。

**游戏玩法**：幼儿排成两组，每组排成纵队，分别站在起点线，当教师摇铃铛时，每组第一位幼儿快速绕过障碍物，跑到终点线处，从椅背上取下毛巾捂住口鼻，直线跑回起点。

**游戏规则**：

(1) 中大班快速绕过S形路线跑，每个都要绕。

(2) 小班可以不绕，直接跑到终点拿上毛巾捂住嘴巴跑回。

（韩颜丽）

## 中二班运动会游戏：柔韧性

**游戏一**

**游戏名称**：练瑜伽。

**游戏目标**：

(1) 通过模仿瑜伽动作，锻炼身体的柔韧性。

(2) 通过对图片的观察，提高幼儿的观察、模仿能力。

(3) 在游戏中，激发幼儿对柔韧游戏的兴趣。

**游戏准备**：瑜伽图、音乐。

**玩法**：按照图片动作进行模仿(图片见附件)。

① 小班模仿1～2个动作。

② 中班模仿3～4个动作。

③ 大班模仿4～5个动作。

**游戏二**

**游戏名称**：安全标志大闯关。

**游戏目标**：

(1) 通过柔韧训练，增强韧带和肌肉的伸展能力。

(2) 通过游戏，增进幼儿对安全标志的认识。

(3) 在闯关游戏中，感受游戏乐趣，获得成功感。

**游戏准备**：安全标志、大积木。

**游戏玩法**：本游戏为闯关游戏。

(1) 够分数。脚放在固定位置，用手去摸前面的分数，分数越高成绩越好。

(2) 够标志。脚放平，用胳膊往上够上面悬挂的安全标志，并说出是什么标志。

(3) 弯腰捡。用大积木搭成高矮不同防线，弯腰过防线去够地上的安全标志，要求脚不离地。大、中、小班根据不同高度进行游戏。

（郭美琪）

## 中三班运动会游戏：爬

**游戏一**

**游戏名称**：穿越安全岛。

**游戏目标**：

(1) 发展钻爬能力和身体灵敏素质。

(2) 游戏中，能够识别各种标识的意思，知道躲避危险，保护自己。

**游戏准备**：平衡石、禁止通行的标识、钻爬标识、12 张幼儿桌子首尾相连，形成一个连续的小岛。

**玩法**：勇敢的"小士兵"要快速、安全地穿越岛屿送小动物回家。

小班：从连着的桌子底下穿过安全岛，手脚膝盖同时着地向前爬，安全爬到终点，获得印章。

中大班：抱着小动物，从连着的桌子上越过"障碍"向前爬，穿过安全岛，安全爬到终点送小动物回到家中，获得印章。

**游戏二**

**游戏名称**：解救小动物。

**游戏目标**：

(1) 掌握正确的手脚着地爬行和坐爬的方法。

(2) 知道危险来临时，要听从指挥快速撤离，躲避危险，保护自己。

**游戏准备**：着火的背景图、小动物、大布蔓、椅子、梯子、快速离开标志、钻爬标识等。

**玩法**：小勇士需要听从"警察"指令，快速通过布蔓攀爬梯子，越过障碍将小动物送回家。

小班：手脚着地，穿过布蔓及障碍。

中大班：用坐爬(先成坐姿，双臂撑地、臀部提起、双脚双手向前移动)将小动物放在自己的肚子上，双臂撑地快速将小动物送回家。

（许京磊）

## 大一班运动会游戏：平衡

**游戏一**

**游戏名称**：安全标志我知道。

**游戏目标**：

(1) 学习持物走窄道，提高幼儿的平衡能力。

(2) 能够识别安全标志。

**游戏准备**：平衡砖若干、平衡木一个、起伏路 1 组、安全出口等安全标志若干、动物玩偶若干、筐 2 个。

**玩法**：幼儿手持小动物，从起点沿着不同路线行进，遇到安全标志时，请大声说出安全标志的名称，如：小心夹手等，继续沿着路线直至终点。

小班：沿平衡砖、起伏路走。

中大班：沿起伏路、平衡木走。

**游戏二**

**游戏名称**：大声呼救。

游戏目标：

(1) 练习头顶顶物，提高幼儿的平衡能力。

(2) 遇到危险时能够大声呼救，保护自己。

**游戏准备**：平衡蛋2个、沙包2个、筐2个、测分贝仪器、黑板1块、大声呼救图示1张。

**玩法**：幼儿头顶物，从起点处，直线走到终点，将物品放入筐内，对着测分贝仪器大声呼救。

小班：头顶沙包。

中大班：头顶平衡蛋。

（赵菲菲）

### 大一班运动会游戏：投掷

**游戏一**

**游戏名称**：拯救小鸟。

**游戏目标**：

(1) 通过单手肩上投掷的游戏，提高投远及投准的能力。

(2) 感受投掷活动的乐趣，体验成功的快乐。

**地点**：大二班活动室。

**游戏准备**：沙包（若干）、玩偶（若干）、积木搭建城堡。

**游戏玩法**：

(1) 淘气的小怪兽要去小鸟家里带走小鸟，小朋友们快来帮帮它，赶走小怪兽，拯救小鸟。

(2) 幼儿站在起点处，手拿沙包向小怪兽（目标玩偶）打去，每人有三次机会，打倒怪兽。

**游戏规则**：

(1) 小班打倒两米外怪兽。

(2) 中班打倒三米外怪兽。

(3) 大班打倒四米外怪兽。

**游戏二**

**游戏名称**：森林救火队。

**游戏目标**：

(1) 通过单手低手投掷的游戏，提高身体动作的协调性。

(2) 通过遵守救火游戏的规则，完成游戏，提高幼儿安全意识。

**游戏地点**：大二班阳台。

**游戏准备**：保龄球、小球。

**游戏玩法**：

(1) 大森林里面发生火灾了，请小小救火队的小队员们，在保证自己安全的情况下帮助小动物们进行灭火，拯救大森林。

(2) 幼儿站在安全线外，用单手低手投掷的动作，将球（水球）投向保龄球（火焰）击倒所有保龄球（火焰）完成灭火游戏。

**注**：请幼儿投掷时，不要超过安全线，否则会被火焰烧伤。

**游戏规则**：

(1) 小班——幼儿在安全线外用球击倒两米外的保龄球（火焰）。

(2) 中班——幼儿在安全线外用球击倒三米外的保龄球（火焰）。

(3) 大班——幼儿在安全线外用球击倒四米外的保龄球（火焰）。

（郭雅军）

**游戏三**

**游戏名称**：公共大厅运动会游戏（火灾逃生）——辛震。

**游戏目标**：通过跑的游戏锻炼幼儿下肢大肌肉力量。

通过情景创设，使幼儿能够学会在火灾发生时自逃的方式。

**游戏准备**：安全出口标志、椅子若干、纸巾若干、拱形门两个。

**游戏玩法**：

（小班）将安全出口的标志贴在地上，终点处放一个拱形门。幼儿手持纸巾捂嘴。弓腰以最快的速度沿着安全出口的标志钻过拱形门。

（中、大班）将椅子无序地码在大厅，在其中的一条通道贴上安全出口的标志，终点处放一个拱形门。幼儿手持纸巾捂嘴。弓腰以最快的速度沿着安全出口的标志钻过拱形门。

（北京市朝阳区枣营幼儿园）

## 第四节　雪灾的预防与应对

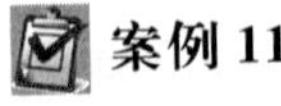

### 案例 11

### 2008 年中国雪灾纪实[①]

2008 年中国南方雪灾是指自 2008 年 1 月 10 日起在中国发生的大范围低温、雨雪、冰冻等自然灾害。中国的上海、江苏、浙江、安徽、江西、河南、湖北、湖南、广东、广西、重庆、四川、贵州、云南、陕西、甘肃、青海、宁夏、新疆等 20 个省（区、市）均不同程度受到低温、雨雪、冰冻灾害影响。截至 2 月 24 日，因灾死亡 129 人，失踪 4 人，紧急转移安置 166 万人；农作物受灾面积 1.78 亿亩，成灾 8764 万亩，绝收 2536 万亩；倒塌房屋 48.5 万间，损坏房

---

① 此数据来自百度百科。

屋 168.6 万间；因灾直接经济损失 1516.5 亿元。森林受损面积近 2.79 亿亩，3 万只国家重点保护野生动物在雪灾中冻死或冻伤；受灾人口已超过 1 亿人。其中安徽、江西、湖北、湖南、广西、四川和贵州等 7 个省份受灾最为严重。

这次雪灾归因于与拉尼娜(反圣婴)现象有关的大气环流异常：环流自 2008 年 1 月起长期经向分布使冷空气活动频繁，同时副热带高压偏强、南支槽活跃，源自南方的暖湿空气与北方的冷空气在长江中下游地区交汇，形成强烈降水。大气环流的稳定使雨雪天气持续，最终酿成这次雪灾。

**案例分析**：2008 年的雪灾给很多人留下了深刻的印象，雪灾作为可以预知的自然灾害，也需要我们储备必要的知识，以便应对。

## 一、读懂雪灾预警

### 暴雪预警与防御指南①

暴雪预警信号分四级，分别以蓝色、黄色、橙色、红色表示。

**1. 暴雪蓝色预警信号标准**

12 小时内降雪量将达 4 毫米以上，或者已达 4 毫米以上且降雪持续，可能对交通或者农牧业有影响。

防御指南：

(1) 政府及有关部门按照职责做好防雪灾和防冻害准备工作。

(2) 交通、铁路、电力、通信等部门应当进行道路、铁路、线路巡查维护，做好道路清扫和积雪融化工作。

(3) 行人注意防寒防滑，驾驶人员小心驾驶，车辆应当采取防滑措施。

(4) 农牧区和种养殖业要储备饲料，做好防雪灾和防冻害准备。

(5) 加固棚架等易被雪压的临时搭建物。

**2. 暴雪黄色预警信号标准**

12 小时内降雪量将达 6 毫米以上，或者已达 6 毫米以上且降雪持续，可能对交通或者农牧业有影响。

防御指南：

(1) 政府及相关部门按照职责落实防雪灾和防冻害措施。

(2) 交通、铁路、电力、通信等部门应当加强道路、铁路、线路巡查维护，做好道路清扫和积雪融化工作。

(3) 行人注意防寒防滑，驾驶人员小心驾驶，车辆应当采取防滑措施。

(4) 农牧区和种养殖业要备足饲料，做好防雪灾和防冻害准备。

(5) 加固棚架等易被雪压的临时搭建物。

---

① 此信息来自中国网。

**3. 暴雪橙色预警信号标准**

6 小时内降雪量将达 10 毫米以上，或者已达 10 毫米以上且降雪持续，可能或者已经对交通或者农牧业有较大影响。

防御指南：

(1) 政府及相关部门按照职责做好防雪灾和防冻害的应急工作。

(2) 交通、铁路、电力、通信等部门应当加强道路、铁路、线路巡查维护，做好道路清扫和积雪融化工作。

(3) 减少不必要的户外活动。

(4) 加固棚架等易被雪压的临时搭建物，将户外牲畜赶入棚圈喂养。

**4. 暴雪红色预警信号标准**

6 小时内降雪量将达 15 毫米以上，或者已达 15 毫米以上且降雪持续，可能或者已经对交通或者农牧业有较大影响。

防御指南：

(1) 政府及相关部门按照职责做好防雪灾和防冻害的应急和抢险工作。

(2) 必要时停课、停业(除特殊行业外)。

(3) 必要时飞机暂停起降，火车暂停运行，高速公路暂时封闭。

(4) 做好牧区等救灾救济工作。

## 二、做好雪灾前的准备工作

在知晓雪灾即将来临的情况下，应该做好如下准备。

(1) 时刻关注气象部门关于暴雪的最新预报、预警信息。

(2) 做好道路清扫和积雪融化准备工作。

(3) 暴雪来临前要减少外出活动，特别是尽可能减少车辆外出，并躲避到安全地方。

(4) 做好防寒保暖准备，储备足够的食物和水。

(5) 不要待在不结实不安全的建筑物内。

(6) 做好雪灾教育活动，稳定幼儿情绪。

## 三、积极应对雪灾天气

雪灾降临，应该注意以下事项。

(1) 尽量待在室内，不要外出。

(2) 如果在室外，要远离广告牌、临时搭建物和老树，避免砸伤。路过桥下、屋檐等处时，要小心观察或绕道通过，以免因冰凌融化脱落伤人。

(3) 使用非机动车应给轮胎少量放气，以增加轮胎与路面的摩擦力。

(4) 如果被积雪围困，要尽快拨打“110”“119”等报警求救电话，积极寻求救援。

(5) 注意收听天气预报和交通信息，避免因机场、高速公路、轮渡码头等停航或封闭而耽误出行。

(6) 驾驶汽车时要慢速行驶并与前车保持距离。车辆拐弯前要提前减速，避免踩急刹车。有条件要安装防滑链，佩戴色镜。出现交通事故后，应在现场后方设置明显标志，

以防连环撞车事故发生。

(7) 主动清扫自家或单位附近道路和屋顶的积雪。

(8) 步行外出时,要采取防寒保暖和防滑措施,步行时尽量不要穿硬底或光滑底的鞋。

(9) 老少体弱人员尽量减少外出,以免摔伤。

## 四、关于下雪的安全教育

在濒临冬天的时候,应该给幼儿开展关于下雪的安全教育,因为孩子对雪有着独特的情感,他们喜欢玩雪。给孩子传授必要的安全知识,他们在玩雪的过程中就会有安全意识,能够做好自我保护。

## 教学设计

### 下雪天的安全(中班)

**活动目标:**

(1) 了解下雪天要注意的安全常识,具备基本的安全意识和自我保护能力。

(2) 感受下雪天的快乐心情,并愿意尝试解决雪天遇到的小困难。

**活动准备:** PPT课件。

**活动过程:**

1) 欣赏图片,感受下雪天的快乐心情

(1) 观察图片,看一看图片上是什么季节,你是怎么看出来的?(是冬天、有雪。)

(2) 他们在干什么?你做过这些事情吗?当时的心情是什么样的?(堆雪人、打雪仗、滑冰的图片。)

2) 观看视频课件,了解下雪天要注意的安全常识

(1) 讨论:下雪的时候大家的心情都很高兴,但是在下雪天外出也会遇到一些困难,你在下雪天外出时遇到了什么困难?

(2) 观看视频,里面的小妹妹怎么了?她为什么会滑倒?怎样做就不会摔倒了?

(3) 讨论:下雪后路很滑,走路时要注意什么?哪些方法能够保护自己不摔倒呢?

(4) 小结:不要在冰上面走;不要一边滑冰一边走路;穿防滑雪地靴等。

(5) 观看图片,如果走在雪地上不小心摔倒了,应该怎么办?了解下雪天要注意的安全常识。

轻:活动活动。

重:尽量保持一个姿势不要动,如果摔伤腿部立即叫大人帮忙送到医院。

3) 组织幼儿讨论,引导幼儿具备基本的安全意识和自我保护能力

(1) 在寒冷的冬天,除了保护自己不摔倒,还要保护自己身体的哪些地方?

(2) 玩打雪仗和滑冰的时候应该注意什么?

(3) 怎样做能够不让自己冻伤?怎样做能够保护自己的手脚、小脸蛋不被冻伤?

(4) 如果自己的手脚不小心被冻伤了,应该怎么办?

不要直接泡在热水里;要抹冻伤膏;不破皮的情况下多用手心搓一搓,通过摩擦促进

血液循环;回到温暖的屋子里,使手的温度慢慢升高;穿厚的鞋袜;多运动。

(5) 学习儿歌《雪天安全歌》。

(6) 活动延伸:希望小朋友们在下雪天都能加强自我防护意识,能够安安全全、快快乐乐地度过整个冬天。

(李延萍)

值得幼儿教师关注的是,孩子对雪有一种天生的期待和喜欢,如果只是普通降雪,或者雪灾过后已经安全,老师们千万记得带孩子们穿暖穿好去堆雪人、打雪仗,给孩子的童年留下美好的记忆!

# 第五节　其他自然灾害的预防和应对

地震、雷雨、雾霾、雪灾是常见且对人身体危害较大的自然灾害,因此在前面章节详细介绍了这些自然灾害的基本常识、应急处理与安全教育。其实,在大自然中,还存在雪灾、高温、台风、冰雹等自然灾害,这些自然灾害因为可以预告且具有一定的地域差异,因为篇幅限制不做细致的介绍,接下来的部分对高温和台风做简单的说明。

## 一、高温的预防与应对

中国气象学上,气温在35℃以上可以称为"高温天气",如果持续几天气温都超过这个温度,则被称为"高温热浪"。高温天气一般有两种,与湿度有关,湿度小的为"干热性高温",湿度大的为"闷热性高温",即俗称的"桑拿天"。

**高温的成因**[①]

从科学层面寻找"高温"成因,有两个基本视角,一是自然科学,二是社会科学,后者常被人们忽视。

就自然科学而言,高温之所以产生,一般来讲,其成因包括直接的和间接的。直接成因很容易理解。热源带来热量,高温的最直接热源无疑是太阳,夏季时,北半球的陆地处于太阳的近地点,全年中这一时期接受太阳辐射的程度最高。在此情况下,如果不能从洋面等处获得较为温润的水汽,便会出现持续高温天气,形成"火炉"。这就是气象专家给出的主要成因,即"副热带高气压强度过大",阻止陆地从洋面等处获得"清凉"的水汽。但问题是,为何"副高"会如此强大呢?这就涉及间接造成高温的因素。

高温的间接成因,根据气象专家解释,主要有两个。一是,与青藏高原上的积雪减少有关,这相当于减少了"火炉"周边的制冷源;二是,与大西洋上的洋流变化有关,即"火炉"与远处制冷源间的互动被隔断了。

① 摘自新浪新闻,作者是复旦大学经济学院讲师、环境经济研究中心副主任李志青,有节选。

如果"炉火"过旺是造成高温的内因，上述两个因素便是外因。在一般年份，这些内外因素不会同时出现，但一旦同时出现，持续高温就在所难免。

此外需要考虑的是，除自然因素外，高温成因中究竟有无人为因素。这不仅值得自然科学研究者重视，也是更深入的社会科学层面研究的起点。

尽管从局部看，持续高温有很大的偶然性，譬如并非每年都发生，又譬如并非所有地区都发生，似乎很难证明高温背后是否存在人为影响因素。但如果研究周期足够长、研究范围足够大，可以发现，高温是自然生态系统的一种变化。假如我们跳出温度的范畴，可以把高温看作一种气象变化；再跳出气象的框架，高温则可视为一种自然环境变化；继续扩大研究范畴，高温还属于自然—人类交互的生态系统变化。

按照这样的思路，如此强度的高温固然属气象变化的个案，但如果将高温与其他极端的气象变化，如严寒、干旱、暴风雨等一并考察呢？再者，如果将气象的极端变化与生态环境中的极端变化，如海水酸化、物种灭绝等放在一起审视呢？如此归类，便可能得出其他结论。假如科学家能在高温与高温之间、高温与严寒之间，或高温与其他环境类灾害之间找到某种内在的系统性联系，也就更易于发现中间是否存在人为影响因素。

关于人为因素影响自然环境变化，最典型的一个例子是，在过去的20多年里，科学家就已从诸多局部的、不同的环境变化痕迹中找到了一个相应的系统变化规律，这就是"气候变化"，或称"全球变暖"。事实上，所谓"气候变化"的表现不仅是气温的升高，大气温室气体浓度、洋流变化、局部地区洪涝、干旱或降雪等，也都是气候变化的表征。在这样的研究基础之上，一些科学家从系统变化中找到了人为影响的痕迹，即大规模燃烧石化能源带来的温室气体排放。这为后续的社会科学研究奠定了基础。

在上述文章中，作者试图通过多个方面探究高温的成因，这也是不同领域专业人员都在探索的话题。总之，高温的产生是错综复杂的。作为一名幼儿园教师，要应对这样的天气，首先还是要读懂预警并采取合理措施。

### （一）高温预警与防范措施

**小贴士**

**高温预警基本常识**[①]

高温预警信号分三级，分别以黄色、橙色、红色表示。

**1. 高温黄色预警信号**

标准：连续三天日最高气温35℃以上。

防御指南：

(1) 有关部门和单位按照职责做好防暑降温准备工作。

(2) 午后尽量减少户外活动。

(3) 对老、弱、病、幼人群提供防暑降温指导。

(4) 高温条件下作业和白天需要长时间进行户外露天作业的人员应采取必要防护

① 摘自2007年8月17日《中国气象报》。

措施。

**2. 高温橙色预警信号**

标准：24小时内最高气温将升至37℃以上。

防御指南：

(1) 有关部门和单位按照职责落实防暑降温保障措施。

(2) 尽量避免在高温时段户外活动，高温条件下作业的人员应当缩短连续工作时间。

(3) 对老、弱、病、幼人群提供防暑降温指导，并采取必要的防护措施。

(4) 有关部门和单位应当注意防范因用电量过高，以及电线、变压器等电力负载过大而引发的火灾。

**3. 高温红色预警信号**

标准：24小时内最高气温将升至40℃以上。

防御指南：

(1) 有关部门和单位按照职责采取防暑降温应急措施。

(2) 停止户外露天作业(除特殊行业外)。

(3) 对老、弱、病、幼人群采取保护措施。

(4) 有关部门和单位要特别注意防火。

### （二）高温天气保健常识

**案例12**

#### 幼儿高温天须防"冷伤害"①

随着正式入伏，全省天气瞬间由"大风清凉模式"切换到"高温炙烤模式"。在这样的高温天气下，一岁半的豆豆这两天突然拉起了肚子，家长一开始只是给他调整了饮食，可是豆豆连续拉了好几天，症状也没有好转。开始焦急的家长赶紧带豆豆来到江苏省妇幼保健院、江苏省人民医院妇幼分院儿童保健科就诊。

医生在仔细询问完豆豆的情况后结合了检查报告诊断，豆豆患上了肠胃功能紊乱。经过仔细询问，原来是前两天天气炎热，家长带豆豆外出游玩时买了冷饮吃；看着豆豆也想吃就挖了一勺给豆豆吃，再加上天气炎热开着空调，豆豆可能也吹了冷风。医生判断，正是冷饮和冷风，导致豆豆患上肠胃疾病。经过医生的对症治疗，豆豆很快就恢复了健康。儿童保健科张丹医生介绍，过多摄入冷饮会引起小儿胃肠道疾病，因为冷饮一般要比胃内温度低20～30℃，过低的温度会使胃黏膜过冷受到刺激，黏膜血管强烈收缩，胃内分泌就会紊乱。儿童的胃黏膜比起成年人更显娇嫩，对于冰冷食物的承受力也比较弱，再加上空调冷风，很容易导致幼儿的胃肠功能紊乱。

张丹医生提醒，常吃冷饮不仅会对幼儿的消化道造成伤害，也容易伤及幼儿正在发育的牙齿。除了冷饮等冰冻食品尽量不要食用，夏天大人常生吃一些瓜果蔬菜，特别是冷藏后的水果，也要避免给幼儿食用；食用一些新鲜水果的时候也要注意清洁，避免不洁食物

---

① 此案例来自凤凰网。

对幼儿的胃肠道造成伤害。另外夏季幼儿所处的室温要保持在合理范围内，最好在26℃左右，太低的室温会造成出门时温差过大；也不要长时间让幼儿待在室内，适当的空气流通和阳光都是幼儿生长发育所必需的。

高温天气要防中暑、防晒伤，也要防止游泳引起的溺水等现象。度过高温天气，要掌握一些保健小常识。

**1. 多喝水**

每天要喝七八杯水，可以在水中加入适量蜂蜜。夏季是失水较多的季节，尤其是在高温天气下，若不及时补水会影响身体健康，使皮肤干燥，皱纹增多，加速人体衰老。除了白开水，蜂蜜水、矿泉水、牛奶、酸梅汤、果汁等都是理想的补水饮品。

**2. 补钾**

高温出汗失去会让身体流失钾，引起低血钾现象，即倦怠无力、头昏头痛、食欲不振等现象，因此，高温天气要注意补钾，新鲜蔬菜和水果富含钾，可多吃些草莓、荔枝、李子，蔬菜中的大葱、芹菜、毛豆等也富含钾。

**3. 补充盐分和维生素**

高温天气排汗流失身体里的氯化钠，所以补充水分的时候也要注意补充盐分，可以适当喝一些盐开水。另外也要注意补充维生素，减少体内糖类和蛋白质的消耗，有益于人体健康，多吃西瓜、黄瓜、番茄及海鲜类食品。

**4. 少吃冷饮**

很多幼儿爱吃冰激凌、雪糕等冷饮，但要注意少吃，一方面冷饮食品会伤害幼儿的消化道，另外冷饮为甜食，会伤害正在发育的牙齿。

**5. 注意防晒**

高温天气也要避免暴晒，防止把皮肤晒伤，要穿浅色衣服，注意使用遮阳伞、防晒霜、防晒衣等，注意紫外线对皮肤的伤害。

## 二、台风的预防与应对

### 案例 13

**台风“彩虹”及其影响①**

2015年第22号台风“彩虹”于10月2日凌晨在菲律宾吕宋岛上生成，之后持续向西北方向移动，强度不断加强；3日14时加强为台风级，23时加强为强台风级；4日14时10分前后以强台风级在广东省湛江市坡头区沿海登陆(15级，50米/秒)，18时前后移入广西境内；5日14时中央气象台对其停止编号。

截至6日下午，台风“彩虹”造成广东广州、佛山、湛江、茂名、阳江、云浮等地353.4万人受灾，18人死亡，4人失踪，紧急转移安置17.04万人，3374间房屋倒塌，农作物受灾面积28.27万公顷，直接经济损失达232.4亿元；广西196.07万人受灾，2人死亡，紧急转移安置11.41万人，972间房屋倒塌，农作物受灾面积9.82万公顷，直接经济损失9.19亿元。

① 此案例来自中国天气网。

另外,"彩虹"影响期间正值国庆假日,广西、广东和海南旅游业受到严重影响。广东省旅游局启动旅游安全应急响应,珠江口及以西沿海地区滨海旅游、海岛旅游设施全部关闭清理;海南海口、三亚等地涉海景区关闭,琼州海峡全线停航;广西各大景区及海、陆、空等交通也做出调整或停运。10月5日开始,上述地区的景区和交通陆续恢复。

从案例可以看出,台风对人类的生产生活产生极大影响,为了降低这一自然灾害产生的影响,必须了解它,学会正确应对。

### (一) 认识台风

台风是热带气旋的一个类别,关于台风的产生原因、预警级别与防御措施,请看摘自中国天气台风网的内容。

**小贴士**

#### 台风的产生与预警[①]

台风,是发生在西北太平洋和南海一带热带海洋上的猛烈风暴。大家一定看到过江河中不时有旋涡出现,实际上,台风就是在大气中绕着自己的中心急速旋转的、同时又向前移动的空气旋涡。它在北半球作逆时针方向转动,在南半球作顺时针方向旋转。气象学上将大气中的涡旋称为气旋,因为台风这种大气中的涡旋产生在热带洋面,所以称为热带气旋。

**台风蓝色预警信号**

含义:24小时内可能或者已经受热带气旋影响,沿海或者陆地平均风力达6级以上,或者阵风8级以上并可能持续。

防御指南:

(1) 政府及相关部门按照职责做好防台风准备工作。

(2) 停止露天集体活动和高空等户外危险作业。

(3) 相关水域水上作业和过往船舶采取积极的应对措施,如回港避风或者绕道航行等。

(4) 加固门窗、围板、棚架、广告牌等易被风吹动的搭建物,切断危险的室外电源。

**台风黄色预警信号**

含义:24小时内可能或者已经受热带气旋影响,沿海或者陆地平均风力达8级以上,或者阵风10级以上并可能持续。

防御指南:

(1) 政府及相关部门按照职责做好防台风应急准备工作。

(2) 停止室内外大型集会和高空等户外危险作业。

(3) 相关水域水上作业和过往船舶采取积极的应对措施,加固港口设施,防止船舶走锚、搁浅和碰撞。

(4) 加固或者拆除易被风吹动的搭建物,人员切勿随意外出,确保老人小孩留在家中

---

① 此信息来自中国天气台风网。

最安全的地方，危房人员及时转移。

**台风橙色预警信号**

含义：12 小时内可能或者已经受热带气旋影响，沿海或者陆地平均风力达 10 级以上，或者阵风 12 级以上并可能持续。

防御指南：

(1) 政府及相关部门按照职责做好防台风抢险应急工作。

(2) 停止室内外大型集会、停课、停业(除特殊行业外)。

(3) 相关水域水上作业和过往船舶应当回港避风，加固港口设施，防止船舶走锚、搁浅和碰撞。

(4) 加固或者拆除易被风吹动的搭建物，人员应当尽可能待在防风安全的地方，当台风中心经过时风力会减小或者静止一段时间，切记强风将会突然吹袭，应当继续留在安全处避风，危房人员及时转移。

(5) 相关地区应当注意防范强降水可能引发的山洪、地质灾害。

**台风红色预警信号**

含义：6 小时内可能或者已经受热带气旋影响，沿海或者陆地平均风力达 12 级以上，或者阵风达 14 级以上并可能持续。

防御指南：

(1) 政府及相关部门按照职责做好防台风应急和抢险工作。

(2) 停止集会、停课、停业(除特殊行业外)。

(3) 回港避风的船舶要视情况采取积极措施，妥善安排人员留守或者转移到安全地带。

(4) 加固或者拆除易被风吹动的搭建物，人员应当待在防风安全的地方，当台风中心经过时风力会减小或者静止一段时间，切记强风将会突然吹袭，应当继续留在安全处避风，危房人员及时转移。

(5) 相关地区应当注意防范强降水可能引发的山洪、地质灾害。

### (二) 应对台风

关于台风的应对，包括两部分内容，一部分是根据天气预报获悉台风将至后到台风来临前的准备工作，另一部分是台风到达后的避险常识。

**台风应对措施**①

**1. 台风来临前准备要点**

(1) 及时收听、收看或上网查阅台风预警信息，了解政府的防台行动对策。

(2) 关紧门窗，紧固易被风吹动的搭建物。

(3) 从危旧房屋中转移至安全处。

---

① 此部分知识来自中国天气台风网。

(4) 处于可能受淹的低洼地区的人要及时转移。

(5) 检查电路、炉火、煤气等设施是否安全。

(6) 幼儿园、学校应采取暂避措施,必要时停课。

(7) 露天集体活动或室内大型集会应及时取消,并做好人员疏散工作。

(8) 不要到台风经过的地区旅游或到海滩游泳,更不要乘船出海。

**2. 台风来了如何避险**

(1) 尽量不要外出。

(2) 如果在外面,千万不要在临时建筑物、广告牌、铁塔、大树等附近避风避雨。

(3) 如果你是开车的话,则应立即将车开到地下停车场或隐蔽处。

(4) 如果你住在帐篷里,则应立即收起帐篷,到坚固结实的房屋中避风。

(5) 如果你在水面上(如游泳),则应立即上岸避风避雨。

(6) 如果你已经在结实的房屋里,则应小心关好窗户,在窗玻璃上用胶布贴成"米"字图形,以防窗玻璃破碎。

(7) 如台风加上打雷,则要采取防雷措施。

(8) 台风过后需要注意环境卫生,注意食物、水的安全。

## 思考题

(1) 针对雾霾天气,你会给幼儿开展哪方面的教育?如何组织室内运动?如何做好家园沟通?

(2) 地震疏散与消防演习的区别是什么?带领孩子参与地震演习应该注意哪些问题?

# 参考文献

[1] 李季湄.幼儿教育学基础[M].北京：北京师范大学出版社，1998.
[2] 幼儿园教育指导纲要(试行)[M].北京：北京师范大学出版社，2001.
[3] 孟庆茂.教育科学研究方法[M].北京：中央广播电视大学出版社，2001.
[4] 应对突发事件知识读本[M].北京：新华出版社，2008.
[5] 秦金亮.儿童发展概论[M].北京：高等教育出版社，2008.
[6] 刘晓东.学前教育学[M].南京：江苏教育出版社，2009.
[7] 王芳.危机传播经典案例透析[M].北京：中国社会科学出版社，2010.
[8] 李涛，陈登国，孙刚.突发事件应急救援手册[M].北京：军事医学出版社，2010.
[9] 廖为建.公共危机传播管理[M].广州：中山大学出版社，2011.
[10] 金舒.应对突发事件方法与技巧[M].北京：国家行政学院出版社，2011.
[11] 于一才.突发事件应对与安全教育[M].北京：航空工业出版社，2011.
[12] 赵国忠.教师安全管理手册[M].南京：南京大学出版社，2011.
[13] 艾学蛟.突发事件经典案例解析与使用指南[M].北京：中国长安出版社，2011.
[14] 周念丽.学前儿童发展心理学[M].上海：华中师范大学出版社，2011.
[15] 中华人民共和国教育部.3～6岁儿童学习与发展指南[M].北京：首都师范大学出版社，2012.
[16] 江川.突发事件应急管理案例与启示[M].北京：人民出版社，2013.
[17] 李季湄.《3～6岁儿童学习与发展指南》解读[M].北京：人民教育出版社，2013.
[18] 雷思明.幼儿园安全策略50条[M].上海：华东师范大学出版社，2013.
[19] 学前教育[M].北京：北京教育音像报刊总社，2014.
[20] 天跃图书工作室.幼儿园的50个安全管理问题[M].福州：福建教育出版社，2015.
[21] 幼儿园工作规程[M].北京：首都师范大学出版社，2016.
[22] 郭鹏，陈新达.大学生安全教育[M].北京：清华大学出版社，2016.
[23] 苏晖.幼儿园安全管理实用手册[M].北京：中国农业出版社，2016.
[24] 王威，呼东燕.大学生安全[M].北京：清华大学出版社，2017.

**推荐网站：**

[1] 中国天气网，http://www.weather.com.cn.
[2] 中国警察网，http://www.cpd.com.cn.
[3] 国家安全生产监督管理总局官网，http://www.chiansafety.gov.cn.
[4] 国家减灾网，http://www.jianzai.gov.cn.
[5] 中国地震信息网，http://www.csi.ac.cn.
[6] 百度百科，https://baike.baidu.com.
[7] 新华网，http://www.xinhuanet.com.
[8] 中国新闻网，http://www.chinanews.com.
[9] 中国学前教育研究会，http://www.cnsece.com.
[10] 太平洋亲子网，http://www.pcbaby.com.cn.

[11] 中华人民共和国教育部官网,http://www. moe. edu. cn.

[12] 中华人民共和国最高人民法院官网,http://www. caurt gov. cn.

[13] 北京市教育委员会网站,http://www. bjedu. gov. cn.

[14] 北京师范大学学前教育网,http://www. bnu. edu. cn.

[15] 北京学前教育网,http://www. bjchild. com.

[16] 中国学前教育网,http://www. preschool. net. cn.